L'OMC

UNE INGÉNIERIE
JURIDIQUE ET COMMERCIALE
À RECONFIGURER

Logiques Juridiques

Fondée par Gérard Marcou

Dirigée par Jean-Claude Némery et Thomas Perroud

Le droit n'est pas seulement un savoir, il est d'abord un ensemble de rapports et pratiques que l'on rencontre dans presque toutes les formes de sociétés. C'est pourquoi il a toujours donné lieu à la fois à une littérature de juristes professionnels, produisant le savoir juridique, et à une littérature sur le droit, produite par des philosophes, des sociologues ou des économistes notamment.

Parce que le domaine du droit s'étend sans cesse et rend de plus en plus souvent nécessaire le recours au savoir juridique spécialisé, même dans des matières où il n'avait jadis qu'une importance secondaire, les ouvrages juridiques à caractère professionnel ou pédagogique dominent l'édition, et ils tendent à réduire la recherche en droit à sa seule dimension positive. À l'inverse de cette tendance, la collection « Logiques juridiques » des éditions L'Harmattan est ouverte à toutes les approches du droit. Tout en publiant aussi des ouvrages à vocation professionnelle ou pédagogique, elle se fixe avant tout pour but de contribuer à la publication et à la diffusion des recherches en droit, ainsi qu'au dialogue scientifique sur le droit. Comme son nom l'indique, elle se veut plurielle.

Dernières parutions

Didier JAMOT, *Annuaire des engagements internationaux ayant fait l'objet d'une loi d'autorisation sous la Ve République*, 2019.

Sotirios LYTRAS, *Le phénomène disciplinaire dans le droit public héllenique contemporain,* 2019.

Massimo VOGLIOTTI, *Pour une nouvelle éducation juridique*, 2018.

Claire AGUILON, *Justice constitutionnelle et subsidiarité. L'apport de l'expérience canadienne pour la construction européenne*, 2018.

Jackeline Patricia CESPEDES ARTEAGA, *La contribution de la CJUE dans la construction du droit de la Communauté andine*, 2018.

Michaël MARTINEZ, *Le train de vie en droit privé*, 2018.

Hafedh BOUAZIZ, *La conversion des actes juridiques,* 2018.

Gabriel ECKERT et Jean-Philippe KOVAR, *La régulation économique et financière face aux défis de l'information,* 2018.

Adil MOUSSEBBIH, *Le contentieux électoral dans la jurisprudence du Conseil constitutionnel marocain, Étude comparative*, 2018.

CLUB MARC BLOCH, *Citoyen !*, 2018.

Lamine TIRERA, *L'État stratège*, 2018.

Léa CASTELLON, *La place de la victime dans le procès pénal,* 2018.

Soror BAHBOUHI, *Le conflit d'intérêts du banquier*, 2018.

Tenile MASCOLO GIL, *Les droits de l'homme dans le Mercosur,* 2018.

Bienvenu OKIEMY

L'OMC

UNE INGÉNIERIE JURIDIQUE ET COMMERCIALE À RECONFIGURER

Préface de Jean-Pierre Colin

L'Harmattan

5-7, rue de l'Ecole-Polytechnique, 75005 Paris

http://www.editions-harmattan.fr

ISBN : 978-2-343-15247-9
EAN : 9782343152479

À mon père,
Olomi Ma Ngoungou,

PRÉFACE

La mise en place des institutions destinées à faire fonctionner la mondialisation dans tous ses aspects n'avait pas été possible à l'issue du second conflit mondial. Si, dans leur conviction inébranlable que la division du monde prendrait fin, les occidentaux réussirent à définir un cadre juridique satisfaisant, ils échouèrent à le parachever au plan économique et la charte de La Havane, impossible à ratifier pour des raisons parlementaires américaines, conduisit à la lumière de l'échec relatif de l'Accord général sur les tarifs douaniers et le commerce (GATT) à la décision du 20 septembre 1986 prise à Punta del este, en Uruguay, pour que soit lancée un nouveau cycle de négociations commerciales multilatérales, à l'échelle mondiale.

Il faudra plus de 2500 jours de négociation entre 177 pays pour bâtir un Accord final de 5550 pages, avec pour résultat majeur, la création d'une Organisation mondiale du Commerce. C'est précisément en 1990 que le Canada proposa ce projet auquel se rattacha la Communauté européenne et auquel finiront par se rallier les États-Unis. C'est justement à cet objet que Bienvenu Okiemy choisit son principal domaine de recherche. Le texte, même s'il montre que la philosophie de l'Institution se nourrit profondément de l'idée d'un commerce ouvert, débarrassé de nombreux obstacles à l'expansion des échanges internationaux, et donc un garant du multilatéralisme, paraît encore ouvert à la discussion dans la mesure où certains secteurs, parfois très importants, ne sont pas encore assujettis aux règles de l'Institution, sans parler de l'absence de liaison entre le commerce international et les droits de l'homme au travail. Était-ce vraiment le moyen d'assurer le primat du multilatéralisme dans les échanges, ce processus visant à résoudre les problèmes et les conflits engageant de nombreuses parties ?

Aussi, Bienvenu Okiemy s'efforçant de dresser un tableau de l'Institution, en étudiant ses fondements doctrinaux, en soulignant sa vocation au libéralisme et à l'universalité, l'engagement des pays en développement en faveur du multilatéralisme, la nouvelle dynamique chinoise et la place renouvelée de la Russie dans le système international, ainsi que l'élargissement matériel de la nouvelle OMC, n'oublie pas de mettre en évidence une doctrine battue en brèche par les efforts de la diplomatie américaine, conduisant à une libéralisation tempérée des échanges, et en définitive à une rationalisation prudente de la mondialisation. Examinant le fondement de la nouvelle OMC, il s'intéresse particulièrement à la question de sa personnalité juridique dans ses aspects internes comme internationaux, en étudiant plus spécialement ses immunités de juridiction et d'exécution, ainsi que les privilèges et immunités de ses agents. Il se demande enfin, dans la mesure où bon nombre de secteurs ne sont pas toujours assujettis aux règles nouvelles et que bien des domaines ne sont qu'imparfaitement saisis par les mêmes règles nouvelles, si on n'est pas finalement dans un système commercial à géométrie variable.

Allant jusqu'au bout de sa recherche, Bienvenu Okiemy se pose enfin la question de l'Institution à l'épreuve de dimensions de plus en plus importantes, les faits culturels, environnementaux et sociaux. S'agissant de la culture, spécialement du secteur audiovisuel, il étudie la question d'un projet avorté, celui de l'Accord multilatéral sur l'investissement, au débat auquel il donne encore lieu aujourd'hui. S'agissant de l'environnement, question particulièrement grave, il évoque les difficultés rencontrées lors de la Conférence de Paris liées à l'adhésion puis au retrait des États-Unis du système de la Convention. Enfin, d'autres questions sont encore abordées, Bienvenu Okiemy allant jusqu'à estimer un certain cheminement vers la promotion des droits sociaux fondamentaux. S'interrogeant sur les éventuels mécanismes de la promotion de la justice sociale dans le commerce international, il prétend assister à une action éthique avec le recours aux codes de bonne conduite.

Au moment même où nous écrivons, ces questions se trouvent au centre des débats ouverts à New York, dans le cadre de la 73e Assemblée générale des Nations unies, avec notamment la réaffirmation de la volonté Américaine de faire valoir « la loi du plus fort » contre laquelle se sont élevés certains dont le président français, Emmanuel Macron, comme le secrétaire général des Nations unies, Antonio Guterres. Les deux responsables ont soutenu les organisations régionales dont une partie des dons qui leur ont été promis n'ont pas été versés jusqu'à présent, en particulier à la force africaine du G5 Sahel. C'est une réforme d'ensemble que la grande majorité des États membres appellent de leurs vœux contre la volonté américaine telle qu'elle s'exprime aujourd'hui.

En conclusion, Bienvenu Okiemy s'interroge sur l'avenir de l'Organisation mondiale du Commerce estimant que les cycles de négociations à venir devront s'inscrire dans l'adaptation de l'OMC aux enjeux du troisième millénaire. Dès aujourd'hui, les débats ouverts pour l'éventuel changement du climat terrestre ne nous feront pas dire le contraire. L'ouvrage de Bienvenu Okiemy exprime une recherche passionnée, quelque peu marquée par le style juridique du travail, et dans leur prudence, ses jugements emportent généralement la conviction du lecteur dont les analyses furent largement appuyées dans notre pays. Maître de Conférences HDR en droit public à l'université de Reims, il a par ailleurs été ministre de la Communication et des

Relations avec le Parlement, porte-parole du gouvernement ; il a été ensuite ministre de la Culture et des Arts dans son propre pays, le Congo-Brazzaville. L'ouvrage qu'il a décidé aujourd'hui de publier honore les études entreprises à Reims depuis des années au plus haut niveau et notamment sous l'égide de Charles Chaumont : la culture, l'environnement, le niveau social, la place des enfants dans le processus économique, ces questions fondamentales pour l'avenir ont été ici parfaitement identifiées. Elles conditionnent à très court terme l'évolution actuelle de nos sociétés.

Jean-Pierre Colin
Professeur émérite à l'Université de Reims Champagne Ardennes
Commandeur des Arts et des Lettres

INTRODUCTION

À l'heure même où le monde célèbre le centenaire de la fin de la Première Guerre mondiale, le système international paraît de plus en plus fragilisé. Il l'est parce que le besoin de protection semble l'emporter sur la liberté auprès des peuples. Il l'est aussi en raison d'une renaissance russe à tendance autoritaire visant à exorciser les années où le pays était relégué au second plan. Il l'est particulièrement du fait du renoncement américain à exercer un réel *leadership* mondial, l'administration Trump exprimant une forte fascination pour le repli. Le forum de Paris sur la paix en date du 11 novembre 2018 aura fait ressortir ces inquiétudes, tout en appelant à sauver la gouvernance mondiale. Et la réponse à la crise du multilatéralisme semble résider dans le renforcement du rôle de la société civile, des organisations non gouvernementales et des institutions multilatérales. Le processus portant relance de la concertation internationale en ce qu'il doit par ailleurs apporter des réponses aux incertitudes qui minent les échanges internationaux intéresse au premier chef l'Organisation mondiale du commerce (OMC). Elle naissait le 15 avril 1994 à l'occasion de la conférence de Marrakech. C'est ce jour-là que 111 délégations sur les 125 qui avaient pris part aux négociations du cycle de l'Uruguay round apposaient leur signature sur l'Accord instituant l'Organisation mondiale du commerce (OMC). Elle avait été mise en place le 1er janvier 1995[1]. La création d'un nouvel organe régulateur du système commercial multilatéral résultait de l'échec relatif de l'Accord général sur les tarifs douaniers et le commerce (GATT)[2].

Les causes de cet échec étaient plurielles[3]. Elles prenaient leur source dans un affaiblissement généralisé des règles commerciales multilatérales, avec la multiplication des accords bilatéraux discriminatoires, le retour du

---

[1] Sur la cohabitation transitoire entre le GATT47 et l'OMC, voir G. Marceau, transition from GATT to WTO : a most pragmatic operation, JWT, n°4, 1995, p149-152.

[2] J.C Graz, Aux sources de l'OMC : la charte de La Havane, Droz, 1999 ; R. Plaisant, l'Organisation internationale du commerce, RGDIP, 1950, P159-224. OMC, du GATT à l'OMC : la construction d'une organisation, In rapport sur le commerce mondial, 2007, P191.

[3] M. Benisty, Le GATT : de l'âge d'or à l'érosion du système, Problèmes économiques, n° 2 040, 16 septembre 1987, p23-27 ; P. Demaret, Les métamorphoses du GATT : de la Charte de La Havane à l'Organisation mondiale du Commerce, Journal des tribunaux, Droit Européen, p121-130 ; T. Flory, L'inadéquation du système du GATT et l'Uruguay round, Le Trimestre du Monde, 1988, 3e trimestre, p57-61 ; F. Roessler, La portée, les limites et la fonction du système juridique du GATT, in SFDI, Les nations-unies et le droit international, A. Pedone, 1986, p169-183.

protectionnisme ou la prolifération des barrières non tarifaires. Sur ce dernier point, lors des négociations commerciales de Tokyo round (1973-1979), les parties contractantes avaient essayé d'y apporter quelques réponses en ayant recours à des « codes » non contraignants, valeur en douane, marchés publics, subventions et droits compensateurs, contrefaçons, réglementations techniques ; en vain. La liberté contractuelle résultant de ces codes débouchera sur une certaine dilution des fondamentaux de l'Institution : clause de la nation la plus favorisée, consolidation des droits de douane[4], traitement national, prohibition des restrictions à l'importation comme à l'exportation. Un auteur écrira : « la succession des *rounds* de négociation a fini par conférer au fondement contractuel des règles du GATT un aspect temporel et variable peu compatible avec leur force obligatoire [5]». Entre les parties contractantes, les conflits iront de plus en plus crescendo, chacun se drapant derrière une manipulation des règles du commerce international en sa défaveur.

Cet échec prenait aussi vie dans l'incapacité de l'Accord général sur les tarifs douaniers et le commerce à assurer l'autorité de ses règles. Les parties contractantes, jalouses de leur autonomie de volonté, n'y consentaient que « dans toute la mesure compatible avec les législations des parties en vigueur », comme le précisait le paragraphe 1 b du protocole portant application provisoire de l'Accord général signé à Genève le 30 octobre 1947. Il fallait adjoindre à ce tableau un système de règlement des différends à l'efficience discutée, dont on mesurait l'inefficacité à l'aune des difficultés d'application des recommandations des experts.

Cet échec prenait enfin corps dans l'incapacité de l'Institution à s'adapter aux transformations à l'œuvre au sein du système commercial multilatéral. À titre d'exemple, alors que les services ou la propriété intellectuelle étaient de plus en plus générateurs de fortes valeurs ajoutées, l'Accord général sur les tarifs douaniers et le commerce ne couvrait que les échanges de marchandises, faisant jaillir la problématique de son universalité matérielle. Que dire alors de la percée des pays asiatiques dans le commerce international, bouleversant au passage un système resté quasiment occidental jusqu'aux années 70, ce dont l'Institution ne s'était même pas saisie, soulevant la question de sa vocation à l'universalité géographique ?

---

[4] Voir article II du GATT, listes des concessions. Un droit de douane est dit consolidé dès lors qu'il figure dans les listes tarifaires déposées au secrétariat du GATT /OMC. L'éventuel relèvement de ces droits de douane donne lieu à compensation. L'article XXVIII du GATT précise que cet engagement est triennal avec tacite reconduction.

[5] E. Marissens, La force obligatoire des règles du GATT, leur interprétation et leur application en cas de conflits, Journal des tribunaux européens, n° 11, 15 septembre 1994, p13.

Cet échec n'était pas si absolu, comme peut le faire subodorer ce qui précède. L'Institution, grâce à un abaissement régulier des droits de douane, aura facilité les échanges internationaux. La vocation à l'universalité géographique de l'Institution ne semblait plus être un simple discours avec l'adhésion de nouveaux États, 23 en 1947, 80 en 1971, 85 en 1981 et 123 au 14 avril 1994. L'Institution aura par ailleurs permis à bon nombre de conflits de ne pas prendre des proportions inconsidérées ; assurant en cela la sécurité des échanges internationaux. Malgré cela, dans les années 80, le système commercial multilatéral paraissait à bout de souffle et des voix en appelaient à sa refondation. C'est en ce sens que le 26 juin 1981, le groupe consultatif des dix-huit[6] conviait les acteurs du commerce international à une réunion au niveau ministériel pour l'année 1982, les États-Unis y jouant un rôle prépondérant, conformément à une pratique bien établie[7]. En définitive, ce sont bien eux qui impulseront la dynamique nécessaire au lancement d'un nouveau cycle de négociations commerciales multilatérales[8] : la session ordinaire des parties contractantes de novembre 1981 allait y consentir. Rongée par le *syndrome du géant déchu*[9], sous la pression de leur opinion publique pour qui les contre-performances économiques de leur pays étaient dues au manque de loyauté des concurrents étrangers[10], l'administration Reagan entendait se saisir de cette occasion comme un levier pour renforcer les positions américaines sur des secteurs spécifiques, les produits agricoles, les services et les investissements[11]. Elle entendait par ailleurs s'ouvrir certains marchés nationaux et tirer profit de la dynamique économique des pays du Sud-Est asiatique en les délestant de leur arsenal protectionniste.

---

[6] Il a été créé le 1er juillet 1975, à titre temporaire. Il deviendra permanent en 1979. Le but assigné à ce groupe était de servir d'outil d'adaptation au système commercial multilatéral. Il regroupait les principaux acteurs du commerce international, pays développés et en voie de développement. Voir, O. Long, La place du droit et ses limites dans le système commercial multilatéral du GATT, RCADI (1983), p. 69-70.

[7] Le Dillon round (1961-1963), le Kennedy round (1963-1967) et les négociations commerciales multilatérales de 1973 à 1979 ont été respectivement lancées sur initiative des présidents américains Eisenhower, Kennedy et Nixon.

[8] F. A. Khavand, Les diplomaties commerciales et l'Uruguay round, Le Trimestre du Monde, n° 16, 1991, p. 93.

[9] J. Bhagwati, Protectionnisme, Dunod, 1988, p. 69.

[10] P. Kennedy, Naissance et déclin des grandes puissances, Payot, 1988, p. 583 ; A. Sapir, La négociation de l'Uruguay round : leçons pour l'Union européenne, in M. Rainelli, La négociation commerciale et financière internationale, Economica, 1994, p. 122.

[11] H. Paemen, A. Bensch, Du GATT à l'OMC : la Communauté européenne dans l'Uruguay round, Leuven University Press, 1995, p. 95-97. Ouvrage par ailleurs important sur l'historicité du cycle de l'Uruguay round.

Les parties contractantes se réuniront au niveau ministériel en novembre 1982, sans pour autant se mettre d'accord sur le lancement d'un nouveau cycle de négociations commerciales multilatérales, la Communauté européenne s'y opposant particulièrement au nom de la défense de la Politique agricole commune. La recherche d'un modus vivendi allait se poursuivre en novembre 1984, sans résultat. Cette fois-ci, l'échec était à mettre à l'actif de l'opposition des pays en développement, dressés contre toute application des règles libérales dans le domaine des services ce qui, pour eux, revenait à « étouffer dans l'œuf » leurs secteurs des services. De plus, à leurs yeux, le lancement de nouvelles négociations commerciales signifiait un réexamen de la règle du traitement spécial et différencié et, en la matière, rien à l'horizon ne pouvait leur garantir une issue favorable. Ils voulaient en réalité infléchir la position des pays du Nord qui n'envisageaient nullement d'assujettir le textile aux règles de l'Accord général, accordant leur préférence au système des contingentements ou celui des sauvegardes sélectives institutionnalisées en 1974[12]. Or ce système limitait l'accès des producteurs du sud aux marchés des pays du Nord. Malgré cet échec, les États-Unis persévéraient et persistaient à proposer une nouvelle donne commerciale internationale.

Finalement, en novembre 1985, les parties contractantes décidaient de lancer un nouveau cycle de négociations commerciales multilatérales, la Communauté européenne apportant son soutien aux États-Unis. Le sillon étant dorénavant tracé, il sera mis sur pied un Comité préparatoire chargé de la définition des éléments clés des négociations commerciales multilatérales. Et c'est en toute logique que le 20 septembre 1986, à Punta del Este, en Uruguay, qu'elles seront officiellement lancées. **La déclaration de Punta del Este,** en date du 20 juin 1986[13], avait auparavant exposé les prétentions des parties prenantes. On y décelait, d'un côté, la problématique de l'amélioration de l'accès aux marchés et celle de la refonte du cadre législatif de l'Accord général, et de l'autre côté la question de « l'universalité matérielle » de l'Institution. Sur ce dernier point, les parties à la négociation souhaitaient appliquer les règles multilatérales à certains nouveaux domaines du commerce international. Il s'agissait, en premier lieu, du domaine relatif aux aspects des droits de propriété intellectuelle liés au commerce (TRIPS)[14]

---

[12] F.A. Khavand, Droit international des textiles et pays en développement, RGDIP, n° 1, 1987, p. 1241-1278

[13] T. Flory, La déclaration ministérielle de Punta del Este, AFDI, 1986, p. 604-615.

[14] Les négociations allaient porter sur les droits de propriété ayant une incidence sur le commerce. J.C. Ginsburg, Le GATT / OMC et la propriété intellectuelle in T. Debard, J. Schmitt, V. Nabban et D. Turp, La régulation juridique des espaces économiques ; interaction GATT/OMC, Union européenne, ALENA, programme Rhône-Alpes, (éd), n° 33, 1996, p200.

et en second lieu du domaine des services[15]. Il s'agissait, en troisième lieu, d'élargir les règles multilatérales à certaines mesures concernant les investissements. La Charte de La Havane, en son article 12 portant sur les investissements internationaux, le développement économique et la reconstruction, avait déjà abordé la question de l'investissement étranger, mais il n'en était rien de l'Accord général sur les tarifs douaniers et le commerce, même si en sa Conférence de révision de 1955 il allait aborder le sujet avec l'adoption d'une *« résolution sur les investissements internationaux destinés au développement économique ».*

Le tableau des négociations étant ainsi posé, à l'image de celui d'un Gustav Klimt dont il faut saisir toutes les nuances de couleurs, vint **la réunion à mi-parcours de Montréal** en décembre 1988, confirmée par celle de Genève du 5 au 8 avril 1989, qui se solda par la soumission définitive des produits tropicaux aux règles de l'Accord général[16]. Un consensus allait se dégager sur le principe de réduction d'un tiers des droits de douane. La réunion de Montréal se traduira en outre par une volonté commune d'améliorer la procédure de règlement des différends. La règle de droit pour accomplir ce qu'on attend d'elle doit s'accompagner d'un mécanisme qui permette d'assurer sa force obligatoire. À cet effet, le GATT en ses articles XXII (consultations) et XXIII (protection des concessions et avantages) avait bien institué un système de règlement des différends. Malheureusement, la règle du consensus, au fondement de toute prise de décision et donc à la résolution d'un quelconque conflit, avait quelque peu rendu obsolète le processus décisionnel[17] : une seule partie au litige pouvait s'opposer à une décision qui lui était préjudiciable. De plus, il était difficile d'appliquer les recommandations des groupes spéciaux. Cela dit, le mémorandum d'accord concernant les notifications, les consultations, le règlement des différends et la surveillance, adopté le 28 novembre 1979, en son paragraphe 22, voulait déjà infléchir ce glissement en donnant au Conseil des représentants un rôle plus effectif en la matière. Il y était ainsi indiqué que les « parties contractantes tiendront sous surveillance toute

---

[15] S. Ciabrini, Le droit international des services, thèse de droit, Paris V, 1994, p14-19.

[16] Il s'agit de boissons tropicales (thé, cacao et café), épices, fleurs coupées et plantes, certaines graines oléagineuses et huiles végétales (ricin, palme, coco, tourteaux oléagineux et certaines graines et huiles d'importance mineure), tabac, produits du tabac, riz, manioc et racines tropicales, fruits tropicaux (bananes, ananas, goyaves, mangues) et fruits à coque d'origine tropicale, bois tropicaux et produits ligneux (non compris les pâtes et papiers), caoutchouc naturel et produits du caoutchouc (à l'exclusion des chaussures en caoutchouc et des pneumatiques) … fibres dures.

[17] T. Flory, L'évolution des régimes juridiques du GATT depuis les accords de Tokyo round en 1979, JDI, n° 2, P. 344.

question au sujet de laquelle elles auront fait des recommandations ou statué. Si les recommandations des parties contractantes ne sont pas mises en œuvre dans un délai raisonnable, la partie contractante qui soumet l'affaire aux parties contractantes devra faire les efforts qui conviendront pour trouver une solution appropriée ». Cette recherche d'efficacité allait aboutir à la décision « amélioration des règles et procédures de règlement des différends du GATT »[18] qui réaffirmait le droit au panel ; la constitution d'un groupe spécial par le Conseil des représentants devenait automatique.

Une unanimité s'était constituée sur la nécessité de parvenir à un résultat sur le dossier agricole[19], non sans faire resurgir bien des crispations. Il en sortira seulement un rapprochement des positions entre Américains et Européens, lors de la Conférence de Genève en avril 1989. Au titre des satisfactions, on retiendra que les parties prenantes y avaient reconnu le rôle cardinal du traitement spécial et différencié en faveur des pays en développement en matière de subventions agricoles, sans oublier qu'elles appelaient à « tenir compte des effets négatifs possibles du processus de réforme sur les pays en voie de développement importateurs nets de produits alimentaires ». Les parties à la négociation n'avaient pu en revanche faire émerger un dénominateur commun sur les mesures d'investissements liées au commerce, les pays en développement craignant leurs incidences sur leur développement. Les négociations sur la propriété intellectuelle s'étaient aussi soldées par un même constat d'échec, le désaccord portant sur la soumission ou non de ce secteur aux règles du droit international économique.

La Conférence du Heysel, à Bruxelles, en décembre 1990, allait se cristalliser sur le dossier agricole. Le rapprochement des positions qui s'était auparavant esquissé sur ce sujet n'était plus qu'un songe lointain, alors que les États-Unis proposaient une réduction des soutiens internes à hauteur de 75 % et que la Communauté européenne en proposait 30 %. En février-avril 1991, le Comité des négociations commerciales adoptait un chronogramme de travail, en vue d'une reprise des négociations. Son président, Arthur

---

[18] OMC, décision prise par les parties contractantes le 12 avril 1989, Amélioration des règles et procédures de règlement des différends du GATT, (décision de Montréal), IBDD, S36/64 à 70 ; E. Canal-Forgues, L'institution de la conciliation dans le cadre du GATT : contribution à l'étude de la structuration d'un mécanisme de règlement des différends, Bruylant, 1993, p560-585.

[19] Parlement européen, Les négociations agricoles dans le cadre de l'Uruguay round du GATT, office des publications officielles des Communautés européennes, juillet 1993, p25 ; B. Philippe, L'Europe verte en mutation dans les négociations commerciales multilatérales, in P. Messerlin et F. Vellas, Conflits et négociations dans le commerce international : l'Uruguay round, Economica, 1989, p305-306.

Dunkel, déposait un projet d'acte final en décembre 1991[20]. C'était ni plus ni moins qu'une synthèse des différentes positions. Il s'attachait par exemple à proscrire les mesures d'investissement liées au commerce qui étaient attentatoires aux prescriptions de l'Accord général. Ce projet entendait par ailleurs faire franchir un cap supplémentaire au règlement des différends, en en faisant un mécanisme automatique et contraignant. En matière de subventions, ce projet n'avait pu esquisser un quelconque dénominateur commun, il énonçait simplement une liste de subventions qualifiées de licites. Quant à l'agriculture, la réforme de la politique agricole commune ayant eu en elle-même le mérite d'arrondir les différents points de vue[21], le compromis Dunkel avait pu par exemple proposer plus facilement une réduction des volumes exportés avec subventions de 24 % ou la réduction de 20 % des mesures globales de soutien.

Le 20 novembre 1992, à **Blair House**, Washington, Américains et Européens parvenaient à se mettre d'accord en apportant quelques amodiations au projet Dunkel. Pour l'essentiel, les deux parties étaient parvenues à s'entendre sur un abaissement des mesures globales de soutien sur tous produits confondus ou sur la question des oléagineux[22]. Avec l'alternance politique relative survenue en France, tout semblait remis en cause. Le 5 avril 1993, lors de la session du Conseil des Communautés, « affaires étrangères », la France par le biais de son ministre des affaires étrangères, Alain Juppé, allait contredire le préaccord de Blair-House. La réunion du Conseil du 7 décembre 1993 permettait un rapprochement des positions, même si le 13 décembre le Conseil pointait les différences entre les deux parties sur l'audiovisuel.

Le 15 décembre 1993, à **Genève**, les négociations du cycle de l'Uruguay round donnaient enfin lieu à un compromis[23]. Cet accord aura

---

[20] GATT, Projet d'acte final reprenant les résultats des négociations commerciales multilatérales de l'Uruguay round, MTN.TNC/W/FA, 20-12-1991.

[21] H. Guyomard, L.P. Mahe, La réforme de la PAC : une révolution ou un grand pas dans la bonne direction, RMC-UE, n° 366, 1993, p222-236.

[22] P. Devedjian, Rapport d'information parlementaire sur le GATT/OMC, n° 774, A.N, p31-37.

[23] R. Blackhurst, Les résultats du cycle d'Uruguay, in M. Rainelli, La négociation commerciale et financière internationale, Economica, 1994, p87-113 ; Commission européenne, L'Uruguay round : un Accord global au bénéfice de l'économie mondiale, Office des publications officielles des Communautés européennes, 1994, 31 p. ; T. Flory, Remarques à propos du nouveau système commercial mondial issu des Accords du Cycle d'Uruguay, JDI, n° 4, octobre-novembre-décembre 1995, p877-891 ; P. Hoguet, Les résultats du cycle d'Uruguay du GATT, Rapport parlementaire, A.N, n° 1066, 1994, 139 p ; X. (De) Villepin, L'Accord instituant

indéniablement procédé à une plus grande libéralisation du commerce international. Il impactait non seulement les secteurs habituels, mais aussi certains nouveaux domaines clés du commerce international. Cette libéralisation s'était accompagnée d'une amélioration et d'un renforcement des règles de droit afin de renforcer la cohérence et l'autorité du nouveau système. Le résultat majeur de ce cycle aura été incontestablement la création d'une Organisation mondiale du Commerce. On se rappellera qu'en 1990, le Canada soumettait à la communauté internationale un projet de création d'une Organisation mondiale du commerce, suivi par la Communauté européenne qui proposait la création d'une Organisation multilatérale du commerce, la perspective réelle visée était en réalité la même, seule la dénomination différait. Les États-Unis, en revanche, n'avaient jamais milité en faveur d'une telle organisation. Ils finiront par s'y rallier. Le cycle suivant des négociations commerciales multilatérales, celui de Doha, lancé au Qatar en novembre 2001 et qui devait se conclure le 1er janvier 2005, n'aboutira pas à un accord : l'Institution n'était pas parvenue à s'imposer cette fois-ci comme une enceinte pour redéfinir une nouvelle fois les règles du système commercial multilatéral. Et dire que les objectifs du cycle de Doha étaient très ambitieux[24]!

La création de l'organisation mondiale du commerce répondrait aux objectifs des signataires des accords de Breton Woods visant à essaimer une «*culture de paix*» et combattre les obstacles au commerce[25]. Pour y parvenir, les États-Unis avaient déjà avancé en novembre 1945 des «*propositions pour l'expansion du commerce mondial et de l'emploi*». En résonnance avec cette proposition, le 18 février 1946, les Nations unies convoquaient une «*conférence mondiale sur le commerce et l'emploi*» qui le 24 mars 1948 débouchait sur la Charte de La Havane instituant une Organisation internationale du commerce (OIC). Aux États-Unis, la Charte de La Havane devait soulever de vifs débats au Sénat et à la chambre des représentants ; obstacles à sa présentation en séance plénière pour débat dans un premier temps et pour vote dans un second temps[26]. Pour ce qui concerne les parlementaires américains, ce texte n'était pas assez libéral et subodorait

---

l'Organisation mondiale du Commerce, Rapport parlementaire, Sénat, n° 157, 1994-1995, 119 p.

[24] M. Ambomo, Le cycle de Doha 15 ans après : l'OMC ou l'illusion du développement, RBDI, n° 2, 2016, p542-564 ; La lettre du CEPII, l'OMC en quête d'un avenir, n° 337, 28 novembre 2013 ; OMC, Rapport sur le Commerce mondial, 2003, p124.

[25] D. Jouanneau, Le GATT et l'Organisation mondiale du Commerce, PUF, 1996, p8-18.

[26] F. Dehousse, Les États-Unis et la coopération économique internationale 1917-1989 : l'incidence de la constitution américaine sur l'évolution du droit économique international, thèse de droit, 1990, p369-370.

des idées de planification. En conséquence, l'Organisation internationale du commerce ne verra jamais le jour. On réussira seulement à préserver son chapitre IV portant sur la politique commerciale. En effet, alors même qu'on élaborait la Charte de La Havane, il se tenait, sur initiative américaine, d'avril à octobre 1947, une négociation tarifaire multilatérale. Le 30 octobre 1947, les vingt-trois parties à la négociation[27] décidaient de mettre en œuvre le chapitre IV de la Charte de La Havane, intitulé Accord général sur les tarifs douaniers et le commerce (GATT), né de ce fait sur les décombres de l'Organisation internationale du commerce (OIC). L'Institution naissante recevait pour mission de « réduire les obstacles aux échanges (barrières non tarifaires et tarifaires) et de mettre fin aux pratiques faussant le jeu de la concurrence (dumping, subventions, normes abusives) ». Ce double objectif était soutenu par la clause de la nation la plus favorisée, la consolidation des droits de douane, le traitement national ou l'élimination des restrictions quantitatives postulées par les articles XI à XIV du GATT. Quoi qu'il en soit, le champ de compétence de l'Accord général n'était pas à la hauteur de celui de la Charte de La Havane. Cette dernière devait non seulement réglementer le commerce international des marchandises, mais aussi l'emploi, les pratiques commerciales restrictives, les investissements internationaux ou les services. Avec un champ de compétences aussi large, la Charte de La Havane se rapprocherait davantage de l'OMC que de l'Accord général.

L'organisation mondiale du commerce constituerait une réponse au défi que poserait l'internationalisation croissante des échanges[28]. Ce processus est inhérent à l'ordre international libéral depuis le XVIe siècle, mais il s'est particulièrement installé dans les années 80 avec un accroissement de l'interdépendance des économies, sous la forme d'une croissante dépendance réciproque des activités humaines, d'une compression de l'espace et de l'interpénétration des sociétés au sens de la démultiplication des liens individuels et collectifs. Ces liens sans cesse ténus entre les États ont exacerbé la concurrence internationale qui touche dorénavant tous les secteurs. Chaque pays, et à travers lui les acteurs privés, essaie de vendre à un meilleur taux de profitabilité ; ce qui n'est pas sans conduire à des comportements déloyaux.

---

[27] Australie, Belgique, Brésil, Birmanie, Canada, Ceylan, Chili, Chine, Cuba, États-Unis, France, Inde, Liban, Luxembourg, Norvège, Nouvelle-Zélande, Pakistan, Pays-Bas, Rhodésie du Sud, Royaume-Uni, Syrie, Tchécoslovaquie, Afrique du Sud ;

[28] M. Fouquin, J. Hugot, S. Jean, une brève histoire des mondialisations commerciales, in CEPPI, l'économie mondiale, 2017, La découverte, 2016.

À l'aune de ce tableau, la création de l'OMC serait le signe annonciateur d'un nouveau système de sécurité économique collective[29]. En effet, pour assurer l'expansion du commerce international et l'autorité du système commercial multilatéral, l'Institution s'est universalisée et a conforté son ordre juridique en sacralisant le principe de libre accès aux marchés mondiaux. L'ingénierie juridique ayant conduit à la création de l'OMC se justifierait au regard de cette finalité[30], née de son acte constitutif. On perçoit ainsi que l'enjeu majeur du système commercial multilatéral demeure la sécurité économique. Celle-ci « résulte d'une organisation et d'une réglementation de la production et des échanges internationaux qui ont pour résultat d'assurer, dans ces domaines, la stabilité, la transparence, le respect des droits et de permettre aux acteurs de prévoir, avec des risques raisonnables les conséquences de leurs décisions »[31]. Avec son orientation résolument libérale et la reconnaissance à son profit d'un certain nombre de règles portant protection de son droit interne, l'Institution s'est posée en protecteur d'un commerce résolument ouvert, délesté de nombreux obstacles à l'expansion des échanges internationaux et en garant du multilatéralisme. Tempérant ce qui précède, on remarquera que la rationalisation du système paraît discutée par biens des partenaires, introduisant au passage une tension dans le système. Elle semble par ailleurs inachevée, car des secteurs majeurs du commerce international ne sont toujours pas sous l'emprise des règles de la nouvelle institution et il en est d'autres qui ne sont qu'imparfaitement assujettis à ses règles. Cette saisine différenciée des secteurs du commerce international ouvrirait la voie à des politiques unilatérales qui porteraient atteinte à l'autorité de l'Institution.

---

[29] F. Khavand, Du libre-échange autorégulateur à la sécurité économique collective, Le Trimestre du Monde, 1994, 4e trimestre, p48 ; A. Dunkel, Le rôle essentiel, mais souvent oublié du GATT : promouvoir des politiques commerciales prévisibles et l'ajustement interne des économies, in Mélange Henri Rieben, École des hautes études commerciales de l'Université de Lausanne, 1991, p139-147..

[30] « La création d'une organisation internationale n'est jamais un acte gratuit. Elle est toujours due à la décision réfléchie d'un certain nombre de gouvernements, convaincus que l'organisation amenée à l'existence par leur volonté est le meilleur instrument dont ils peuvent disposer pour atteindre certains objectifs », In M. Virally, La notion de fonction dans la théorie de l'organisation internationale, Mélanges offerts à Charles Rousseau, La communauté internationale, A. Pedone, 1974, p282, p277-300.

[31] J. Touscoz, Mondialisation et sécurité économique internationale, RGDIP, n° 3, 1998, p624.

PARTIE 1 : L'INSPIRATION DE L'INSTITUTION

La seconde moitié du XIXe siècle comme le début du XXe s'est traduit par une croissance quasi exponentielle des échanges internationaux qui s'est conjuguée avec une interdépendance de plus en plus forte des économies. La libéralisation du commerce international y aura joué un rôle déterminant. Il en est résulté que pour la plupart des partenaires, la participation à l'économie mondiale aura généré croissance et prospérité[32]. Il en a été particulièrement ainsi en raison de la spécialisation de chaque pays en fonction de ses avantages comparatifs et des résultats positifs tirés de la concurrence internationale. C'est bien conscient de cette réalité inséparable de toute possibilité de création de richesses que les parties à la négociation lors du cycle de l'Uruguay round avaient souhaité établir un nouvel ordre international économique au frontispice duquel se dessinait la nécessité de réglementer plus activement les comportements et les activités des acteurs économiques.

Ce nouvel ordre se nourrissait d'une philosophie qui lui était déjà propre, à l'opposé de celle qui avait inspiré la majorité de l'Assemblée générale des Nations unies au cours des années60-70, avec la volonté des pays en développement de rebâtir les rapports commerciaux internationaux. Aussi, la création de l'Organisation mondiale du commerce devait-elle être un instrument de novation et de rationalisation du système commercial multilatéral[33]. À ce titre, les pères fondateurs de l'Institution avaient souhaité revenir à l'idée originelle d'un système commercial multilatéral d'obédience libérale, non discriminatoire. S'il semble que d'indéniables résultats de l'entreprise permettent de faire du libéralisme une doctrine universelle génératrice de sens et de puissance (Chapitre 1), la philosophie libérale de l'Institution, parfois prise en défaut, souvent encore contestée, apparaît aujourd'hui à certains comme une frontière illusoire (Chapitre 2).

---

32 P.R. Drucker, L'intégration à l'économie mondiale, facteur de croissance, Problèmes économiques, n° 2.415-2.416, 15 mars 1995, p8-10.

33 G. Guibert, L'Organisation mondiale de commerce (OMC), continuité, changement et incertitudes, Politique étrangère, n° 3, 1994, p805-806.

Chapitre 1 : Exégèse des Fondements doctrinaux de l'Institution

On aura longtemps discouru sur deux modèles de démocratie : la démocratie occidentale, innervée d'une pluralité de partis politiques et d'opinions et la démocratie socialiste et planificatrice. Depuis l'effondrement du communisme, l'universalité du modèle démocratique libéral s'est imposée[34], non seulement en raison de sa capacité à se reproduire, mais encore en raison de sa puissance créatrice. Une idée aura de la sorte fait florès : les préceptes libéraux généreraient à la fois du sens, dans la mesure où ils présenteraient un modèle organisationnel, et de la puissance, l'économie de marché fondée sur la concurrence devrait conduire à un meilleur bien-être collectif. Or l'Accord général sur les tarifs douaniers et le commerce subissait déjà de nombreuses exceptions ou de dérogations qui l'éloignaient manifestement des préceptes du libre-échange. Le nouvel Organe régulateur du commerce international, en revanche, prétend s'inscrire au plan doctrinal dans la direction tracée jadis par les pères fondateurs du GATT (Section 1). De plus, l'extension matérielle et géographique de l'Organisation mondiale du Commerce servirait l'ultime objectif de ses promoteurs : universaliser le modèle qui à leurs yeux est le seul qui puisse contribuer à la croissance du commerce international et rompre bien des cycles vicieux de pauvreté (Section 2).

Section 1 : la vocation au libéralisme de l'Institution

L'analyse doctrinale d'une institution implique à la fois une réflexion sur les textes fondateurs et sur leur mise en œuvre. Cette double démarche conduit à constituer un faisceau d'indices qui devraient permettre à l'analyse de bien saisir l'Institution dans sa véritable nature. Avec ce qui précède à l'esprit, l'Accord général s'inspirait bien davantage des concepts keynésiens que des préceptes libéraux d'un David Ricardo (Paragraphe 1), tandis que son successeur ne souffre plus d'aucun doute : elle est dans la plus pure tradition ricardienne (Paragraphe 2).

Paragraphe 1 : Les fondements doctrinaux du GATT

Pourquoi est-il avantageux que les États commercent entre eux ? La réponse à cette question a été apportée il y a bien longtemps par Adam Smith et David Ricardo. Les préceptes libéraux qui sont au fondement des travaux de ces auteurs auront influencé les pères fondateurs du GATT (A). Mais la

[34] J.P. Colin, La Démocratie et le Tiers-Monde, RESS, n° 97, 1993, p207-223 ; F. Fukuyama, La fin de l'histoire et le dernier homme, Flammarion, 1992, 452 p.

pratique, les réalités contrariées du commerce international et les différentiels de développement entre les nations allaient contrecarrer toute application effective de la théorie classique. Avec la rédaction de l'Accord général sur les tarifs douaniers et le commerce, on s'était déjà bien éloigné de la théorie classique. On s'en éloigna tellement qu'on institua des régimes dérogatoires « contre les effets néfastes d'une spécialisation destructrice »[35](B). Un auteur écrira que « loin d'imposer un régime de libre-échange, le GATT établit un régime de commerce libéral qui cherche à rendre les politiques commerciales transparentes [...]. Il se présente [...] comme un gigantesque réseau de contrats multilatéraux par lesquels les parties contractantes prennent des engagements envers leurs partenaires et, en échange, reçoivent des engagements de ces derniers »[36]. En somme, le système commercial multilatéral mis en place au sortir du second conflit mondial n'a jamais entendu mettre en place un marché mondial autorégulé.

A) Retour sur la théorie classique

La richesse d'une nation était avant tout fonction de sa capacité à accumuler de l'or et de l'argent. Pour cela, il fallait avant tout favoriser les exportations au détriment des importations ; avec une idée sous-jacente selon laquelle les capacités d'un pays à vendre à un meilleur taux de profitabilité s'obtenaient aux dépens d'autres pays. C'est en réaction à cette *pensée mercantiliste* que doit être saisie la théorie du libre-échange énoncée par les théoriciens classiques.

Adam Smith dans un ouvrage[37] resté célèbre estime que chaque nation aurait intérêt à se spécialiser dans la production des biens qui lui conféreraient des conditions de production meilleure par comparaison à d'autres pays et, en conséquence, à en exporter. La spécialisation internationale d'une nation se déciderait donc à l'aune de ses coûts de production qui doivent être inférieurs à bien des pays. L'auteur a pu écrire : « La maxime de tout chef de famille prudent est de ne jamais essayer de faire chez soi la chose qui lui coûtera moins cher à acheter qu'à faire. Le tailleur ne cherche pas à faire ses souliers, mais il les achète au cordonnier... Ce qui est prudence dans la conduite de chaque famille en particulier, ne peut guère être folie dans celle d'un grand empire. Si un pays étranger peut nous fournir une marchandise à meilleur marché que nous sommes en mesure de la

---

[35] J.M. Siroën, Le multilatéralisme, L'Organisation mondiale du commerce, Économie rurale, n° 226, mars-avril 1995, p12.

[36] P. Messerlin, Conflits et négociations dans le commerce international : l'Uruguay round, Economica, 1989, p32-33.

[37] A. Smith, Recherches sur la nature et les causes de la richesse des nations, Flammarion, 1991, 2 volumes, 531p + 637p.

fabriquer nous-mêmes, il vaut bien mieux que nous la lui achetions avec une certaine partie du produit de notre propre industrie, et utiliser ainsi notre industrie à notre avantage »[38]. Le libre-échange, contrairement au protectionnisme, qui est latent à la pensée mercantiliste, serait ainsi la voie la plus favorable pour promouvoir le bien-être collectif. Toutefois, cette théorie smithienne a nourri bien des craintes. Que se passerait-il en l'absence de tout avantage absolu ?

C'est principalement à cette crainte que répond la théorie de l'avantage comparatif de David Ricardo[39] : l'auteur écrira qu'« une nation, comme une personne tire un gain de l'échange en exportant les biens et services pour lesquels il dispose du plus grand avantage comparatif en termes de productivité et en important ceux pour lesquels il dispose de l'avantage comparatif le plus faible ». Ce seraient donc les différentiels de coûts de production entre les nations qui détermineraient leurs spécialisations internationales. Avec une productivité la meilleure dans tous les domaines, une nation aurait donc intérêt à s'y spécialiser et à en faire des places fortes. À défaut, une nation, moins compétitive dans tous les domaines, aurait tout de même des raisons de se spécialiser là où son désavantage serait le moins marqué. Cette théorie postulerait l'idée selon laquelle la spécialisation et l'échange de biens entre les nations permettraient d'améliorer le bien-être collectif. Le libre-échange ne générerait que des gagnants.

La théorie des avantages comparatifs a été approfondie par Heckscher-Ohlin et formalisée par Samuelson[40]. À la lumière du théorème d'Heckscher-Ohlin-Samuelson (HOS), chaque nation devrait exporter les produits qui intensivement nécessiteraient des facteurs de production qu'elle détiendrait abondamment. Le recours intensif aux facteurs abondamment détenus rendrait ce bien rare et, de ce fait, cher. Mais à la fin des fins, ce prix devrait baisser, précisément parce qu'un bien rare est peu demandé par les consommateurs. Chaque nation devrait donc importer les produits qui en termes de production solliciteraient intensivement les facteurs de production que l'on trouve rarement chez elle. « L'ordre des facteurs venant à être simplement inversé, on aboutirait au même résultat ».

Pour les théoriciens classiques, la libéralisation des échanges internationaux et la spécialisation internationale devaient être génératrices de

---

[38] Idem, Vol 2, p43-44.

[39] D. Ricardo, Principes de l'économie politique et de l'impôt, Flammarion, 1977, 379 p.

[40] B. Ohlin, Interregional and International Trade, Cambridge, Havard University Press, 1933 ; P. Samuelson, Protection and Real Wages, Review of Economic Studies, IX, novembre 1941, p58-67.

richesses pour tous les partenaires. Cette certitude libérale en la capacité créatrice du marché fut ébranlée par la crise économique de 1929. Le discrédit de la doctrine libre-échangisme qui s'en était suivi et les déséquilibres issus du second conflit mondial allaient inciter les pères fondateurs de l'Accord général à s'inspirer de Keynes et à moins se fonder sur la toute-puissance du marché.

B) Retour sur l'éloignement du GATT de la vision des pères fondateurs

Le préambule de l'Accord général sur les tarifs douaniers et le commerce dispose que « les parties contractantes reconnaissent que leurs rapports dans le domaine commercial et économique doivent être orientés vers le relèvement des niveaux de vie, la réalisation du plein emploi et d'un niveau élevé et toujours plus croissant du revenu réel et de la demande effective, la pleine utilisation des ressources mondiales et l'accroissement de la production et des échanges de produits... ». À l'évidence, avec ce qui précède, l'Accord général fait référence expressément à la notion de demande effective formulée par Keynes[41] pour laquelle la dynamique économique est fonction des stratégies mises en place par les acteurs économiques. Elle se fonde aussi sur les anticipations rationnelles, les décisions et les comportements des mêmes acteurs économiques.

Pour Keynes, à l'inverse des classiques, sur un marché, toute offre de produit n'est pas automatiquement susceptible de trouver des acquéreurs. Ce sont bien les prévisions de vente qui déterminent l'accroissement de la production ou qui incitent un chef d'entreprise à solliciter une main-d'œuvre supplémentaire : c'est la demande effective. La relation entre offre et demande est donc purement hypothétique, il peut en résulter une situation « d'équilibre de sous-emploi » où l'homo-economicus préférera l'épargne à la consommation et les investisseurs, par précaution, préféreront garder leurs liquidités. Il peut, à la fin des fins, en découler du chômage. Dans le but de surmonter l'insuffisance des règles du marché à assurer le plein emploi, il faudrait recourir à une action *régulatrice* portant relance de la croissance. Les solutions à ces déséquilibres, pense-t-il, passent par l'affirmation du rôle de l'État, ce qui ne signifie en rien une remise en cause du rôle du marché.

Le texte de l'Accord général n'imposera en rien le libre-échange[42]. Il établira plutôt un « *régime de commerce libéral* » visant à amortir les conséquences redoutées d'une application débridée du libre-échange. Ce

---

[41] J.M. Keynes, La théorie générale de l'emploi, de l'intérêt et de la monnaie, Payot, 1942, 407 p.

[42] G. Lafay, J.M. Siröen, Maîtriser le libre-échange, Economica, 1994, p25 ;

régime fondé sur la « transparence » était soutenu de bout en bout par la loi fondamentale du GATT[43], se manifestant par le principe de non-discrimination (article I du GATT), la clause de la nation la plus favorisée (article II du GATT) et la règle du traitement national (article III du GATT). C'est dans cette perspective réelle qu'Arthur Dunkel écrira : « l'accord du GATT vise certes l'ouverture des marchés, mais surtout et d'abord la définition de principes clairs permettant aux entrepreneurs, aux commerçants et aux consommateurs de bénéficier d'une concurrence dont chacun connaît les règles du jeu »[44]. Le régime de commerce libéral ainsi institué se révélera comme un tempérament à la libre expression de la loi fondamentale du GATT[45] : à titre d'exemple, il permettra d'édicter quelques protections dans certains secteurs et dans certaines circonstances :

- En cas de détérioration de la balance des paiements (article XII)
- Au cas où les produits importés causent ou menacent de causer un dommage grave aux producteurs nationaux (clause de sauvegarde de l'article XIX)
- Au cas où l'économie d'une partie contractante ne peut assurer à la population qu'un faible niveau de vie et en est aux premiers stades de son développement (article XVIII)

Ces amodiations permises par l'Accord général attentaient en réalité à l'interdiction d'édicter des restrictions quantitatives. Les atteintes à la loi fondamentale du GATT ne se limitaient nullement à ce qui précède : l'article XXIV relatif à la création des unions douanières et des zones de libre-échange, en admettant la formulation de conditions préférentielles entre leurs membres, s'opposait déjà au principe de non-discrimination. Que dire de l'article XX portant sur la protection de la moralité, de la santé publique, de la conservation des trésors nationaux et des ressources naturelles ou de la lutte contre les pénuries, de l'article XXI portant sur l'obligation de sécurité et de l'article XXV, paragraphe 5, ayant trait aux circonstances exceptionnelles qui tous dérogent au principe de non-discrimination ! En 1964, l'introduction de la partie IV dans le droit du GATT (commerce et développement), qui faisait bénéficier les pays en développement de la clause de la nation la plus favorisée sans consentir des concessions en retour, aura dérogé au principe de réciprocité[46]. Cette reconnaissance du principe de

---

[43] T. Flory, Le GATT : Droit international et Commerce Mondial, LGDJ, 1968, p11-78.

[44] A. Dunkel, Le système commercial universel, Géopolitique, n° 41, printemps 1993, p6.

[45] O. Long, La place du droit et ses limites dans le système commercial multilatéral du GATT, RCADI, 1983.

[46] J. Lebullenger, La portée des nouvelles règles du GATT en faveur des parties contractantes en voie de développement, RGDIP, n° 1, 1982, p254-304.

non-réciprocité au profit des pays en développement[47] aura conduit à la construction d'un autre édifice théorique, celui de la « dualité des normes », tenant compte des différentiels de développement entre les pays du Nord et du Sud. Enfin, les droits de douane, unique moyen de protection admis par l'Accord général, seront de plus en plus contestés par le développement des barrières non tarifaires[48]. De manière générale, la pratique commerciale internationale se basait de moins en moins sur une stricte application de la théorie du libre-échange. Il n'en est plus le cas avec de l'OMC où son socle doctrinal se veut un retour à l'esprit et à la lettre de la doctrine susmentionnée.

Paragraphe 2 : Les fondements doctrinaux de l'OMC

Avec la fin de la guerre froide et le discrédit général où est tombée depuis l'idée même d'un système planifié des échanges, on a vu le libre-échange emporter l'adhésion du plus grand nombre en ce qu'il apparaît comme le seul système capable de promouvoir une gouvernance réussie. La philosophie du nouvel organe régulateur du commerce international s'en inspire clairement. L'Institution n'est plus marquée du flou doctrinal qui caractérisait l'Accord général sur les tarifs douaniers et le commerce. Ce choix fondamental s'était illustré sous la forme d'une prohibition des mesures dites de la zone grise (A), de l'édiction d'une procédure nouvelle en matière de dérogation au droit de l'Institution (B) et du caractère exceptionnel et temporaire de tout recours aux contingentements (C).

A) L'illicéité des mesures de la zone grise

Les mesures dites de la zone grise relevaient de dispositions ni clairement interdites, ni expressément autorisées par le droit du GATT.

L'accord sur les sauvegardes entendait donc mettre fin à cette dérive qui avait un arrière-goût de protectionnisme. En ce sens, en son article 11, paragraphe 2, il était prévu une durée de 4 ans, à compter de la date d'entrée en vigueur de l'OMC, pour « éliminer progressivement » toutes les mesures de la zone grise ou les rendre conformes au droit de l'Institution. Le même article et le même paragraphe donnaient exceptionnellement le droit aux membres de l'Institution de conserver une mesure de la zone grise qui ne

[47] T. Flory, Libéralisme, protectionnisme, libre-échange « organisé » : de quelques implications juridiques actuelles, in Études offertes à C.A. Colliard, Pedone, 1984, p256 ; B. Taxil, L'OMC et les pays en développement, Montchrestien, 1998, p11-25.

[48] M.A. Do Espirito Santo Lima, Les enjeux du Néoprotectionnisme : Les barrières non tarifaires, Thèse de Sciences économiques, Paris X, p35-92.

pouvait cependant pas être maintenue au-delà du 31 décembre 1999. Et le même article d'ajouter que cette exception « devra être mutuellement convenue entre les membres directement concernés ». La condamnation la plus vive ressortait du même article 11, mais en son paragraphe l-b) qui interdisait dorénavant le recours à de telles mesures : « un membre ne cherchera pas à prendre, ne prendra ni ne maintiendra de mesure d'autolimitation des exportations, d'arrangement de commercialisation ordonnée ou toute autre mesure similaire à l'exportation ou à l'importation ». Aux dires de certains, cette réforme était à parachever, précisément parce qu'il suffirait aux membres de l'OMC de donner un caractère non officiel à ces mesures pour échapper à l'interdiction ainsi prononcée[49]. L'assainissement du système commercial multilatéral aura aussi pris la voie d'une formulation plus précise de la procédure de dérogation.

B) La procédure renouvelée de dérogation

Le vote émis par plus de la moitié des parties contractantes, à la majorité des deux tiers, conformément à l'Accord général en son article XXV, paragraphe 5, permettait, eu égard aux « circonstances exceptionnelles », de relever une Partie contractante d'une de ses obligations. Ces dérogations, comme les amendements prévus pour apporter des modifications à l'Accord général, conformément à son article XXX, auront porté atteinte à l'esprit et à la lettre dudit texte. Dans le même sens, on peut faire mention de la « clause d'antériorité » qui permettait à une Partie contractante d'ignorer la loi fondamentale du GATT, au motif que ses lois étaient antérieures au GATT ; les États-Unis l'invoqueront en 1955 et obtiendront gain de cause en gardant dans leur ordonnancement juridique la section 22 de l'Agricultural Adjustment Act de 1933.

L'article IX, paragraphe 3 et 4 de l'accord instituant l'OMC encadre plus rigoureusement le recours aux dérogations[50]. Dorénavant, toute décision autorisant une dérogation est subordonnée à un exposé des motifs exceptionnels et cette procédure est encadrée temporellement et fonctionnellement, particulièrement les dérogations excédant deux ans. De la sorte, toute dérogation accordée pour un laps de temps supérieur à celui qui précède sera réexaminée par la Conférence ministérielle une année au plus après qu'elle ait été accordée, puis chaque année jusqu'à ce qu'elle prenne fin. On cherchera de ce fait à examiner si les circonstances exceptionnelles ayant concouru à l'édiction de ladite mesure existent encore et si les

---

[49] J.M. Siröen, Le multilatéralisme, l'Organisation mondiale du Commerce et l'Union européenne, Économie rurale, n° 226, mars-avril 1995 p14.

[50] C. Rosso, les mécanismes de flexibilité dans le droit de l'OMC, Bruylant, 2017, p217.

modalités et les conditions attachées à la dérogation ont été respectées. Et l'article IX d'ajouter que « sur la base du réexamen annuel, la Conférence ministérielle pourra proroger, modifier ou abroger la dérogation ». En outre, les dérogations existantes avant l'entrée en vigueur de l'OMC devaient prendre fin à la date prévue ou se sont éteintes le 1er janvier 1998. Par ailleurs, la décision accordant une dérogation est acquise à une majorité des trois quarts des votes, à défaut de consensus. Cette procédure de dérogation obéit donc à un strict chronogramme, tout en étant guidée par le principe de transparence. En est-il autant des restrictions des flux de commerce ?

C) L'encadrement des restrictions des flux de commerce

L'accord instituant l'OMC entendait combattre les restrictions non tarifaires aux flux de commerce. La fin en 2005 de l'accord multifibre répondait à cet objectif. Dans le même élan, le Mémorandum d'accord sur les dispositions du GATT 1994 relatives à la balance des paiements demandait aux membres de l'Institution « d'annoncer publiquement, aussitôt que possible, des calendriers pour l'élimination des mesures de restrictions des importations prises à des fins de balance des paiements ». Dans le cas contraire, ils étaient invités à faire la preuve des motifs justifiant une telle position. Ils étaient tout de même conviés à user, de préférence, de moyens qui n'altéraient que très peu les échanges. Ces mesures, conformément au Mémorandum, « s'entendent des surtaxes à l'importation, des prescriptions en matière de dépôt à l'importation ou autres mesures commerciales équivalentes ayant une incidence sur le prix des produits importés ». Le GATT, en son article II, 1 b, avait déjà fait de la lutte contre les « *autres droits ou impositions de toute nature perçus à l'importation ou à l'occasion de l'importation* » une priorité, en essayant de borner leur gradation. Et le Mémorandum de préciser, en son paragraphe 4, « qu'afin de réduire au maximum les effets de protection accessoires, un membre administrera les restrictions d'une manière transparente », en invitant pour cela le pays recourant à des restrictions fondées sur les nécessités de balance des paiements à justifier les critères utilisés pour déterminer quels produits sont soumis à restriction. La guerre faite aux restrictions des flux de commerce reflétait la nécessité de soumettre les échanges internationaux à une plus grande prévisibilité et sécurité juridique.

La limitation ou la réduction des entraves au commerce international est aussi passée par l'idée qu'il fallait « éviter que les entreprises commerciales d'État ne puissent être une source de discrimination dans les échanges commerciaux qui s'effectuent entre les parties contractantes »[51]. Dans ce but, leur notification comme leur activité ont été strictement encadrées. Le

[51] T. Flory, Le GATT : Droit international et commerce mondial, LGDJ, 1968, p192.

Mémorandum d'accord sur l'interprétation de l'article XVII, entreprises commerciales d'État, a renforcé la transparence et la surveillance des activités des entreprises commerciales d'État ; pour cela, en donnant une définition pratique de l'entreprise commerciale d'État : il s'agit d'une « entreprise gouvernementale et non gouvernementale, y compris les offices de commercialisation, auxquelles ont été accordés des droits ou privilèges exclusifs ou spéciaux, y compris des pouvoirs légaux ou constitutionnels, dans l'exercice desquels elles influent, par leurs achats ou leurs ventes, sur le niveau ou l'orientation des importations ou des exportations ». La police de la conformité des activités de ces entreprises aux règles du droit international économique est de la compétence du Conseil du commerce des marchandises.

Tout en reconnaissant en son préambule et en son article 2.2 la légitimité d'un État membre à recourir à des mesures de protection dans le domaine de la santé, de la sécurité ou de l'environnement, l'Accord sur les obstacles techniques au commerce reconnaît que les normes et règlements peuvent, le cas échéant, constituer des « obstacles non nécessaires au commerce international ». Dans le but d'assurer une plus grande transparence, il pose une série de règles : le principe de non-discrimination et la règle du traitement national, le recours aux règles internationales et la notification des informations. Toujours dans une perspective de désarmement des restrictions aux flux de commerce, l'Accord sur la mise en œuvre de l'article VII du GATT de 1994, détermination de la valeur en douane, visant à combattre la fraude fiscale, tout en permettant aux autorités des douanes de solliciter davantage de précisions pour vérifier si la valeur déclarée représente bien la valeur transactionnelle, « c'est-à-dire le prix effectivement payé ou à payer pour les marchandises lorsqu'elles sont vendues pour l'exportation à destination du pays d'importation », à insérer l'action des parties intéressées dans un cadre juridique bien plus étroit et bien plus précis.

L'Accord sur les subventions et les mesures compensatoires[52], innervé de la nécessité de réduire les distorsions de concurrence, énonce trois catégories de subventions : les subventions prohibées[53] ; les subventions ne donnant pas lieu à une action en contestation[54] et les subventions permettant des actions en contestation[55]. Enfin, cet accord ouvre la voie à l'utilisation d'un droit compensateur pour frapper un produit subventionné ressortissant de la

[52] A. Beviglia Zampetti, The Uruguay round Agreement on subsidies : a forward, looking assessment, JWT, n°6, 1995, p5-29.
[53] Article 3, article 4 et 27.
[54] Article 8, paragraphe 2a ; article 8 paragraphe 2 b ; article 8 paragraphe 2c ; article 8 paragraphe 3 et article 9.
[55] Partie III de l'Accord ;

partie II, subventions prohibées, ou de la partie III, subventions pouvant donner lieu à une action, qui par ses effets causent un dommage ; d'où la nécessité d'établir un lien de causalité entre les importations subventionnées et le préjudice[56]. L'édiction d'un droit compensateur est préalablement soumise à une enquête. Cette demande obéit à des facteurs économiques pertinents (diminution effective et potentielle de la production, des ventes, de la part de marché, des bénéfices, de la productivité, du retour sur investissement...)[57]. La durée de l'enquête, sauf circonstances spéciales, ne peut excéder un an[58] et « il ne sera perçu sur un produit importé aucun droit compensateur dépassant le montant de la subvention dont l'existence aura été constatée, calculé en termes de subventionnement par unité du produit subventionné et exporté »[59].

L'Accord relatif aux sauvegardes[60] invitait à leur élimination dans un délai de huit ans, à compter de la date à laquelle elles ont été appliquées pour la première fois, ou de cinq ans après la date d'entrée en vigueur de l'Accord instituant l'Organisation mondiale du commerce (article 10). Le déclenchement de la sauvegarde obéit toujours à l'existence d'un préjudice grave prenant sa source dans l'importation de produits en quantité tellement accrue qu'il cause ou menace de causer un dommage grave à la branche de production nationale de produits similaires ou directement concurrents (article 2-1), constaté sur le fondement d'une enquête et d'un rapport (article 3) selon des procédures préalablement établies, conformément à l'article X du GATT de 1994 portant sur les publications et application des règlements relatifs au commerce . La mesure de sauvegarde doit simplement réparer un dommage grave et faciliter l'ajustement, elle ne peut excéder 4 ans, sauf prorogation et doit se fonder sur le principe de non-discrimination (article 7). La police du respect des engagements de cet accord est du ressort du Comité de sauvegarde, placé sous l'autorité du Conseil du commerce des marchandises.

La clarification des règles du commerce international aurait perdu toute pertinence si lesdites règles ne s'appliquaient qu'à un petit nombre d'États et aux secteurs traditionnels de l'échange international : c'est en cela que l'OMC, en plus d'une vocation au libéralisme, a une vocation à l'universalité.

---

[56] Article 15, paragraphe 5.
[57] Article 15, paragraphe 4.
[58] Article 11, paragraphes 9 et 11.
[59] Article 19, paragraphe 4 ; article 21 paragraphe 3.
[60] J. Bourrinet, L'accord relatif aux sauvegardes, in Centre de recherches européennes, La Communauté européenne et le GATT : évaluation des accords du cycle d'Uruguay, Apogée (éd), 1995, p85-93.

Section 2 : la vocation à l'universalité de l'Institution

Lors de sa création, l'Accord général comptait 23 pays membres, la majeure partie étant des nations industrialisées. Ce nombre s'était accru au fur et à mesure, en raison notamment de l'adhésion de nombreux pays en développement. Malgré cette tendance forte, le GATT a toujours été considéré comme un « club de pays riches », inapte à toute adaptation structurelle. Il est par ailleurs vrai que le système commercial international était resté axé sur le commerce de marchandises, alors que d'autres facteurs générateurs de croissance, les services par exemple, n'étaient pas soumis aux dispositions de l'Accord général. Le rêve d'un système commercial universel, fondé sur une participation de tous les États à l'Accord général et sur une soumission au droit international économique de tous les secteurs du commerce international, n'a jamais été rendu possible par le GATT[61]. Avec la création de l'OMC, il fallait donc revenir à ce qui sous-tendait l'Organisation internationale du commerce. Et la volonté d'universaliser le système commercial multilatéral allait transparaître à travers une double démarche. En premier lieu, lieu, il fallait faire de l'OMC une institution ouverte au plus grand nombre (Paragraphe 1). En second lieu, l'universalité tant recherchée devait résolument prendre vie à travers l'assujettissement de nouveaux domaines aux règles du droit international économique (Paragraphe 2).

Paragraphe 1 : L'élargissement géographique de l'Institution

Le système international est aujourd'hui marqué par un affaiblissement relatif des États-Unis, en raison bien entendu d'une politique étrangère erratique de l'administration Trump, mais qui en réalité à ses origines dans les profondeurs de la crise financière de 2008-2009[62]. Le système international sous leadership américain serait en train de prendre l'eau de toute part. Et certains appellent déjà à l'avènement d'un *système polycentrique* marqué du sceau de l'universalité, en somme un monde post-américain[63] où la puissance et l'influence seraient davantage partagées. Cette quête d'une gouvernance collégiale avait déjà saisi le système commercial multilatéral, sans connaître pour autant une traduction concrète. Avec l'OMC, la tension vers l'universalité s'est traduite par l'établissement d'une procédure d'adhésion simplifiée (A), ayant eu entre autres pour conséquence une présence très importante des pays en développement au sein de la

---

[61] A. Dunkel, Le rêve d'un système commercial universel, Géopolitique, n° 41, printemps 1993, p6.

[62] A. Supiot, Contribution à une analyse juridique de la Crise économique de 2008, RIT, vol. 149 (2010), n° 2, p165-176.

[63] F. Zakaria, the Post-American World, Norton, 2009.

nouvelle institution (B). Toutefois, l'universalité tant recherchée restait encore inachevée. En effet, la Chine, puissance commerciale montante et déjà incontournable, et la Russie, bien que moins compétitive que son homologue frontalier, mais néanmoins un des acteurs principaux de la scène internationale, n'ont pu devenir membres de l'Institution que tardivement (C).

A) Une procédure d'accession aux prises avec la volonté d'universaliser l'Institution

L'adhésion à l'Institution ne repose que sur la satisfaction de conditions substantielles qui permettent de s'assurer que le candidat sera en mesure de se conformer à ses obligations, ceci sur le fondement de l'article XII de l'accord instituant l'OMC. En effet, tout État ou territoire douanier jouissant d'une entière autonomie dans la conduite de ses relations commerciales extérieures, à la lumière de l'article XII, paragraphe 1, de l'accord qui nous occupe, peut en devenir membre. La demande d'adhésion à l'Institution n'est pas soumise au respect d'une quelconque conditionnalité économique ou politique. Le caractère résolument ouvert de la procédure d'accession était en elle-même un signal visant à donner au système commercial multilatéral une portée véritablement universelle.

L'OMC regroupe en son sein deux grandes catégories de membres. On y trouve, tout d'abord, les membres originels : il s'agit des parties contractantes au GATT de 1947 et des communautés européennes, conformément à l'article XI, paragraphe 1 de l'accord instituant l'OMC. D'une certaine manière, cette qualité récompensait le rang qu'ils occupaient au sein du système commercial international. La reconnaissance de la qualité de membre originel a été par exemple subordonnée à l'acceptation du corpus juridique du nouvel organe régulateur du système commercial multilatéral et à celui des accords commerciaux multilatéraux. Par contre, les pays les moins avancés, à qui on avait reconnu la qualité de membres originels, n'avaient eu à présenter des listes de concessions et d'engagement « que dans la mesure compatible avec leurs besoins de développement, à l'état de leur finance, de leur commerce et à la lumière de leurs capacités administratives et institutionnelles[64] ». La qualité de membre originel ne conférait pas un quelconque avantage, si ce n'est une certaine forme de rayonnement.

La seconde catégorie de membres de l'OMC est composée de membres ordinaires, ayant intégré l'Institution par le biais d'une procédure normale d'admission. À la lumière de l'article XII de l'accord instituant l'OMC, la

[64] Article XI, paragraphe 2, de l'accord instituant l'OMC.

procédure d'adhésion est ouverte à « tout État ou territoire douanier distinct jouissant d'une entière autonomie dans la conduite de sa politique commerciale ». La procédure d'accession à l'OMC n'est que le reflet d'une transposition originale de ce qui avait prévalu sous l'Accord général. C'est bien en ce sens que l'article XVI, paragraphe 1, de l'Accord instituant l'OMC précise que « sauf disposition contraire du présent accord ou des accords commerciaux multilatéraux, l'OMC sera guidée par les décisions, les procédures et les pratiques habituelles des parties contractantes du GATT de 1947 et des organes établis dans le cadre du GATT de 1947 ». Il en ressort que toute demande d'accession à l'OMC nécessite l'envoi d'une demande officielle de candidature à son directeur général, qui à son tour doit en tenir informer tous les membres. Ensuite, il sera de la compétence du Conseil général de mettre sur pieds un groupe de travail, ouvert à tous les membres, pour examiner ladite demande. Cet examen portera sur tous les contours de sa politique juridique en matière de commerce extérieur. Cette phase prendra fin par l'établissement d'un Mémorandum. Il s'en suivra alors une procédure bilatérale, qui s'attachera aux « *conditions et modalités relatives à l'accès aux marchés* » ; à titre d'exemple le niveau des taux de droits. Cette discussion s'appesantira sur les concessions et les engagements du candidat face aux exigences des membres de l'OMC. Le résultat de ces discussions fera l'objet d'un rapport du groupe de travail, regroupé dans un document appelé « ensemble des conditions d'accession », et se soldera, en cas de succès, par l'établissement « *d'un projet de décision et de protocole d'accession* ». À la fin des fins, il appartiendra à la Conférence ministérielle, à la majorité des deux tiers, de prendre la décision relative à l'accession d'un État candidat. Le protocole d'accession, qui énoncera les modalités d'accession et les engagements du requérant, prendra effet trente jours après que l'État candidat ait reçu confirmation qu'il répondait bien aux exigences de l'Institution.

L'article II, paragraphe 2 de l'accord instituant l'OMC impose à ses membres de souscrire à tous les accords commerciaux multilatéraux du cycle de l'Uruguay round[65], au sens où « les accords commerciaux multilatéraux font partie intégrante du présent Accord et sont contraignants pour tous les membres ». Il s'agissait de sanctifier la règle dite de l'engagement unique portant interdiction faite à un membre de se lier par un accord et de se délier à l'égard d'un autre. La force obligatoire des normes juridiques issues des accords de Marrakech constituait en soit une grande avancée, en rupture

[65] Les accords suivants font partie de cette catégorie : les accords multilatéraux sur le commerce des marchandises, l'accord général sur le commerce des services, l'accord sur les aspects des droits de propriété intellectuelle qui touchent au commerce, le Mémorandum d'accord sur les règles et procédures régissant le règlement des différends, le mécanisme d'examen des politiques commerciales.

totale avec le morcellement de l'Accord général. Elle portait en elle une ardente obligation : la transparence et la prévisibilité du système commercial multilatéral. Cette ardente obligation était confortée par l'article XVI, paragraphe 5 de l'accord OMC qui dispose « qu'il ne pourra pas être formulé de réserves en ce qui concerne une disposition du présent Accord ». Or la Convention de Vienne sur le droit des traités en son article 19, en tenant compte de quelques tempéraments, reconnaît à chaque État « au moment de ratifier, d'accepter, d'approuver un texte ou d'y adhérer de formuler des réserves », qui à la lumière de son article 2 d « s'entendent d'une déclaration unilatérale, quel que soit son libellé ou sa désignation, faite par un État quand il signe, ratifie, accepte ou approuve un traité ou y adhère, par laquelle il vise à exclure ou à modifier l'effet juridique de certaines dispositions du traité dans leur application à cet État ». Cette liberté a été ignorée par l'OMC, au titre d'une novation et d'une rationalisation du système commercial multilatéral. Toutefois, il est des accords commerciaux plurilatéraux qui ne créent d'obligations que pour les États les ayant approuvés[66]. L'article II, paragraphe 3 de l'accord OMC dispose ainsi que « les accords commerciaux plurilatéraux font également partie du présent Accord pour les membres qui les ont acceptés et sont contraignants pour ces membres. Les accords commerciaux plurilatéraux ne créent ni obligations ni droits pour les membres qui ne les ont pas acceptés ». En somme, tous les membres de l'OMC ne sont pas soumis aux mêmes obligations : *la règle de l'engagement unique n'est donc pas d'une rigidité absolue*.

Si la simplicité de la procédure d'adhésion à l'OMC a témoigné d'une volonté d'universaliser l'Institution, encore fallait-il y assurer une pleine participation de tous.

B) L'engagement des pays en développement en faveur du multilatéralisme[67]

Près de la moitié des pays signataires de l'Accord général étaient des pays en développement[68]. S'ils avaient pu prendre part activement aux négociations commerciales multilatérales de Tokyo round[69], c'est bien lors

---

[66] Accord sur les marchés publics, Accord sur le commerce des aéronefs civils, Accord sur le secteur laitier et Accord sur la viande bovine.

[67] OMC, l'élargissement de la composition du GATT / de l'OMC : intégration des pays en développement, in Rapport sur le commerce mondial, 2007, p312.

[68] Le Brésil, la Birmanie, la Chine, Cuba, l'Inde, le Pakistan, le Sri Lanka, la Syrie, le Liban et la Rhodésie du Sud. Le Chili est devenu Partie contractante par un protocole spécial de septembre 1948.

[69] OCDE, Intégration des pays en développement dans le système commercial international, 1992, p21, 24 et 25.

du cycle d'Uruguay round que ces pays, en raison de leur nombre[70], allaient montrer au monde leur adhésion aux règles issues du système commercial multilatéral ; témoignant au passage du rôle bénéfique du commerce et de la politique commerciale dans le processus de développement[71].

Ce regain d'intérêt pour le système commercial multilatéral devait amorcer un processus d'adhésion à l'Institution qui ne se démentira plus jamais. En 1987, Antigua-et-Barbuda, le Maroc et le Botswana adhéraient à l'Accord général ; en 1988, le Lesotho allait franchir le pas ; en 1990, la Tunisie, le Venezuela, la Bolivie et le Costa Rica suivaient le même sentier. Cette progression de l'intérêt porté au système commercial multilatéral se traduisait par la présence de 71 pays en développement au sein de l'Institution, à la fin de l'année 1990, soit près des trois quarts des parties contractantes. Concrétisant cette inclination vers le système, ils représentent aujourd'hui près de 80 % des membres de l'OMC. Ce processus d'accession à l'Accord général était inéluctable : durant les années 80, ils étaient nombreux à avoir mis en place des politiques libérales, refusant de se soumettre dorénavant aux politiques de substitution aux importations ou à se référer au communisme. En empruntant cette nouvelle voie, ils entendaient affirmer leurs nouvelles options économiques en les enracinant dans le cadre d'un accord multilatéral. Ils pouvaient, d'autant plus, s'en convaincre que ceux d'entre eux qui persistaient dans le refus des règles libérales connaissaient des taux de croissance ne leur permettant pas d'envisager un quelconque décollage économique.

Leur participation aux négociations commerciales multilatérales du cycle d'Uruguay n'allait pas exclusivement se résumer à l'approfondissement de leur statut différencié. Les pays en développement avaient souhaité faire la démonstration de leur volonté de s'insérer au mieux dans la nouvelle division internationale du travail. De ce fait, ils étaient conduits à délaisser des coalitions qui défendaient des intérêts purement idéologiques, accordant dorénavant une préférence à celles qui leur permettaient de maximiser leurs intérêts nationaux. C'est en ce sens que la CNUCED[72] allait peu à peu cesser d'abriter des négociations entre pays développés et en développement. On comprenait d'autant plus l'attachement porté au GATT puis à l'OMC que cette dernière institution leur permettait de s'exprimer à l'égale condition des autres, en raison de l'absence d'un quelconque droit de veto reconnu à ceux qui sont en tête du commerce international. En somme, l'OMC leur

---

[70] 107 pays ont participé aux négociations commerciales multilatérales du cycle d'Uruguay, 78 d'entre eux étaient des pays en développement.

[71] OMC, Rapport sur le commerce mondial, 2003, p81.

[72] Z. Haquani, La conférence des Nations-Unies sur le commerce et le développement (CNUCED), Thèse de droit, Université de Nice, juin 1977, 688 p.

apparaissait déjà comme le lieu approprié à l'exercice d'une gouvernance collégiale mondiale. Il est vrai que le cycle d'Uruguay round avait abordé la régulation de quelques secteurs, textile ou agriculture, qui intéressaient au premier chef les pays en développement ; ce qui ne pouvait que susciter des vocations en termes de participation à l'échange international.

Par ailleurs, pour les pays en développement, au titre des avantages attendus du système commercial multilatéral figuraient la facilitation des échanges[73], à savoir la simplification, la modernisation et l'harmonisation des processus d'exportation et d'importation. Si on s'en tient à la Conférence des Nations-Unies sur le commerce et le développement, pour une transaction douanière il y a en moyenne 20 à 30 intervenants différents, ce qui peut compromettre la compétitivité à l'exportation ou l'attractivité du pays pour les investisseurs étrangers. Une nouvelle fois, dans le but d'accentuer l'insertion des pays en développement dans le système commercial multilatéral, à la Conférence ministérielle de Bali en 2013, les membres de l'OMC ont établi un nouvel accord commercial multilatéral : *l'Accord sur la facilitation des échanges* (AFE[74]), entré en vigueur le 22 février 2017. Cet accord édicte toute une série de mesures censées favoriser la circulation transfrontière des marchandises. Les engagements des pays en développement et des pays les moins avancés y sont liés à leur capacité de mise en œuvre dudit accord. En ce sens, ils doivent indiquer leurs consentements aux engagements dudit accord relativement aux trois catégories suivantes (voir graphique). *La catégorie A* porte sur les prescriptions que l'État membre mettra en œuvre au moment de l'entrée en vigueur de l'Accord ou, dans le cas des PMA, dans un délai d'un an après l'entrée en vigueur dudit accord. *La catégorie B* porte sur les prescriptions que l'État membre mettra en œuvre après une période de transition suivant l'entrée en vigueur de l'Accord. *La catégorie C* porte en elle les prescriptions qui doivent faire l'objet d'une assistance et d'un soutien visant à renforcer les capacités de mise en œuvre des Etats membres. D'après l'Institution, les pays à faible revenu attendent de cet accord une réduction de 14,5 % du coût total du commerce.

[73] L'OMC traite de la facilitation des échanges aux articles V, VIII et X de l'Accord général sur les tarifs douaniers et le commerce (GATT) qui portent sur la liberté de transit pour les marchandises, des redevances et formalités se rapportant à l'importation et à l'exportation et de la publication et l'application des règlements relatifs au commerce.

[74] OMC, WT/940, 28 novembre 2014 ; OMC, Rapport sur le commerce mondial, 2015, 170 P.

Notification au titre des différentes catégories dans le cadre de l'AFE (OMC)

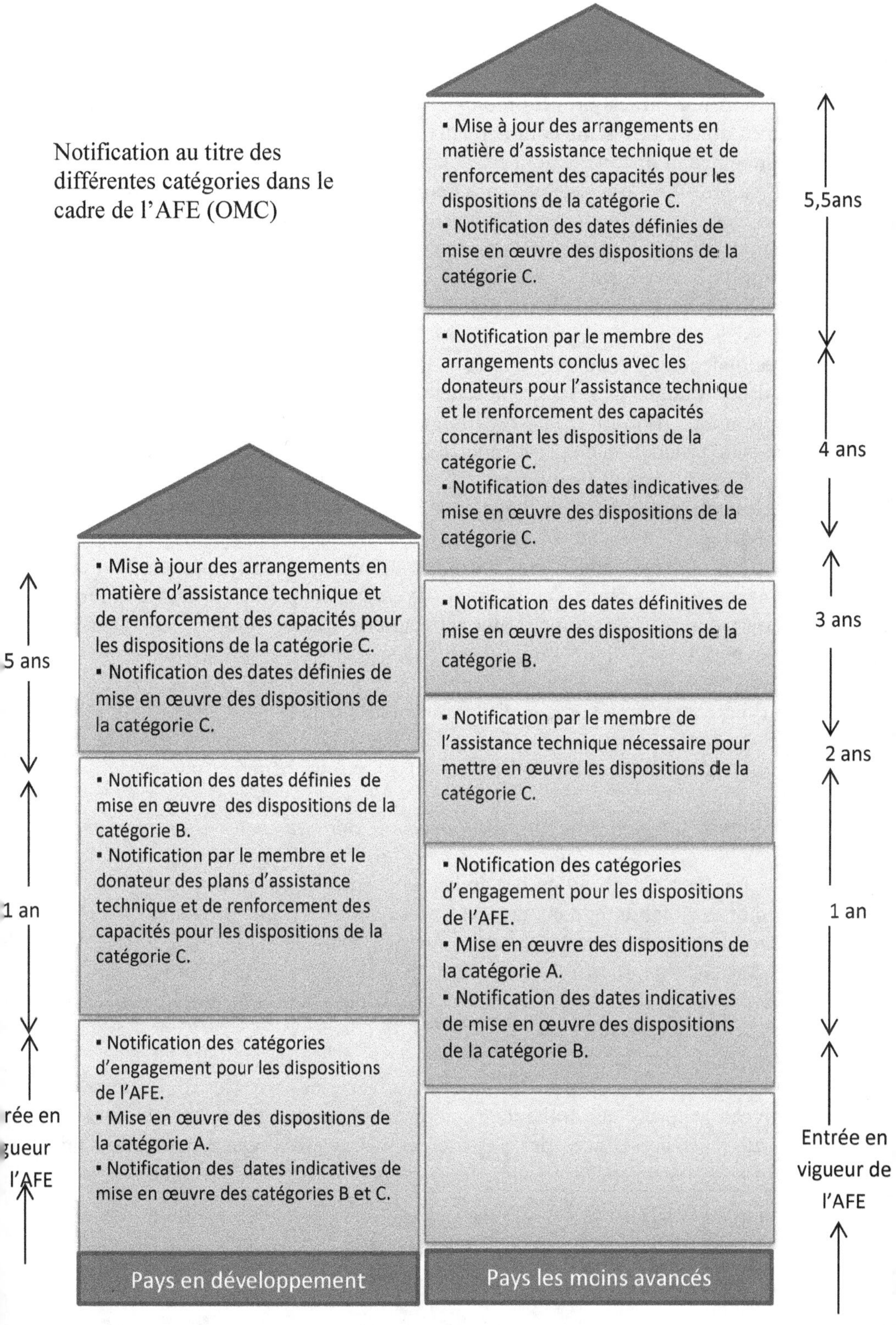

Du 15 au 19 décembre 2015 se tenait à Nairobi, Kenya, la dixième Conférence ministérielle de l'OMC. Les pays en développement, particulièrement les pays les moins avancés et avec eux les pays africains, y auront obtenu des gains commerciaux appréciables. Un élément clé de cette Conférence ministérielle aura été *la décision ministérielle sur la concurrence à l'exportation*[75] qui porte en elle l'engagement d'éradiquer les subventions pour les exportations de produits agricoles, les pays développés se prononçant alors pour la suppression immédiate de leurs subventions à l'exportation, excepté pour quelques produits agricoles ; les pays en développement y souscrivant pour 2018. Par ailleurs, *une décision sur un mécanisme de sauvegarde spéciale (MSS)* en faveur des pays en développement y aura été adoptée[76]. Il reconnaît au pays en développement le droit d'augmenter temporairement leurs tarifs, en cas de hausse des importations. En outre, *une décision ministérielle sur le coton*[77] demandait que cette production en provenance des PMA puisse bénéficier d'un accès en franchise de droits et sans contingent aux marchés des pays développés et aux marchés des pays en développement qui s'en sentiraient capables, à compter du 1er janvier 2016. Il y était demandé aux pays développés de mettre fin à leurs subventions à l'exportation du coton. Il s'agissait là d'une demande très ancienne des pays en développement. Elle visait à contrer le recours des pays développés aux subventions à l'exportation pour favoriser les exportations de leurs produits agricoles.

En prenant appui sur la décision ministérielle de Bali en 2013 relative aux règles d'origine préférentielles pour les pays les moins avancés, la Conférence ministérielle de Nairobi a renforcé au bénéfice de ces derniers *les possibilités d'exporter des marchandises à destination des pays développés et des pays en développement dans le cadre d'arrangements commerciaux préférentiels unilatéraux en leur faveur.* Pour cela, cette décision de Nairobi donne des indications spécifiques pour conclure qu'un produit est « fabriqué dans un PMA » et que les intrants provenant d'autres sources peuvent « faire l'objet d'un cumul ». Dans le même élan, *la décision ministérielle sur la mise en œuvre du traitement préférentiel en faveur des services et fournisseurs de services des pays les moins avancés et la participation croissante de ces derniers au commerce des services*[78] proroge jusqu'au 31 décembre 2030 la dérogation en vertu de laquelle les membres de l'OMC qui ne font pas partie de la catégorie des pays les moins avancés peuvent accorder un traitement préférentiel au bénéfice des services et fournisseurs de services des pays les moins avancés. Cette dérogation fait

---

[75] Voir WT/MIN (15)/45
[76] Voir WT/MIN (15)/43
[77] Voir WT/MIN (15)/46
[78] Voir WT/MIN (15)/48

sauter le verrou portant obligation de respecter la règle du traitement de la nation la plus favorisée qui s'impose aux États membres en vertu de l'Accord général sur le commerce des services (AGCS).

Si la centralité des pays industriels dans la gouvernance économique mondiale est un fait, celle-ci se voit néanmoins contrainte de tenir compte de l'émergence de nouveaux pôles tant économiques que politiques dans le système international. La problématique de l'adhésion de la Chine comme celle de la Russie soulevait cette nécessité, qui ne pouvait manquer d'interpeller le nouvel organe régulateur du système commercial multilatéral.

C) Le dynamisme économique chinois et la place renouvelée de la Russie sur la scène internationale

D'un système d'économie planifiée aux résultats médiocres, la Chine est passée à l'économie de marché avec des résultats sans commune comparaison[79] , ce qui en fait un évènement historique d'une portée considérable ; surmontant naturellement les obstacles à sa réintégration dans le système commercial multilatéral[80]. Depuis lors, les dirigeants chinois n'ont eu de cesse de demander à recouvrer leur qualité de partie contractante au sein du GATT[81], puis à solliciter leur admission à l'OMC. Le processus suivi a été le suivant. Suite à ses demandes d'admission aux deux institutions de Bretton Woods, le 17 avril 1980 et le 15 mai de la même année, elle devenait respectivement membre du Fonds monétaire international (FMI) et

[79] F. Gang, Chine : la double voie vers l'économie de marché, Politique étrangère, été 1996, n° 2, p337-351 ; A. Singh, Du plan au marché : la réforme maîtrisée en Chine, Revue Tiers-Monde, juillet-septembre 1994, n° 139, p659-684 ; F. Lemoine, Quand le marché chinois s'ouvrira..., La lettre du CEPII, n° 153, janvier 1997, p1-4 ; O. Giscard-D » Estaing, L'Organisation mondiale du Commerce, Avis et Rapport du conseil économique et social, n° 10, 26 mars 1996, p136-139 ; B. Stockes, Chine-OMC : pour une nouvelle coopération transatlantique, Politique étrangère, 1997, n° 3, p372-373.

[80] L. Zahang, La Chine et le GATT, Thèse de droit, Paris I, 1992, p117-148.

[81] La Chine a été l'un des membres fondateurs du GATT. A la suite de la victoire du parti communiste, le gouvernement nationaliste de Taïwan, tirant les conséquences de sa défaite, se retire du GATT le 6 mars 1950. C'est en raison de cette qualité de membre fondateur que la Chine se disait rattachée au système commercial multilatéral et demandait son adhésion à l'OMC, sans au préalable adhérer au GATT 1947. En effet, l'enjeu était de grande importance. En cas de réintégration, la Chine allait conserver sa législation commerciale même si celle-ci n'était pas conforme aux prescriptions de l'Accord général. Alors qu'en cas d'intégration, elle allait être obligée d'adapter sa législation aux exigences des parties contractantes (article XXXIII) .

de la Banque mondiale. Elle avait accédé à l'Accord multifibre le 18 janvier 1984 et obtenait, au mois de novembre de la même année, le statut d'observateur au GATT. Ce mouvement d'ouverture au commerce international s'est poursuivi et s'est concrétisé par une pleine participation aux négociations commerciales multilatérales du cycle de l'Uruguay round. Il est vrai que le programme de réformes économiques et sociales d'une durée de cinq ans adopté en 1997 résonnait déjà comme un signal d'enracinement de l'économie de marché dans ce pays.

Au terme d'une croissance économique impétueuse, l'économie chinoise aura renversé les rapports économiques mondiaux. Sur la base du PIB exprimé en parité de pouvoir d'achat (PPA), la Chine est passée du 11e au 1er rang entre 1980 et 2015, même si au taux de change courant le PIB américain demeure en tête (17 416 milliards de dollars contre 10 355). Cette rupture des équilibres mondiaux s'est aussi traduite par un excédent systématique de sa balance des transactions courantes, en raison d'une stratégie de croissance axée sur les exportations ; ce qui aura permis au pays de mener une politique très dynamique en matière d'aide au développement. En 2015, elle injectait 62 milliards de dollars dans la Banque de développement de Chine et la Banque d'import-export de Chine, pilier de sa politique d'aide internationale ; ce qui en fait un acteur déterminant de l'ordre économique international[82]. Le dynamisme économique chinois fait donc de celui-ci un des principaux partenaires du commerce international.

Si l'insertion réussie de la Chine dans l'économie mondiale a conduit à son admission à l'OMC, cela ne s'est pas fait sans faire naître quelques craintes : fallait-il reconnaître à la Chine le statut de pays en développement, lorsque l'on sait qu'il s'accompagne de la reconnaissance du système des préférences[83] ? À cette question la réponse américaine était négative[84] et celle de l'Union européenne procédait de la recherche d'un compromis en énonçant que « la Chine est un pays en transition rapide, mais que, sur certains points importants, elle ne peut encore être considérée comme une économie développée présentant toutes les caractéristiques d'un système pleinement fondé sur l'économie de marché[85] ». Par ailleurs, l'accession de la Chine à l'OMC n'allait-elle pas transformer cette nouvelle institution en

---

[82] F. Nicolas, Chine et Ordre économique mondial, une contestation feutrée, mais assumée, Perspectives chinoises, n° 2016/2, p7-14.

[83] J. M. Siroen, Faut-il laisser la Chine entrer dans l'OMC ? Critique internationale, n° 7, 2000, p30-37 ; L. Zhang, La détermination du statut de la Chine pour son retour au GATT et sa signification sur le plan juridique, Droit prospectif, n° 3,1995, p799-807.

[84] B. Stockes, loc. cit, p376-377.

[85] C. Jousse, La Chine et l'Union européenne, Politique étrangère, n° 1, 1997, p6.

un forum de discussion semblable à la CNUCED où l'empire du Milieu deviendrait le porte-parole des pays en développement ? En outre, une fois membre et au regard de la puissance économique chinoise, qu'en serait-il de la crédibilité de l'OMC si elle déniait toute force obligatoire au droit de l'Institution ? Une autre question traversait les esprits, le libéralisme économique était-il irréversible en Chine ?

Face aux multiples interrogations et aux inquiétudes fondées ou purement imaginaires, les États-Unis comme l'Union européenne auront conditionné l'admission de la Chine à l'Institution au respect d'un certain nombre de critères, en se rassurant au passage sur l'intégration du pays dans l'économie mondiale et sur la sanctuarisation du processus de réformes économiques internes et d'ouverture[86]. Il était ainsi demandé à la Chine de respecter les principes de transparence et de non-discrimination, d'offrir un réel accès au marché pour les produits industriels et agricoles en réduisant les droits de douane, de supprimer le monopole sur le commerce extérieur et d'assurer une ouverture du marché des services, d'améliorer les conditions d'établissement des entreprises étrangères, d'éliminer les mesures incompatibles avec le droit de l'OMC et de mettre en œuvre l'Accord sur les aspects des droits de propriété intellectuelle qui touchent au commerce (ADPIC), d'instaurer un régime de marchés publics transparents et d'adhérer à l'accord OMC portant sur l'aviation civile. Le 11 décembre 2001, à la suite d'une décennie d'efforts de libéralisation et de réformes, la Chine est devenue membre de l'OMC[87]. Avec son accession à l'Institution, elle aura abaissé ses tarifs douaniers de 24 % en moyenne à 9,6 %. Depuis, elle se plie aux prescriptions du système commercial multilatéral, en respectant par exemple les décisions de l'organe de règlement des différends[88].

La volonté d'étendre à la planète entière les dispositions de l'OMC ne pouvait ne pas concerner la Fédération de Russie qui demeure un des acteurs principaux de la scène internationale et qui par des mesures économiques fortes a souhaité s'insérer dans le système commercial multilatéral[89]. En ce sens, en 1991, elle a repris le statut d'observateur de l'ex-Union soviétique.

---

[86] F. Lemoine, la Chine à l'OMC : quel bilan ? CEPPI, 22 décembre 2011.

[87] W. Martin, l'adhésion à l'OMC et les réformes économiques en Chine, politique étrangère, n° 2, 2004, p331-346.

[88] H. Gao, de la périphérie au Centre : la participation de la Chine aux négociations OMC., Perspectives chinoises, n° 2012/1, p61-67 ; F. Nicolas, la Chine et les institutions économiques multilatérales, entre révisionnisme et statu quo, politique étrangère, n° 3, 2014, p49-61.

[89] P. Hoguet, L'Organisation mondiale du Commerce : une entreprise encore inachevée, Rapport d'information, n° 2948, AN, 2 juillet 96, p219-220.

En juin 1993, elle demandait son accession à l'Accord général puis à l'OMC.

L'examen de la compatibilité du régime commercial russe avec le droit de l'OMC avait conduit à la mise en place d'un groupe de travail, en juillet 1995 qui soulignait le fossé entre le droit de l'OMC et les règles commerciales russes. En effet, l'incertitude demeurait encore sur la place de l'État dans l'économie et sur la répartition des compétences entre le pouvoir central et les autorités régionales. De plus, l'instabilité sociale et politique ne garantissait en rien la pérennité d'éventuelles mesures prises en concordance avec les règles commerciales multilatérales. On se souvient que les politiques libérales radicales, gouvernement d'Egor Gaidar entre 1992-1993, ou tempérées, à partir de 1997, qui entendaient faire franchir un cap à l'économie défaillante russe, auront été des échecs et n'auront fait que désorienter un pays qui se singularisait par son incapacité à faire dorénavant sens dans le système international. La crise financière du 17 août 1998 consécutive à la dévaluation du rouble[90] allait révéler au monde, si besoin était encore, l'état déliquescent de ce pays. Le pays était contraint de s'en remettre aux institutions financières internationales pour tenter de se sauver de lui-même. Le ministre russe des Finances, Mickail Zadarov, ne déclarait-il pas que seule l'aide financière des institutions de Bretton Woods serait « *capable de sauver l'économie russe* » ? En juillet 1998, le Fonds monétaire International lui accordait un prêt de 22,5 milliards de dollars. Le 28 avril 1999, l'Institution précitée octroyait un nouveau prêt de 4,5 milliards de dollars. La crise économique russe se doublait d'une crise institutionnelle. Les régions de la Fédération, face à l'impuissance de l'État central, s'en affranchissaient de plus en plus, menaçant l'unité du pays. L'incurie du pouvoir, qui se conjuguait par ailleurs avec la santé fragile d'un président aux prises avec une procédure de destitution, Boris Eltsine, se mesurait aussi à l'aune de la toute-puissance de la mafia qui, aux dires de certains, contrôlait des secteurs importants de l'économie. Un auteur écrira : « l'impuissance de l'URSS finissante et de la Russie renaissante traduisait assez l'humiliation que dut ressentir un peuple convaincu par des décennies de propagande d'appartenir à une superpuissance infaillible. »[91]

[90] G. Wild, La crise économique russe, Cahiers français, n °289, La documentation française, janvier-février 1999, p13-18.
[91] X. De Villepin, Russie, An IV : Forces et faiblesses, Rapport n° 344, Sénat, 1994-1995, p13.

Revirement ou balbutiement de l'histoire, la Russie est à l'heure actuelle au centre d'un système international en cours de reformulation[92]. Délestée de ses satellites, la présidence Poutine sans cesse reconduite n'est rien de moins que la tentation de reconstituer les facteurs de puissance d'une nation qui vit dans le profond souvenir de son rôle jadis central dans les relations internationales. Les contours de cet assemblage prennent vie progressivement : maintien dans l'orbite russe des anciens satellites de l'ex-URSS, annexion de territoires considérés profondément comme russes, avec l'exemple typique de la Crimée, volonté de construire un axe privilégié avec de nouveaux États, Chine, Inde, Afrique du Sud, Iran ou Turquie pour briser la centralité des États-Unis dans le système international. Son implication sur les grands dossiers stratégiques, son recours à la force en Géorgie en 2008, en Ukraine en 2014, l'opération militaire au Moyen-Orient en soutien au régime syrien depuis 2015 ou le réarmement de l'armée centrafricaine sur autorisation des Nations unies, mais avec son corollaire de remise en cause de la centralité française dans les affaires de ce pays ; en sont aussi le témoignage. Quoi qu'il en soit, malgré des résultats économiques encore peu performants, la Russie demeure une puissance mondiale en raison de sa capacité de nuisance nucléaire, elle détiendrait cinq mille têtes nucléaires. Son rôle jadis dans la recherche d'une solution négociée dans le conflit yougoslave, même si elle n'avait pas pu empêcher les frappes aériennes de l'OTAN démontrait déjà que le Kremlin restait encore un passage obligé dans la gestion des conflits internationaux. De sorte que les États-Unis ont soutenu sa candidature, la Fédération de Russie devenant membre de l'OMC le 22 août 2012.

Comme le souligne Bobo Lo, Moscou et Pékin sont dépositaires de projets autoritaires nourris d'objectifs très différenciés[93]. Ces deux pays souhaitent mettre à l'index les limites actuelles de la gouvernance économique mondiale, il est vrai que la posture belliqueuse de l'administration Trump alimente ce discours[94]. L'accord se dissiperait très vite, dès lors qu'il serait question de formuler des propositions autour desquelles construire une altérité. Il en serait ainsi, car Moscou aurait une conception tripolaire du système international où graviteraient trois grandes puissances : les États-Unis, la Russie et la Chine. Pékin envisagerait par contre un système international de type bipolaire fondé sur une relation États-Unis–Chine. Les États-Unis auraient par ailleurs la même conception

[92] B. Lo, Russie-Chine-Inde : un vieux triangle dans un nouvel ordre mondial ? Notes de l'IFRI, avril 2017, 35 p ; F. Fines, H. Flavier, L. Lankarani, L. Royer, La puissance russe : entre émergence et renaissance, A. Pedone, 2019, 222p.
[93] B. Lo, Idem, p13-14.
[94] F. Heisbourg, L'Europe face à la crise du système d'alliance américain, Politique internationale, n° 161, automne 2018, p89.

bipolaire du système international, inquiets de la montée inexorable de la Chine qui devrait les supplanter, ils réfléchiraient aux moyens de canaliser ce leadership chinois. Et Bobo Lo de soutenir une nouvelle fois que la Chine n'aurait en rien renoncé à recourir aux ressorts du système international pour y accroître sa centralité[95]. Alors que dans une certaine radicalité, abreuvée par sa critique de la mondialisation de l'économie, Moscou rechercherait un paradigme alternatif, contrepoids à la centralité de Washington dans le même système international. Quoi qu'il en soit, la problématique de l'universalité de l'OMC ne se limitait pas à son aspect géographique, le volet matériel avait aussi alimenté ce débat.

Paragraphe 2 : L'élargissement matériel de l'Institution

Avec la fin de la dérogation accordée aux textiles, l'intégration de l'agriculture dans le cadre juridique du commerce international (A) et la soumission de nouveaux domaines générateurs de fortes valeurs ajoutées aux règles du droit international économique (B), le système commercial multilatéral s'est manifestement orienté vers son universalité matérielle.

A) L'agriculture[96] et la fin de la dérogation accordée aux textiles

L'Accord sur l'agriculture se décomposait en quatre parties : on y décelait les enjeux relatifs aux concessions et aux engagements des États membres en matière d'accès aux marchés, formulés à l'article 4 de l'Accord qui nous occupe. On y questionnait le rôle des soutiens internes et des subventions à l'exportation, en concordance avec les articles 6 et 9 dudit Accord. On y abordait la problématique des prescriptions relatives aux mesures sanitaires et phytosanitaires, conformément à l'article 14 de l'Accord sur l'agriculture. Enfin, une dernière partie portait sur la décision ministérielle concernant les pays les moins avancés et les pays en développement importateurs nets de produits alimentaires. Au regard de l'accord sur l'agriculture, la protection à l'importation devait exclusivement reposer sur des droits de douane consolidés ; ce droit de douane pouvant être revalorisé par le biais d'une clause de sauvegarde spéciale édictée à l'article 5 du même accord.

La fin de la dérogation accordée au textile a conduit à la soumission de ce secteur aux règles du droit international économique. On a opéré un retour au régime normal avec une suppression des contingentements et des discriminations entre exportateurs. L'Accord sur les textiles et les

---

[95] B. Lo, op.cit., p12.

[96] J. Cloos, T.L. Margue, Les négociations agricoles de l'Uruguay : déroulement et résultats, RMC-UE, n° 376, mars 1994, p155-169.

vêtements[97] énonçait le démantèlement de l'Accord multifibre en quatre étapes, avec une projection sur dix ans, en tenant compte du volume des importations totales de textiles et de vêtements de chaque membre pour l'année de référence 1990, le tout sur le fondement d'un échéancier à respecter (voir tableau). Un organe de supervision des textiles (OST) en avait la gestion. Cet accord n'existe plus aujourd'hui, sa disparition était prévue dès l'origine ; à savoir en 2005.

Calendrier de démantèlement de l'Accord multifibre :

	Étape 1 (1/01/1995)	Étape 2 (1/01/1998)	Étape 3 (1/01/2002)	Étape 4 (1/01/2005)
Pourcentage des échanges à libérer	16	17	18	49
Coefficient de croissance des contingents restants (en %)	6,96 % par an	8,7 % par an	11,05 % par an	11,05 % par an

L'élargissement matériel de l'Institution ne pouvait ignorer des secteurs de l'économie internationale qui dorénavant déterminaient la place des nations dans la nouvelle division internationale du travail.

B) L'assujettissement de nouveaux secteurs aux règles du commerce international

Il s'agissait, *en premier lieu,* de l'Accord général sur le commerce des services[98] qui allait soumettre ce secteur à certaines obligations. D'une part, le traitement de la nation la plus favorisée, énoncé à l'article II de l'Accord précité, dispose que « chaque membre accordera immédiatement et sans condition aux services et fournisseurs de services de tout autre membre un traitement non moins favorable que celui qu'il accorde aux services similaires et fournisseurs de services similaires de tout autre pays ». D'autre

[97] S. Bagchi, The integration of the textile trade into GATT, JWT, n°6, 1994, p31-42. ; J.E. Sorensen, Les aspects institutionnels et juridiques de l'Accord multifibres, in E. Schaeffer (éd), Relations entre économies industrialisées et économies en transition ou en développement : aspects institutionnels et juridiques, 1995, p60-85.
[98] B. Hindley, L'Accord général sur le commerce des services, Politique étrangère, n° 58, 1993, p333-350 ; S. Ciabrini, Le droit international des services, thèse de droit, Paris 5, 1994, 448 p.

part, dans le but de lutter contre les mesure pouvant entraver l'accès aux marchés, il est énoncé à l'article XVI, paragraphe 1 « que chaque membre accordera aux services et fournisseurs de service de tout autre membre un traitement qui ne sera pas moins favorable que celui qui est prévu en application des modalités, limitations et conditions convenus et spécifiées dans sa liste ». Par ailleurs, l'Accord en son article III pose le principe de la transparence des réglementations, dans le but de lutter contre le maquis des textes législatifs qui se révèle comme un frein aux échanges. Aussi, peut-on y lire que « chaque membre publiera dans les moindres délais et, sauf cas d'urgence, toutes les mesures d'application générales pertinentes qui visent ou qui affectent le commerce des services ». Enfin, le « traitement spécial et différencié », postulé à la partie IV du GATT, n'est nullement explicité dans le texte de l'accord qui nous occupe. Il y est toutefois, accordé aux pays en voie de développement une plus grande flexibilité dans l'application de certaines dispositions de l'Accord général sur le commerce des services : c'est le cas de l'article IV qui porte sur la participation croissante des pays en développement au commerce mondial, c'est aussi le cas de l'article XV qui porte sur les subventions et qui entend tenir compte des besoins particuliers des pays en développement dans le domaine du commerce des services et enfin c'est le cas de l'article XII qui permet de recourir à des restrictions au cas où la balance des paiements et la situation financière extérieure d'un État membre posent ou menacent de poser de graves difficultés.

Il s'agissait, *en second lieu*, de l'Accord relatif aux aspects des droits de propriété intellectuelle qui touchent au commerce[99], qui traite des droits d'auteur (section1), des marques de fabrique (section 2), des indications géographiques (section 3), des dessins et modèles industriels (section 4), des circuits intégrés (section 6) et de la protection des renseignements non divulgués (section 7). Cet accord doit permettre à chaque membre de faire valoir, dans les mêmes conditions, leurs droits en ces domaines. C'est en ce sens que ces différents domaines obéissent aux principes du traitement national et de la nation la plus favorisée, conformément aux articles 3 et 4 de l'accord qui nous occupe. Par ailleurs, certains pays ont bénéficié de délais supplémentaires pour sa mise en œuvre : un an pour les pays développés, cinq ans pour les pays en voie de développement ou en transition et dix ans pour les pays les moins développés.

---

[99] J.C. Ginsburg, L'OMC et la propriété intellectuelle, Droit de l'informatique et des télécoms, n° 1, 1995, p5-16 ; B. Boval, L'Accord sur les droits de propriété intellectuelle qui touchent au commerce (ADPIC ou TRIPS), in SFDI, la réorganisation mondiale des échanges, A. Pedone, 1996, p131-152 ; S. Zhang, De l'OMPI au GATT : la protection internationale des droits de la propriété intellectuelle : évolution et actualité, Litec, 1994, 383 p.

Il s'agissait, *en troisième lieu*, de l'Accord sur les mesures concernant les investissements et liées au commerce des marchandises[100]. Il vise l'accroissement des investissements transfrontaliers, ce qui a conduit à la condamnation de certaines mesures concernant les investissements. Les mesures interdites sont, d'une part, celles qui attentent à la règle du traitement national, postulées à l'article 2 dudit accord et qui renvoient à l'article III du GATT en son paragraphe 4 selon lequel « les produits du territoire de toute partie contractante ne seront pas soumis à un traitement moins favorable que le traitement accordé aux produits similaires d'origine nationale… ». On notera que les mesures concernant les investissements et liées au commerce, incompatibles avec l'obligation d'accorder le traitement national, ont fait l'objet d'une liste à l'annexe de l'Accord qui nous occupe. D'autre part, on y prohibait les mesures faisant obstacle à l'application de l'article XI du GATT, qui dispose « qu'aucune partie contractante n'instituera ou ne maintiendra à l'importation d'un produit originaire du territoire d'une autre partie contractante, à l'exportation ou à la vente pour l'exportation d'un produit destiné au territoire d'une autre partie contractante, de prohibitions ou de restrictions autre que des droits de douane, taxes ou autres impositions, que l'application en soit faite au moyen de contingents, de licences d'importation ou d'exportation ou de tout autre procédé ». L'Accord sur les mesures concernant les investissements et liées au commerce (MIC), en son article 5 relatif aux notifications et arrangements transitoires, visait l'élimination des MIC non conformes au GATT 1994, à compter de la date d'entrée en vigueur de l'Accord OMC, dans un délai de deux ans pour les pays développés, de cinq ans pour les pays en développement et de sept ans pour les pays les moins avancés, avec une flexibilité au bénéfice de ces deux derniers groupes de pays. Par ailleurs, les membres réaffirmaient, en ce qui concerne les MIC, leur attachement à l'obligation de transparence, tout en instituant à l'article 7 un comité de mesures concernant les investissements et liées au commerce.

« La libéralisation totale des échanges doit être considérée comme à la fois irréalisable et comme non souhaitable » : cette profession de foi de Maurice Allais aura nourri bien des discussions relatives à la force obligatoire des règles de l'OMC.

---

[100] P. Juillard, L'Accord sur les mesures concernant l'investissement et liées au commerce, in SFDI, op.cit., p113-130.

Chapitre 2 : Des fondements doctrinaux battus en brèche

Dès le départ, la doctrine libérale de l'Institution s'est voulue un rempart contre les tentations protectionnistes ou unilatérales. Pour cela, elle invitait de façon pressante ses États membres à adopter des législations conformes à son corpus juridique. Or, si les États-Unis souscrivaient volontiers aux règles multilatérales, ils ne se privaient pas de règlements qui, fondés sur des relations de pouvoir, étaient souvent contraires aux règles de l'OMC ; leur grande capacité d'orientation du comportement commercial des autres États membres pouvant alors dénaturer et décrédibiliser la doctrine de l'Institution (Section 1). Il est vrai qu'il s'agissait déjà d'un libéralisme évolutif. Les uns contesteront l'effet direct des règles de l'OMC, d'autres admettront de toute façon qu'il s'agit d'un accord de libéralisation borné et d'aucuns sont toujours à la recherche d'un paradigme alternatif (Section 2).

Section 1 : La diplomatie commerciale américaine

Paul Kennedy [101]avait cru pouvoir annoncer une théorie du désastre en vertu de laquelle l'Amérique, comme tant d'autres puissances jadis, serait vouée au déclin, du fait même de ce qu'on avait appelé une *sur extension impériale*. L'auteur n'avait pas écrit ses lignes que la même année, en 1991, la disparition de l'Union des Républiques Socialistes Soviétiques conduisait à une hégémonie des États-Unis, probablement sans précédent dans l'histoire[102]. Ils étaient dorénavant les seuls à exercer une suprématie aussi bien dans les domaines militaire qu'économique, technologique ou culturel. Aux yeux de ses contempteurs, l'Amérique n'était plus guidée par l'idée de défendre le monde libre, mais uniquement par ses préoccupations propres, en particulier dans le domaine économique, le fondement de sa puissance. Cette lecture nouvelle, non sans rapport avec *la fin de l'histoire*[103] , a pu entraîner un comportement commercial quelque peu agressif des États-Unis (paragraphe 1), servi par une volonté de réguler la société internationale au regard de la seule norme valable ; *la norme américaine* (paragraphe 2). La volonté d'asseoir la puissance américaine sur des fondements autres que

---

[101] P. Kennedy, Naissance et déclin des grandes puissances : transformations économiques et conflits militaires entre 1500 et 2000, Payot, 1991, 730 p.

[102] Z. Brzezinski, Le grand échiquier : L'Amérique et le reste du Monde, Bayard, 1997, p9-56.

[103] F. Fukuyama, op. cit., 452 p. Aux dires de cet auteur, la victoire idéologique de l'État libéral constituerait le point final de l'évolution idéologique de l'humanité et la forme finale de tout gouvernement humain ; en ce sens seulement, elle serait la fin de l'histoire.

multilatérales remettait d'une certaine manière en cause les principes de prévisibilité et de sécurité des échanges. Elle contribuait aussi à saper les quelques règles édictées par l'Institution : à titre d'exemple, l'obligation pour chaque Etat membre d'assurer « la conformité de ses lois, réglementations et procédures administratives » avec le droit de l'Institution, conformément à l'article XVI, paragraphes 4 de l'Accord OMC.

Paragraphe 1 : Une conception du négoce à géométrie variable

« Nous vivons en état de guerre économique mondiale. L'objet de cette guerre est, pour chaque nation, de créer chez elle emplois et revenus croissants au détriment de ceux de ses voisins (...). La guerre économique a remplacé la guerre froide. La conquête des marchés a désormais remplacé celle des territoires. Ce ne sont plus les tanks, les missiles qui comptent, et de moins en moins les idéologies, mais la course aux marchés extérieurs et le poids économique »[104]. Cette guerre économique ou cette course à la conquête incessante de nouveaux marchés a conduit à l'édiction de dispositifs relatifs aux sanctions économiques, « dommages économiques imposés à un pays pour qu'il change de politique[105] ». À cet égard, dans une Amérique qui avait fait de l'économie sa principale ligne de lecture du monde (A), son arsenal de représailles ne pouvait manquer d'interroger les principes directeurs de l'OMC (B).

A) Une lecture renouvelée des relations économiques internationales

Au sortir du second conflit mondial, les États-Unis comme l'ex-URSS, habités par une certaine radicalité idéologique, accordaient aux questions militaires un rôle et une place jusqu'ici sans commune comparaison. Il est vrai que toute velléité d'infléchir les trajectoires de l'histoire à l'aune de son système sociopolitique supposait alors la détention d'un appareil militaire à la hauteur des buts fixés. Les capacités de destruction détenues par chacune des grandes puissances déterminaient leur degré d'influence dans les affaires de la planète. La réalité est toute autre depuis la fin toute relative de la menace nucléaire. Les capacités militaires ne sont plus seulement ces déterminants de puissance, le système international se pense et s'organise dorénavant, avant tout, en des termes économiques.

---

[104] B. Esambert, La guerre économique mondiale, Olivier Orban, 1991, p9 et 16.
[105] C. Lachaux, Sommes-nous en guerre économique ?, Défense nationale, juin 1992, p110

Le président Georges Bush aura été le premier à avoir pris la mesure de cette mutation[106]. En soutien aux réformes économiques sur le continent américain comme dans les Caraïbes, il présentait le 27 juin 1990 son « Enterprise for the americas initiative »[107]. Il en espérait des retombées favorables aux entreprises américaines et par voie de conséquence permettre au pays de recouvrer une certaine centralité dans les échanges internationaux. Ce sont bien les mêmes raisons qui conduiront les États-Unis à se rapprocher de leurs voisins canadiens et mexicains. Le 5 février 1991, sous l'impulsion du président Georges Bush, les États-Unis, le Canada et le Mexique décidaient de libéraliser leurs échanges. Le processus de négociation prenait fin le 17 décembre 1992 lorsque, à Ottawa, le Premier ministre Brian Mulroney apposait sa signature sur l'Accord de libre-échange nord-américain (ALENA). Le même jour, le président Georges Bush à Washington et le président Carlos Salinas de Gortari à Mexico signaient eux aussi le même accord, qui créait une zone de libre-échange entre les trois pays d'Amérique du Nord. Le 1er janvier 1994, ratifié par les législateurs des pays membres, l'ALENA entrait en vigueur[108]. Avec l'édification de ce marché continental, l'administration américaine entendait s'ouvrir un nouveau périmètre de croissance en misant pour cela sur les avantages comparatifs du Mexique, en termes de main d'œuvre, et du Canada, pour ce qui concerne ses ressources naturelles.

L'orientation donnée par le président Bush s'enracinera sous l'administration Clinton. Ce dernier, le 16 novembre 1992, énonçait ses priorités : créer des emplois, faire progresser les revenus, relancer l'économie, restaurer la vitalité et la compétitivité de l'économie américaine. Ce volontarisme économique et commercial n'avait qu'un seul objectif : aider au relèvement de la compétitivité des entreprises américaines[109]. Ne s'en laissant pas compter, il se lancera à la conquête de nouveaux marchés. L'Asia-Pacifique Economic Forum (APEC), créée en 1989 et devenue dynamique en 1993, allait lui servir de navire amiral pour accentuer la présence commerciale américaine vers l'une des régions les plus solvables du monde. L'Afrique n'allait pas non plus être ignorée, l'Afrique australe

[106] J.F. Daguzan, Les États-Unis à la recherche de la supériorité économique, RFG, n° 2, été 1997, p69.

[107] E. Boucher, L'initiative pour les Amériques du Président Bush, Chronique d'actualité de la SEDEIS, n° 10-15, octobre 1991, p373-378 ; J.J. Kourliandsky, Georges Bush et l'Amérique latine, IRIS, automne 1992, p236-246.

[108] Le 30 septembre 2018, après que le Mexique en ait fait autant le 27 août 2018, le Canada a engagé sa volonté sur un accord portant modernisation du traité de libre-échange nord-américain qui a pris le nom d'accord États-Unis-Mexique-Canada (AEUMC).

[109] P. Lorot, États-Unis : la diplomatie du négoce, Politique internationale, n° 78, hiver 1997-1998, p25-26.

particulièrement[110]. Et l'on prenait conscience que les nouvelles règles du commerce international n'avaient qu'une seule perspective réelle, de leur point de vue : s'ouvrir les marchés mondiaux et permettre aux entreprises américaines de vendre à un meilleur taux de profitabilité sur le fondement d'une compétitivité retrouvée[111].

Avec l'accession de Donald Trump à la Maison-Blanche en 2017, le protectionnisme, le bilatéralisme et surtout l'unilatéralisme ont été inscrits au frontispice de la politique commerciale américaine. Le 22 mars 2018, l'administration Trump a annoncé qu'elle allait taxer les produits importés de Chine à hauteur de 60 milliards de dollars (48,5 milliards d'euros), au motif que le déficit commercial avec ce pays, 375 milliards de dollars en 2017, était devenu hors de tout contrôle ; proposant à Pékin d'en réduire le montant de 100 milliards de dollars. En riposte, les autorités chinoises ont publié une liste de droits de douane à appliquer sur des produits américains. Si ces mesures américaines semblent être un moyen de pression sur la Chine, elles n'en sont pas moins porteuses d'un unilatéralisme nourrissant des tensions commerciales[112]. Faisant preuve d'une foi inébranlable en la capacité de l'Institution à assurer la prévisibilité et la sécurité des échanges internationaux, les Chinois ont saisi à cet effet l'organe de règlement des différends de l'OMC. Ils ont donc demandé l'ouverture de consultations avec les États-Unis. Ils allèguent que les droits de douane visant certains de leurs produits seraient supérieurs aux taux consolidés des États-Unis et qu'ils porteraient atteinte aux articles I.1 (traitement général de la nation la plus favorisée), II.1 a) et b) (liste de concessions) de l'Accord général sur les tarifs douaniers et le commerce et à l'article 23 du Mémorandum d'accord sur le règlement des différends qui dispose que « lorsque les membres chercheront à obtenir réparation en cas de violation d'obligations ou d'annulation ou de réduction d'avantages résultant des Accords visés, ou d'entrave à la réalisation d'un objectif desdits accords, ils auront recours et se conformeront aux règles et procédures du présent Mémorandum d'accord ».

En réalité la surenchère de l'administration Trump face à la Chine[113] est inséparable du déclin américain dans le domaine de la recherche[114], l'investissement de Pékin dans le domaine de la science étant en train de

---

110 P. Leymarie, Le continent noir entre Ancien et Nouveau Monde, Le monde diplomatique, n° 528, mars 1998, p20-21.

111 J.P. Cotis, A. Quinet, Les ressorts de la puissance économique américaine, RFG, n° 2, été 1997, p9-28.

112 Le Monde, Eco & Entreprise, 24 mars 2018

113 Le Monde, Eco & Entreprise, 7 avril 2018, p5.

114 Le Monde, 7 avril 2018, p11.

bouleverser les hiérarchies établies au siècle dernier. On le sait, la puissance économique, militaire, diplomatique ou culturelle est dépendante des avancées technologiques d'une nation. Or l'observatoire des sciences et techniques (OST) a rendu public le 5 avril 2018 un rapport sur « la position scientifique de la France dans le monde, 2000-2015 » où il ressort que la Chine, qui pesait à peine 1 % de la production scientifiques dans les années 80, est dorénavant le numéro deux mondial, derrière les États-Unis ; Pékin consacrant 2 % de son PIB à la recherche-développement et produisant 16 % des publications mondiales. Dans le but d'expliquer cette percée de la Chine, un auteur a pu écrire : « avec les réformes des années 1980, elle a petit à petit constitué une force de frappe scientifique. Ce fut difficile, la Chine pré-Mao ayant été dépecée et envahie par des puissances étrangères et celle de Mao ayant démoli ses premiers efforts dans l'enseignement supérieur et la recherche avec la tragédie de la révolution culturelle. Mais depuis le début du XXIe siècle, la machine à former scientifiques et ingénieurs monte en puissance année après année[115] ». Le détachement de l'administration Trump pour les engagements internationaux et sa vision particulière du commerce international semblent augurer d'un désengagement américain, qui porterait en lui un déclin de la puissance américaine[116].

Pour les États-Unis, les enjeux économiques et sociaux sont donc inséparables des enjeux de sécurité nationale, d'où leur recours à un arsenal commercial qui se veut un rempart contre le manque de loyauté commerciale de leurs concurrents.

B) Un arsenal commercial américain au miroir des règles multilatérales

Le plus souvent les Américains jugent les pratiques commerciales de leurs partenaires comme déloyales, en témoignent les accusations portées contre la Chine par l'administration Trump. C'est la raison pour laquelle, ils privilégient un échange loyal (fair trade) au libre-échange (free trade). Et c'est bien ce qui allait les conduire dès 1917 à mettre en place une agence fédérale pertinente, International Trade Commission. Elle devait réceptionner les plaintes des industriels et actionner, par l'entremise du président, des mesures de rétorsion ; ce qui allait inscrire le pays dans une tendance forte favorable à l'unilatéralisme ou aux contre-mesures dans le commerce international[117]. Avec la section 301 du Trade Act de 1974, le

---

[115] Le Monde, loc-cit, p11.

[116] T. de Montbrial, D. David, Ramses 2017, IFRI.

[117] L. Boisson de Chazournes, Les contre-mesures dans les relations internationales économiques, Pedone, 1992.

président américain allait disposer d'un pouvoir de sanction contre les pays qui « ne respectent pas les accords commerciaux ou qui utilisent des méthodes déloyales ».

Sur la base d'une autre loi sur le commerce, The Omnibus Trade and Competitiveness Act of 1988, la section 301 a été amendée[118] et dorénavant, en cas de méconnaissance des dispositions d'un accord de commerce, les contre-mesures sont automatiquement actionnées. La Super 301, instituée par la loi sur le commerce précitée, est une arme encore plus redoutée d'éradication de la « concurrence déloyale ». Avec elle, il s'agit d'identifier les pays qui posent des entraves à l'entrée de produits américains sur leur territoire. Avec elle, il s'agit ensuite de transiger en vue d'éliminer lesdites entraves. Avec elle enfin, à défaut de solutions amiables, il s'agit pour les États-Unis de sanctionner unilatéralement les produits en provenance « du pays agissant déloyalement ». L'arsenal commercial américain ne se limite nullement aux instruments que nous venons brièvement d'évoquer. On peut encore citer, la section 307 du tarif act de 1930 qui vise à sanctionner les pratiques déloyales ayant d'autres origines que le dumping ou les subventions. Il en est ainsi des contrefaçons de brevets, de marques ou des fausses indications d'origine. On peut par ailleurs citer, la section 232 du Trade expansion act de 1962, qui donne au président américain le pouvoir d'édicter des contre-mesures sur le fondement de certaines priorités de sécurité nationale.

En réalité, l'existence de cet arsenal commercial dévoile le balancement des États-Unis entre le bilatéralisme, le régionalisme et le multilatéralisme ; ces diverses options étant balayées par l'unilatéralisme agressif de l'administration Trump fondé sur un patriotisme économique discutable. Ce dispositif commercial américain n'est pas sans soulever la question de sa conformité avec les prescriptions du système commercial multilatéral ; d'autant plus que l'OMC, comme son prédécesseur le GATT, offre à ses membres tout un arsenal de défense forgé dans le respect du principe de proportionnalité qui permet de faire face à des pratiques commerciales jugées déloyales[119]. En ce sens l'accord OMC, en son article XVI,

---

[118] M.H. Forget, L'arsenal des procédures contentieuses américaines dans le domaine commercial, RDAI, 1990, n° 2, p313-316.

[119] Le Mémorandum d'accord sur les règles et procédures régissant le règlement des différends, l'Accord sur la mise en œuvre de l'article VI du GATT 1994 (Réglementation antidumping), l'Accord sur les subventions et les mesures compensatoires, l'Accord sur les sauvegardes, le Mémorandum d'accord relatif à la balance des paiements et le Mémorandum d'accord sur l'interprétation de l'article XXVIII du GATT 1994 permettent aux membres de l'OMC de prendre des mesures de défense contre les atteintes aux règles du commerce international.

paragraphe 4, dispose que « chaque membre assurera la conformité de ses lois, réglementations et procédures administratives avec ses obligations telles qu'elles sont énoncées dans les accords figurant en annexe ». L'autorité des règles multilatérales repose aussi sur l'obligation de soumettre tout contentieux entre les membres à l'Organe de Règlement des différends : le Mémorandum d'accord concernant le règlement des différends en son article 23, paragraphe 1, stipule que « lorsque des membres chercheront à obtenir réparation en cas de violation d'obligations ou d'annulation ou de réduction d'avantages résultant des accords visés, ou d'obstacles à la réalisation d'un objectif des dits accords, ils auront recours et se conformeront aux règles et procédures du présent Mémorandum d'accord ». De plus, le paragraphe 2a) de l'article précité ajoute que les membres de l'OMC n'auront pas le champ libre pour déterminer s'il y'a eu violation ou annulation des règles du commerce international, cette compétence restant une prérogative de l'Institution. La Charte de La Havane en son article 92, paragraphe 2 énonçait déjà ces recommandations en des termes suivants : « les États membres s'engagent également, sans préjudice de tout autre accord international, à n'avoir recours à aucune mesure économique unilatérale qui serait contraire aux dispositions de la présente Charte ». Les moyens de défense permis par l'OMC ne s'opposent pas à l'utilisation de législations nationales, dès lors qu'elles sont en accord avec le corpus juridique de l'Institution : on s'en est manifestement éloigné avec les prescriptions américaines.

Ce dispositif commercial américain porterait en lui les germes d'une guerre commerciale, en ce qu'il accroîtrait l'imprévisibilité du système commercial multilatéral[120], en ce qu'il apparaîtrait discriminatoire et en ce qu'il tendrait à institutionnaliser le recours à la contrainte dans les relations internationales économiques. Dans une perspective réelle globale propre aux États-Unis, ces dispositifs de contrainte commerciale ne visent qu'à régir des comportements juridiques extérieurs jugés attentatoires au droit ; le tout sur le fondement d'une prophétie en date de 1900 : « Le destin nous a tracé notre politique : le commerce mondial doit être et sera à nous »[121].

[120] S. Javelot, J.M. Siroën, Les nouveaux instruments de politique commerciale, Revue économique, n° 3, mai 1994, p490-491.

[121] A. Beveridge, Sénateur américain, in J. Finkelstein, La quête du « World Dominance » : vers un empire global et non territorial ? RFG, n° 2, été 1997, p52.

Paragraphe 2 : Une large liberté d'exercice des compétences territoriales

Dès qu'ils sont face à des remises en cause du droit international, de leur point de vue, les États-Unis ont tendance à recourir à l'arme économique en édictant des sanctions unilatérales[122], le but étant de ramener l'État mis à l'index dans le cadre de la légalité internationale, exhibant au passage leur vision morale du système international. L'année 1992 avec l'adoption de la loi Torricelli[123] devait en donner un exemple qui allait se confirmer en 1996 avec l'édiction des lois Helms-Burton et d'Amato-Kennedy[124]. Ces lois visaient principalement trois nations, Cuba, Iran et Libye.

Avec ces lois, les États-Unis souhaitaient imposer les effets de leurs sanctions à tous les acteurs, pour peu qu'ils aient des intérêts avec eux, le tout sous-tendu par la volonté d'asphyxier les pays mis à l'index. D'une certaine manière, ils élevaient au rang de norme universelle, l'appréciation qu'ils se faisaient de quelques gouvernements que ce soient. En somme, ils ordonnaient l'extraterritorialité de leurs lois en invitant tout acteur au respect de leur politique étrangère. Ce caractère se mesurait à leur contenu qui laissait transparaître un objectif politique, précipiter l'effondrement de ces régimes politiques (A), ce qui n'était pas sans ouvrir la voie à l'affaiblissement de la règle de droit[125] (B).

---

[122]Sur la fréquence des États-Unis à recourir à des sanctions unilatérales, on remarquera qu'en 1949 ils décrétaient un embargo contre la Corée du Nord, de 1960 à 1962 la République Dominicaine subissait le même sort, Cuba depuis 1960, l'Indonésie de 1963 à 1965, La république Arabe Unie en 1965, l'Inde entre 1965 et 1967, le Chili en 1972, l'Inde à nouveau en 1972, l'Angola à partir de 1976, l'Ouganda en 1978, l'Iran à partir de 1979, l'Union soviétique en 1980, la Pologne en 1982, l'Argentine en 1982, le Nicaragua en 1985, l'Afrique du Sud en 1985, la Libye à partir de 1982-1985.

[123] Loi de 1992 pour la démocratie à Cuba, communément appelée Loi Torricelli. Elle devait permettre au président américain de sanctionner tout État apportant son aide à Cuba. Elle interdisait par ailleurs à tout bateau ayant accosté à Cuba d'accéder aux ports nord-américains. voir, K.S. Wong, The Cuban Democracy act of 1992 : The Extraterritorial Scope of Section 1706 (a), University of Penssylvania Journal of International Business Law, 1994, vol 14, n°4, p651-682.

[124] A. F. Lowenfeld, Congress and Cuba : The Helms-Burton Act, AJIL, 1996, p249-430 ; Le Monde du 31 mai 1996, p3 ; B. Stern, Vers la mondialisation juridique ? Les lois Helms-Burton et d'Amato-Kennedy, op.cit., p992. M. Cosnard, Les lois Helms-Burton et d'Amato-Kennedy, Interdiction de commercer avec et d'investir dans certains pays, AFDI, 1996, p50-51.

[125] R. Charvin, Les mesures d'embargo : la part du droit, RBDI, n° 1, 1996, p5.

A) Les lois Helms-Burton et d'Amato-Kennedy

Le 12 mars 1996, le président Clinton apposait sa signature sur le « Cuban liberty and democracy solidarity act of 1995 », promue par le duo Helms-Burton. Le 5 août de la même année, il en faisait autant avec « l'Iran and Lybia sanctions act », initiée par un autre binôme d'Amato-Kennedy.

(1) La loi Helms-Burton126

Cuba accède à l'indépendance en 1898 et reste sous administration des États-Unis jusqu'en 1909. La rentrée triomphale de Fidel Castro à La Havane le 8 janvier 1959 se traduisit par une fracture dans les relations entre les deux pays, d'autant plus que l'Amendement Platt de 1902, inscrit dans la constitution prérévolutionnaire, donnait aux États-Unis un droit d'intervention dans les affaires de l'Île. Depuis lors, les relations américano-cubaines sont restées aussi passionnées que marquées par l'interventionnisme américain[127], malgré un dégel observé sous la présidence de James Carter et nonobstant le rétablissement des relations diplomatiques entre les deux pays opéré par le président Barack Obama en 2015, Donald Trump revenant à des positions beaucoup plus dogmatiques et clivantes.

Dans le but d'instaurer un régime démocratique à Cuba, la loi qui nous occupe en son titre III[128] permettait aux citoyens américains, ayant un intérêt à agir, d'ester en justice contre quiconque se livrerait au « trafic » de biens nationalisés par Fidel Castro lors de son accession au pouvoir[129]. Dans le cas où les prétentions du demandeur étaient favorablement accueillies, il pouvait bénéficier de dommages et intérêts équivalents au triple de la valeur initiale de la créance. Le titre IV interdisait, entre autres, l'entrée du territoire américain à toute personne considérée comme étant à l'origine de la

---

[126] Voir ILM, n° 2, mars 1996, Tome XXXV, p357-378.

[127] En 1960, les États-Unis mettent fin à leurs relations avec Cuba, ils imposent un embargo commercial à l'Île et suspendent leur aide. En 1961, ils tentent de renverser le régime castriste (agression de la Baie des Cochons), ne cessant pas par ailleurs de soutenir la communauté cubano-américaine, anticastriste installée en Floride. Voir D. Mathy, « les mesures américaines et de l'OEA contre Cuba », RBDI, n° 1, 1984/1985, p183-193 ; J-B. Duroselle, A. Kaspi, Histoire des relations internationales : de 1945 à nos jours, A. Colin, 15e édition, 2013, 717 p.

[128] L. Weerts, Chaïbi Denis, Le titre III de la législation Helms-Burton et le droit international, RBDI, 1997, n° 1, p99-132.

[129] Lorsqu'il accède au pouvoir, Fidel Castro avait pris le parti de nationaliser les entreprises installées sur l'Île, proposant en contrepartie une indemnisation sur 20 ans avec intérêt. Les États-Unis ne donneront pas une réponse favorable à cette proposition, ce qui conduira la Havane à confisquer les biens appartenant aux ressortissants américains et cubains qui ensuite avaient émigré vers les États-Unis.

confiscation ou ayant participé au « trafic » de biens indûment nationalisés par La Havane. La portée extraterritoriale de cette loi en faisait une arme redoutée, la même dimension habitait la loi d'Amato-Kennedy.

(2) La loi d'Amato-Kennedy

Depuis le renversement du Chah et l'arrivée au pouvoir de Khomeiny en 1979, les relations irano-américaines ont toujours été conflictuelles, Barack Obama ayant tenté de tempéré ce mouvement et Donald Trump poussant à un retour en arrière en remettant par exemple en cause l'accord sur le nucléaire iranien. La prise en otage des diplomates américains à Téhéran le 4 novembre 1979, la riposte américaine qui s'en était suivie avec l'embargo total sur les achats de pétrole iranien, en date du 6 octobre 1987, illustrent aussi cette relation difficile. La Libye ne pouvait pas non plus se s'enorgueillir d'être sous les auspices des États-Unis, l'opération militaire lancée par les alliés en 2011 et ayant conduit à la chute du régime du colonel Kadhafi en était révélatrice. Une autre tentative avait déjà eu lieu en 1986, par le bombardement de Tripoli et de Benghazi, manquant de peu de tuer le « leader » libyen, Mouammar Kadhafi. L'affaire de Lockerbie en 1988 allait constituer, d'une certaine manière, le point d'orgue de cette haine.

Le 21 décembre 1988, le vol 103 de la PANAM explosait au-dessus de Lockerbie en Écosse. En la circonstance, 259 passagers mouraient et collatéralement 11 habitants de cette ville subissaient le même sort. En septembre 1989, le vol 772 d'UTA connaissait la même tragédie au-dessus du Sahara, en faisant 170 morts. Les États-Unis et le Royaume-Uni, dans le premier cas, et la France, dans le second cas, accusèrent les autorités libyennes d'être à l'origine de ces attentats. Les deux premiers États cités demandèrent l'extradition de deux ressortissants libyens[130] identifiés comme les auteurs de l'acte terroriste contre le vol 103 de la PANAM, la France se contentant d'appeler le gouvernement libyen à participer à la manifestation de la vérité. Saisi par ces trois pays, le Conseil de sécurité adopta le 21 janvier 1992 la résolution 731, simple recommandation, qui demandait « aux autorités libyennes d'apporter immédiatement une réponse complète et effective à ces demandes afin de contribuer à l'élimination du terrorisme international ». Le 31 mars 1992, le Conseil de Sécurité adoptait une véritable décision en la résolution 748 qui elle « décidait que le

---

[130] J.M. Sorel, Les ordonnances de la Cour Internationale de Justice du 14 avril 1992 dans l'affaire relative à des questions d'interprétation et d'application de la Convention de Montréal de 1971 résultant de l'incident aérien de Lockerbie, RGDIP, n° 3, 1993, p689-726 ; J.M. Sorel, Les arrêts de la CIJ du 27 février 1998 sur les exceptions préliminaires dans les affaires dites de Lockerbie : et le suspense demeure… RGDIP, n° 9, 1998, p687-721.

gouvernement libyen devait désormais appliquer sans le moindre délai… la résolution 731 concernant les demandes américaines, britanniques et françaises ». En même temps, on allait imposer à ce pays un embargo aérien et militaire, à compter du 15 avril 1992. Afin de faire entendre définitivement raison à la Libye, le Conseil de Sécurité adoptait le 11 novembre 1993 la résolution 883 portant le gel des avoirs libyens localisés à l'étranger et tirés de l'exploitation de son or noir.

La loi d'Amato-Kennedy se fondait sur les résolutions 731, 748 et 883 du Conseil de sécurité des Nations unies, elle entendait mettre fin aux élans terroristes de ces deux pays. Pour y parvenir, elle interdisait tout investissement de plus de 40 000 000 de dollars par an dans les deux pays mis à l'index. Pour s'en tenir à cette prescription, il y était interdit tout investissement fractionné d'au moins 10 000 000 de dollars chacun ; qui viendrait à correspondre ou à dépasser la somme initiale sur une période de douze mois. Toute violation des interdictions précédentes donnait lieu à une série de sanctions au nombre de six[131]. À titre d'exemple, l'impossibilité d'obtenir un crédit de la part de l'Export-Import Bank des États-Unis, l'interdiction faite à toute institution financière sanctionnée d'être partie prenante au système bancaire américain ou de recevoir des fonds du gouvernement des États-Unis.

Après de longues années de procédure, le gouvernement libyen mettait fin au contentieux qui l'opposait à la communauté internationale, en extradant le 5 avril 1999 ses ressortissants mis à l'index vers les Pays-Bas. Le compromis stipulait qu'ils seraient jugés dans le pays précité, et non pas en Écosse, lieu de l'attentat, mais par des juges écossais. En cas de condamnation, la peine serait toutefois purgée en Écosse, ce fut le cas, et l'État libyen s'acquitterait de dommages et intérêts, ce fut aussi le cas. Pour ce qui concerne l'Iran, on notera que le 8 mai 2018, le président américain, Donald Trump, exprimant une passion typiquement américaine pour la conflictualité, annonçait le retrait unilatéral de son pays de l'accord sur le nucléaire iranien[132]. Il avait été conclu le 14 juillet 2015 à Vienne entre les cinq membres permanents du Conseil de Sécurité, s'y ajoutait l'Allemagne et l'Iran. Le but de l'accord était de mettre fin au programme nucléaire militaire iranien, en ayant recours pour cela à des contrôles opérés par l'Agence internationale de l'énergie atomique (AIEA). En contrepartie, la République islamique obtenait la levée progressive et conditionnelle des sanctions adoptées par les Nations unies depuis 2006 et des mesures unilatérales américaines et européennes. En sabordant cet accord, Donald

[131] B. Stern, Vers la mondialisation juridique ? Les lois Helms-Burton et d'Amato-Kennedy, RGDIP, n° 4, 1996, p984-985.
[132] Le Monde, 10 et 11 mai 2018.

Trump prenait dans la même foulée, le 6 août 2018, le décret 13846 qui rétablissait certaines sanctions contre l'Iran et ses ressortissants. Il « imposait le plus haut niveau de sanctions économiques » contre l'Iran. On soulignera que les autres signataires dudit accord indiquaient, en réponse à la décision américaine, vouloir s'en tenir à la substance des volontés engagées précédemment. Le président Trump renoue avec les sanctions suspendues depuis 2015 avec la perspective réelle que quiconque aiderait l'Iran à se doter d'armes nucléaires ou commercerait avec lui se verrait sanctionner par Washington. Le retour au plus haut niveau de sanctions est le signe annonciateur de la fin de biens d'investissements en Iran. À titre d'exemple, le constructeur automobile Peugeot, qui avait vendu 444 600 véhicules en Iran l'an dernier, a annoncé avoir « commencé le processus de suspension de ses activités, afin de se conformer à la loi américaine d'ici au 6 août 2018 ». Cette entreprise s'est d'autant plus empressée de se retirer de ce pays que plusieurs acteurs économiques européens avaient déjà été sanctionnés pour violation des réglementations relatives aux embargos[133].

Dans le but de défendre les intérêts de ses entreprises, l'Union européenne vient de revisiter un règlement en date du 25 novembre 1996 portant protection contre les effets de l'application extraterritoriale des législations adoptées par un pays tiers, en ajoutant à son champ d'application les sanctions pesant sur l'Iran que les États-Unis viennent de rétablir. Cet instrument de blocage interdit aux résidents et aux opérateurs économiques communautaires de respecter la législation américaine extraterritoriale, à moins d'une autorisation exceptionnelle de la Commission européenne. Il ouvre droit à une indemnisation découlant de l'application d'une telle législation, le recours pouvant être formé devant les juridictions des États membres et le recouvrement pouvant prendre la forme d'une saisie-vente des avoirs de celui qui a causé le dommage. Cet instrument de blocage entend annuler les effets dans l'Union européenne de toute décision de justice étrangère basée sur ces législations extraterritoriales.

Le 16 juillet 2018, l'Iran a saisi la Cour Internationale de Justice dans le cadre d'une demande en indication de mesures conservatoires. Il priait la Cour d'enjoindre les États-Unis de s'abstenir d'appliquer et de faire respecter l'ensemble des sanctions prises contre eux par l'administration Trump, y compris les sanctions extraterritoriales, et dans le même souffle que Washington s'abstienne d'imposer ou de menacer d'imposer les autres

---

[133] R. Bismuth, Pour une appréhension nuancée de l'extraterritorialité du droit américain : quelques réflexions autour des procédures et sanctions visant Alstom et BNP Paribas, AFDI, 2015, p785-807.

sanctions annoncées. Accueillant favorablement les prétentions de l'Iran, la Cour a indiqué au titre des mesures conservatoires que les États-Unis, conformément à leurs obligations au titre du traité d'amitié, de commerce et de droits consulaires conclu en 1955 entre les deux pays, doivent supprimer toutes les entraves à la libre exportation vers la République islamique d'Iran.

En réalité, il s'agit pour l'administration Trump, avec cette législation extraterritoriale, de faire chavirer un régime autoritaire, déjà aux prises avec des difficultés économiques, en le privant de ressources et de facto en ruinant sa volonté de puissance dans une région fracturée par les crises et les guerres. Il a été soutenu que le « recours au droit comme instrument économique et politique ne serait qu'une conséquence de la globalisation des échanges et de l'internationalisation des entreprises, d'un monde dans lequel les États ont de plus en plus de mal à trouver leur place et affirmer leur souveraineté au sein même de leur frontière »[134]. Cela dit, ce régime de contrainte récurrent n'en soulevait déjà pas moins la question de sa conformité au droit international.

B) L'extraterritorialité du droit américain confrontée au droit international[135]

« Loin de défendre d'une manière générale aux États d'étendre leurs lois et leur juridiction à des personnes, des biens et des actes hors du territoire, il leur laisse, à cet égard, une large liberté, qui n'est limitée que dans quelques cas par des règles prohibitives ; pour les autres cas, chaque État reste libre d'adopter les principes qu'il juge les meilleurs et les plus convenables[136] ». Avec les principes de souveraineté et d'indépendance qui traversent cette jurisprudence, on tire certes la compétence normative d'un État sur son territoire, mais aussi sa capacité à étendre extra territorialement son ordre juridique ; cette dernière prenant appui sur les critères suivants :

* *Le principe de territorialité* : c'est la reconnaissance au profit de l'État du droit de légiférer sur des biens et des personnes localisées sur son territoire et des évènements qui s'y déroulent. Le principe de territorialité subjective donne le droit à un Etat de juger et de condamner des infractions nées sur son territoire, mais réalisées à l'extérieur. Le principe de territorialité objective

---

[134] M. Leblanc-Wohrer, Comply or die ? Les entreprises face à l'exigence de conformité venue des États-Unis, Notes de l'IFRI, n° 34, Mars 2018, p6.

[135] B. Stern, Quelques observations sur les règles internationales relatives à l'application extraterritoriale du droit, AFDI, 1986, p7-52.

[136] CPJI, Affaire du Lotus, 7 novembre 1927, paragraphe 19.

« valide cette compétence au regard des infractions commises à l'étranger, mais exécutées sur son territoire ».

* *Le principe de personnalité* : il autorise l'État à se saisir du comportement de ses ressortissants où qu'ils se trouvent.
* *Le principe de protection* : c'est le droit reconnu à chaque État de se prémunir contre les actes dirigés contre lui de par le monde.
* *Le principe d'universalité* : c'est le droit reconnu à chaque État d'appliquer sa législation pénale à des actes portant atteinte à la société internationale, même lorsqu'ils sont localisés à l'étranger et le fait d'un étranger.

Toutefois, malgré les liens de rattachement précités, la compétence normative d'un État « impose à tout État l'obligation de faire preuve de modération et de mesure quant à l'étendue de la compétence que s'attribuent ses juridictions dans les affaires qui comportent un élément étranger et d'éviter d'empiéter indûment sur la compétence d'un autre État, quand celle-ci est mieux fondée ou peut-être exercée de façon appropriée »[137]. *La modération* doit être d'autant plus la règle que l'exercice extraterritorial de la compétence d'exécution est interdit au regard du principe *d'exclusivité ;* ceci au nom de l'exclusivité de la compétence d'exécution de l'État sur son territoire. Comme l'affirmait Max Hubert, dans l'affaire de l'île de palmas, en date du 4 avril 1928, le développement du droit international a établi la compétence exclusive de l'État en ce qui concerne son propre territoire. En revanche, à l'étranger, celle-ci ne saurait s'exercer. Souvenons-nous de l'affaire du Lotus où la Cour avait énoncé que « la limitation primordiale qu'impose le droit international à l'État est celle d'exclure, sauf l'existence d'une règle permissive contraire, tout exercice de sa puissance sur le territoire d'un autre État. Dans ce sens, la juridiction est certainement territoriale ; elle ne pourrait être exercée hors du territoire, sinon en vertu d'une règle permissive découlant du droit international coutumier ou d'une convention ». *La modération* doit par ailleurs être la règle au nom du principe de *non-intervention.* On peut pour cela se référer à l'article 2 de la Charte des Nations unies qui dispose que « les membres de l'organisation s'abstiennent, dans leurs relations internationales, de recourir à la menace ou à l'emploi de la force, soit contre l'intégrité territoriale ou l'indépendance politique de tout État, soit toute autre manière incompatible avec les buts des Nations unies ». Le droit international fait ainsi obstacle à toute ingérence dans les affaires intérieures d'un État. Par ailleurs, l'article 1 de la Charte des droits et devoirs économiques des États, adoptée par

[137] CIJ, Affaire Barcelona Traction, Recueil, 1970, p105.

l'Assemblée générale de l'ONU le 12 décembre 1974 énonce que « chaque État a le droit souverain et inaliénable de choisir son système économique, de même que ses systèmes politiques, sociaux et culturels, sans ingérence, pression ou menace extérieure d'aucune sorte... ». La capacité d'un État à étendre son ordre juridique extra territorialement est ainsi bornée par le droit international public, ce qui faisait resurgir la question de la licéité de ces lois américaines de portée extraterritoriale sur le plan du droit international économique, avec cela dit une amodiation formulée à l'article XXI du GATT relatif aux exceptions concernant la sécurité selon laquelle « aucune disposition du présent Accord ne sera interprété comme empêchant une partie contractante de prendre toutes mesures qu'elle estimera nécessaire à la protection des intérêts essentiels de sa sécurité ou comme empêchant une partie contractante de prendre des mesures en application de ses engagements au titre de la charte des Nations unies, en vue du maintien de la paix et de la sécurité internationale ».

Il n'en est pas moins vrai qu'au titre des violations du droit de l'Institution, on mentionnera l'article XVI de l'accord instituant l'OMC, en son paragraphe 4, qui dispose que « chaque membre assurera la conformité de ses lois, réglementations et procédures administratives avec ses obligations telles qu'elles sont énoncées dans les accords figurant en annexe ». En interdisant de commercer avec Cuba et d'investir en Iran et en Libye, ces lois portaient atteinte au droit de l'OMC. Que dire alors de la contrariété de ces lois avec le mécanisme de règlement des différends de l'OMC, institué pour dire le droit en cas de contentieux entre États membres ! L'article 23 du Mémorandum d'accord sur les règles et procédures régissant le règlement des différends stipule en son paragraphe 1, faut-il encore le rappeler, que « lorsque des membres chercheront à obtenir réparation en cas de violation d'obligations ou d'annulation ou de réduction d'avantages résultant des accords visés, ou d'entrave à la réalisation d'un objectif desdits accords, ils auront recours et se conformeront aux règles et procédures du présent Mémorandum d'accord ».

Par ailleurs, toujours au titre des atteintes au droit international économique, on peut citer la méconnaissance des dispositions de l'article V du GATT relatif à la liberté de transit qui dispose en son paragraphe 2 « qu'il y aura liberté de transit à travers le territoire des parties contractantes pour le trafic en entrant à destination ou en provenance du territoire d'autres parties contractantes empruntant les voies les plus commodes pour le transit international ». Or la loi Torricelli de 1992 interdisait à tout navire à destination ou en provenance de Cuba d'accoster dans un port américain.

De la remise en cause de l'autorité des règles du Commerce international par les États-Unis, il en ressortait que le libéralisme restait une frontière illusoire. Ce constat semblait se vérifier à la lumière de la contestation de l'applicabilité directe des règles de l'OMC, des amodiations insérées au sein du corpus juridique de l'Institution ou des critiques qu'elle subissait déjà.

Section 2 : La portée retenue des règles de l'Institution

La reformulation du système commercial multilatéral visait à assurer le primat du multilatéralisme sur divers égoïsmes nationaux, cette mission ne semble pas avoir été complètement menée à son terme. On savait, à l'instar de l'Union européenne, que l'applicabilité directe d'un accord international était de nature à contribuer à une intégration plus poussée d'un système. Or les États-Unis et l'Union européenne auront contesté l'applicabilité directe des règles de l'Organisation mondiale du commerce (Paragraphe 1). Par ailleurs, la persistance d'un système de dualité des normes au sein de l'Institution semblait faire dire que l'accord OMC n'était de rien de moins qu'un accord de libéralisation limité qui, tenant compte des divers degrés de développement de ses membres, ne concourait que partiellement à instaurer une réelle libéralisation des échanges ; ces amodiations n'étant paradoxalement pas indépendantes des critiques adressées à l'Institution (Paragraphe 2).

Paragraphe 1 : Une contestation de l'applicabilité directe des règles de l'OMC

Les traités internationaux mettent avant tout face à face les États. Il a été, de ce fait, longtemps soutenu que les sujets internes n'étaient pas en droit d'en tirer avantage. La Cour Permanente de Justice internationale dans son avis consultatif, *compétence des tribunaux de Dantzig*, en date du 3 mars 1928, allait mettre fin à cet écran étatique en disposant que « l'objet même d'un accord international, dans l'intention des parties contractantes, puisse être l'adoption par les parties, de règles déterminées, créant des droits et obligations pour des individus, est susceptibles d'être appliquées par les tribunaux nationaux »[138]. L'applicabilité directe d'un accord est fonction de son caractère self-executing qui en fait une norme juridique internationale applicable en droit interne. Et l'on suppose, d'une part, que l'État ayant ratifié ladite convention internationale ait fait valoir sa volonté de faire bénéficier ses ressortissants des dispositions dudit traité et, d'autre part, que

[138] CPJI, Avis consultatif, Compétence des Tribunaux de Dantzig, Recueil, Serie B, Vol 2, n° 15, 3 mars 1928, p17 et 18, p4-47.

les règles invoquées soient claires et précises, n'emportant pas la nécessité d'un acte intermédiaire d'exécution. Lors de la ratification des accords OMC, il s'était posé la question de leur applicabilité directe ; d'autant plus que le corpus juridique de l'Institution brillait par son silence sur ce point. Deux constructions doctrinales, le monisme et le dualisme, apportent des réponses sur l'invocabilité ou non d'une règle internationale[139]. Toutefois, on n'oubliera pas de reconnaître le rôle joué en la matière par les juridictions internes, cela s'est observé tant aux États-Unis (A) qu'au sein de l'Union européenne (B).

A) Un engagement américain privé de force constitutionnelle

La constitution américaine en son article I, section 8, donne compétence au congrès pour réglementer le commerce extérieur. Par retour de balancier, le congrès donne mandat à l'administration pour conduire les négociations, avec le rôle prépondérant joué par l'United States Trade Representative (USTR) qui, sous l'autorité du président, mène les négociations commerciales multilatérales. Le Department of Commerce reste lui maître de la négociation d'accords commerciaux bilatéraux. La procédure américaine d'approbation des accords internationaux[140] fait ressortir la primauté présidentielle, elle n'est cependant pas sans reconnaître le rôle non moins déterminant du congrès : c'est lui qui en dernier ressort ratifie ou ne ratifie pas les résultats des négociations internationales. En somme, les traités négociés par l'administration n'ont de force obligatoire qu'à la suite de leur ratification par le congrès. Cette capacité de s'opposer oblige sans cesse les deux parties à transiger, à faire converger leurs points de vue, pour en faire sortir une synthèse qui traduise la politique américaine en matière commerciale.

C'est au regard de cette procédure, brièvement décrite, que le 29 novembre 1994 la chambre des représentants ratifiait les accords du cycle de l'Uruguay round. Le 1er décembre 1994, le Sénat ratifiait ces accords, moyennant contrepartie. Le sénateur Robert Dole, alors président de la majorité sénatoriale, obtenait du président Bill Clinton la création d'un « comité des sages », avec toute latitude nécessaire pour actionner un vote du congrès en vue du retrait de l'OMC, s'ils se jugeaient « injustement traités » après trois sentences de l'Institution. Cette prétention américaine se fondait

[139] H. Kelsen, Les Rapports de système entre le droit international et le droit interne, RCADI, 1926, IV, p231-329 ; H. Kelsen, Théorie générale du droit et de l'État, Bruylant /LGDJ, 2010, 517 p.
[140] F. Dehousse, Les États-Unis et la coopération économique internationale 1917-1989 : l'incidence de la constitution américaine sur l'évolution du droit économique internationale, thèse de droit, 1990, p163-228.

paradoxalement sur le droit de l'OMC, particulièrement sur son article XV relatif au retrait, qui dispose que « tout membre pourra se retirer du présent accord... ce retrait prendra effet à l'expiration d'un délai de six mois à compter de la date à laquelle le directeur général de l'OMC en aura reçu notification par écrit ». Cette possibilité de retrait unilatéral était par ailleurs conforté par l'article 54 de la Convention de Vienne sur le droit des traités qui stipule que « l'extinction d'un traité ou le retrait d'une partie peuvent avoir lieu : a) conformément aux dispositions du traité ; ou b) à tout moment, par consentement de toutes les parties, après consultation des autres États contractants ».

Cette position américaine se rapprochait de celle de l'école de pensée « Law and Economics »[141]. De la doctrine de l'« efficient breach » élaborée par ce courant de pensée, il ressort qu'en engageant sa volonté lors d'un acte contractuel l'État doit s'entourer de toutes les garanties qui permettraient aux agents économiques sous son autorité de vendre à un meilleur taux de profitabilité pour accroître leurs parts du marché mondial. De sorte que toute exécution d'un traité qui se traduirait par une inefficacité commerciale des dits agents devrait se solder par un désengagement de l'État du dit traité. Au titre de cette doctrine, il est loisible à chaque membre de l'OMC de se soustraire de ses obligations inhérentes à la qualité de membre, dès lors que l'application dudit accord a un coût ruinant toute efficacité dans la nouvelle division internationale du travail. Pour cette école, l'engagement de la volonté des États lors de la formation d'une organisation internationale est de nature purement contractuelle et privée. Cet engagement n'aurait aucune force constitutionnelle ; d'où le fait que les États puissent faire « tomber » cet accord, précaire en soit, à n'importe quel moment.

Il s'était posé la question de la pénétration des dispositions des accords de Marrakech dans l'ordre juridique interne américain. Autrement dit, ces accords connaissaient-ils une applicabilité directe ? L'article VI, alinéa 2 de la constitution américaine[142] pose le principe de la primauté des traités sur la loi nationale et reconnaît leur pénétration dans l'ordre juridique interne. Il en ressort que « la Constitution américaine impose au juge le respect des

[141] D. Carreau, P. Juillard, Bilan de recherches de la section de langue française du Centre d'étude et de recherche de l'Académie de Droit international de La Haye, in centre d'étude et de recherche de droit international et de relations internationales, L'Organisation mondiale du commerce, Martinus Nijhoff Publishers, 1997, p24-25.

[142] « La présente constitution, ainsi que les lois des États-Unis qui seront faites en conséquence et tous les traités faits sous l'autorité des États-Unis constitueront la loi suprême du pays et seront obligatoires pour tous les juges dans chaque État, et cela nonobstant des dispositions contraires insérées dans la constitution ou dans les lois de l'un quelconque des États ».

normes conventionnelles internationales, laissant entendre que celles-ci peuvent être applicables directement aux individus »[143]. Avec J. Verhoeven, on retiendra que « l'applicabilité directe peut être entendue de l'aptitude d'une règle de droit international à conférer par elle-même aux particuliers, sans requérir aucune mesure interne d'exécution, des droits dont ils puissent se prévaloir devant les autorités (juridictionnelles) de l'État où cette règle est en vigueur »[144]. Cette définition emporte avec elle l'idée que « la règle internationale ne nécessite pas de mesure interne d'exécution et créée d'elle-même un droit subjectif invocable pour et par le particulier »[145]. Il s'en suit que si les prescriptions de cette Convention internationale contredisent la législation interne, les lois internes sont invitées à changer. Or aucune applicabilité directe n'avait été reconnue aux accords du cycle de l'Uruguay, d'autant plus que rien dans l'accord qui nous occupe ne venait contredire ce qui précède[146]. Rien à l'horizon n'avait en réalité changé, on se souvient que le caractère self-executing n'avait jamais été reconnu à l'Accord général sur les tarifs douaniers et le commerce qui n'était entré en vigueur que parce qu'il énonçait son absence d'applicabilité directe.

La problématique de la reconnaissance ou de la non-reconnaissance de l'applicabilité directe aux règles de l'OMC avait aussi nourri le débat juridique au sein de l'Union européenne.

B) L'Union européenne et l'invocabilité des Accords OMC

Le 22 décembre 1994, le Conseil approuvait au nom de l'Union européenne les accords instituant l'OMC[147]. Le 14 décembre 1994, le Parlement européen rendait un avis conforme sur la conclusion des accords de Marrakech. La ratification de ces accords n'avait en réalité posé aucune difficulté particulière au sein de l'Union européenne, les parlements des douze États membres se prononçant favorablement avant le 31 décembre 1994. Elle avait seulement été à l'origine d'un conflit de compétence entre la Commission et les différents États membres. Le 6 avril 1994, se fondant sur

---

[143] B. Taxil, Les critères de l'applicabilité directe des traités internationaux aux États-Unis et en France, RIDC, n° 1, Janvier-Mars 2007, p157.
[144] J. Verhoeven, la notion d'applicabilité directe en droit international, RBDI, n° 2, 1980, p243.
[145] B. Taxil, op.cit, p159.
[146] C. Timmermans, l'Uruguay round : sa mise en œuvre par la Communauté européenne, RMUE, n° 4, 1994, p177.
[147] Décision du conseil 94/800/CE du 22 décembre 1994 relative à la conclusion au nom de la Communauté européenne, pour ce qui concerne les matières relevant de ses compétences, des Accords des négociations multilatérales du cycle de l'Uruguay (1986-1994), JOCE, n° L336/1, 23 décembre 1994.

l'article 228, paragraphe 6, du traité CE[148], la Commission saisissait la Cour de justice en clarification de leurs compétences respectives. En réalité, à l'aune de cette saisine la Commission entendait être la seule à incarner l'identité communautaire sur la scène internationale.

La Cour apportera sa réponse par le concours de l'avis 1/94, du 15 novembre 1994[149]. Il en ressortait que l'Union européenne, au titre de l'article 113[150], a une compétence exclusive pour conclure les accords multilatéraux relatifs au commerce des marchandises, aux produits CECA, aux matières nucléaires et à l'accord sur l'agriculture. À cela, il fallait ajouter les fournitures transfrontalières de services ou l'accord sur les droits de propriété intellectuelle qui touchent au commerce ayant trait à l'interdiction de la mise en libre pratique des marchandises de contrefaçon. En revanche, la Cour de justice estimait qu'il y avait une compétence partagée ente la commission et les États membres pour conclure l'Accord général sur le commerce des services : elle fondait sa position sur l'idée qu'il existait « dans le traité des chapitres spécifiques consacrés à la libre circulation des personnes, tant physiques que morales… ». Cette compétence partagée s'étendait à l'Accord sur les aspects des droits de propriété intellectuelle qui touchent au commerce. Et la Cour d'observer pour cela que « les droits de propriété intellectuelle ne portent pas spécifiquement sur les échanges internationaux ; ils touchent tout autant et sinon plus au commerce interne qu'au commerce international ».

La conclusion des accords du cycle de l'Uruguay round avait soulevé au sein de l'Union européenne le problème de leur invocabilité directe par les ressortissants communautaires[151]. Pour le Conseil « par sa nature, l'Accord

---

[148] Cet article dispose que le « Conseil, la Commission ou un État membre peut recueillir l'avis de la cour de justice sur la compatibilité d'un accord envisagé avec les dispositions du présent traité. L'accord qui a fait l'objet d'un avis négatif de la cour de justice ne peut entrer en vigueur que dans les conditions fixées à l'article N du traité sur l'Union européenne ».

[149] J. Auvret-Finck, Avis 1/94 de la Cour, du 15 novembre 1994, RTDE, n° 2, avril-juin 1995, p322-336, J. Bourgeois, l'Avis de la Cour de justice des Communautés européennes à propos de l'Uruguay round ; un avis mitigé, RMUE, n° 4, 1994, p11-24 ; J. Dutheil de la Rochère, l'Ere des compétences partagées : À propos de l'étendue des compétences extérieures de la Communauté européenne, RMCUE, n° 390, août-septembre 1995, p461-470.

[150] Sur l'interprétation de l'article 113, voir ; P. Pescatore, Les relations extérieures des Communautés européennes, in RCADI, 1961, Tome II, p1-85 ; G. Le Tallec, La politique commerciale de la CEE, ses conséquences sur l'action de la communauté et des États membres, RMC, 1971, p172-176.

[151] C. Breton, Une invocabilité contestée : l'exemple de l'invocabilité des accords de Marrakech dans l'ordre juridique de l'Union européenne, In M. Benlolo-Carabot, U.

instituant l'Organisation mondiale du commerce, y compris ses annexes, n'est pas susceptible d'être invoqué directement devant les juridictions communautaires et des États membres »[152]. Le Conseil entendait ainsi ne pas faire bénéficier les ressortissants communautaires des dispositions d'un accord qui, le cas échéant, ne seraient pas respectées par les autres parties au dit accord, ceci au nom de la défense des intérêts de l'Union européenne et de la promotion du loyalisme dans les relations internationales. Le Conseil semblait vouloir s'opposer à la doctrine de la non-réciprocité de l'effet direct, « l'éventuel effet direct d'un accord international n'est pas subordonné par la reconnaissance d'un tel effet par les juridictions des autres parties à l'Accord »,[153] énoncée par la Cour[154]. La position du Conseil était conforme à la jurisprudence de la Cour qui n'a jamais reconnu d'effet direct aux règles du GATT[155].

La Cour aura apporté des amodiations à sa jurisprudence traditionnelle relative à la non-invocabilité des accords du GATT, lorsqu'il s'agira pour elle de contrôler la légalité d'un acte communautaire au regard des règles de l'OMC[156]. Cette jurisprudence aura culminé avec l'arrêt R.F.A. c/conseil du

Candas, E. Cujo, Union européenne et droit international (Mélanges P. Daillier), A. Pedone, 2012, p631 ; A. Laget-Annamayer, Le statut des accords OMC dans l'ordre juridique communautaire : en attendant la consécration de l'invocabilité, RTDE, avril-juin 2006, n° 2, p249-288 ; G.C. Rodriguez Iglesias, quelques réflexions sur la singularité des rapports du droit communautaire avec d'autres ordres juridiques, Mélanges Jean-Victor Louis, vol I, Université de Bruxelles (ed) 2003, 659 p ; A. Caeiros, L'effet direct des accords internationaux conclus par la CEE, RMC, n° 282, décembre 1984, p526-533 ; J. Groux, l'« invocabilité en justice » des accords internationaux des Communautés européennes, RTDE, n° 2, avril-juin 1983, p203-232.

152 Décision du conseil relative à la conclusion au nom de la Communauté européenne, pour ce qui concerne les matières relevant de ses compétences, des accords des négociations multilatérales du cycle de l'Uruguay (1986-1994), 94/800.CE, du 22-12-94, JOCE L336, p2.

153 P. Mengozzi, Les droits des citoyens de l'Union européenne et l'applicabilité directe des accords de Marrakech, RMUE, n° 4, 1994, p166.

154 CJCE, Arrêt Hauptzollammt Mainz V.C.A. Kupferberg et Cie, Affaire 104/81, 26 octobre 1982, Recueil 1982, p3641-3679.

155 CJCE, 12 décembre 1995, Amministrazione delle finance dello Stato /Chiquita Italia Spa, Affaire C469/93, Rec, P.I-4533 ; CJCE, 23 novembre 1999, République portugaise/Conseil de l'Union européenne, Affaire C-149/96, Rec, P.I-8395 ; CJCE., Arrêt « Bananes », 5 octobre 1994, Affaire C289/93, Recueil 1994, p4973-5076 ; CJCE., Arrêt international Fruit Company, Affaire 21-24/72, Recueil 1972, p1219-1242.

156 CJCE., Arrêt Fediol, 22 juin 1989, Affaire 70/87, Recueil 1989, p1781 ; CJCE, Arrêt Nakajima, 7 mai 1991, Affaire C-69/89, Recueil 1991, pI-2069.

5 octobre 1994[157]. Elle y réaffirmait qu'un ressortissant communautaire ne pouvait arguer du défaut de légalité d'un acte communautaire, au motif qu'il méconnaîtrait une disposition de l'Accord général sur les tarifs douaniers et le commerce. En revanche, « en l'absence de toute question relative à la reconnaissance de l'effet direct, ce n'est que dans l'hypothèse où la communauté a entendu donner exécution à une obligation particulière assumée dans le cadre du GATT ou dans celle où l'acte communautaire renvoie expressément à des dispositions précises de l'Accord général, qu'il appartient à la Cour de contrôler la légalité de l'acte communautaire en cause au regard des règles du GATT ». On notera que la Cour s'est déclarée compétente pour interpréter une disposition de l'accord ADPIC, tout en lui déniant tout effet direct[158]. Ce principe de l'interprétation s'est vérifié par la suite[159].

Une autre réalité tendait à faire dire que la libéralisation des échanges issue du cycle de l'Uruguay round ne serait en fait que graduée.

Paragraphe 2 : Une libéralisation tempérée des échanges

Le cycle de l'Uruguay round était habité par la hantise de sa finalité, approfondir la libéralisation des échanges. Pour cela, les règles du droit international économique devaient s'appliquer uniformément afin d'éviter que le système commercial multilatéral paraisse à géométrie variable. Or les accords OMC, en certains points et sans renier ouvertement leur socle doctrinal, reconnaissent la « non-applicabilité générale et uniforme du libre-échange » ; d'où l'idée de flexibilité dans l'application du droit de l'Institution[160]. Avec beaucoup de précautions, on serait en présence de ce que Thiebaut Flory avait jadis nommé, à propos de l'Accord général, de « *libre-échange corrigé* »[161] pour qualifier la substitution de la règle de l'égalité des États à une autre plus différenciée, tenant compte des spécificités propres à chaque État. Ce libre-échange corrigé, en soit une limite à ladite doctrine, s'exprimerait par exemple par un traitement

---

[157] CJCE, R.F.A. c/conseil, 5 octobre 1994, Affaire C.280/93, Recueil 1994, pI-4973 ;

[158] CJCE, 16 juin 1998, Hermes international / FHT Marketing choice BV, aff, C-53/96, Rec, P. I-3603.

[159] CJCE, 14 décembre 2000, parfums Christian Dior SA / Consultancy BV… aff. Jointes C-300/98 et C. 392/98, Rec , P.I-11307.

[160] C. Rosso, les mécanismes de flexibilité dans le droit de l'OMC, Bruylant, 2017, 637 P.

[161] T. Flory, Le libéralisme, protectionnisme, libre-échange « organisé » : de quelques implications juridiques actuelles, in Études offertes à Claude-Albert Colliard, Droit et libertés à la fin du XXe siècle : Influence des données économiques et technologiques, A. Pédone, 1984, p253-258.

particulier accordé aux pays en développement (A). Il s'exprimerait, par ailleurs, par l'existence dans le droit de l'Institution d'un système d'exception, d'exemption et de clauses de sauvegarde, combiné aux amodiations dont souffre la loi fondamentale du GATT (B).

A) Des engagements correspondants aux différentiels de développement entre États membres

Il est souhaitable qu'une règle juridique frappe uniformément les membres dont elle est censée régir le comportement. Toutefois, dès lors qu'une partie des membres d'une institution n'est pas en capacité de supporter les contraintes inhérentes à l'application de ladite règle, il devient nécessaire pour des raisons d'équité que la règle juridique en question connaisse des assouplissements, à la lumière des capacités de chaque membre. À ce titre, le droit de l'OMC s'applique aux pays en développement comme aux pays les moins avancés en tenant compte de leur niveau de développement, en témoigne les quelques accords ci-après.

L'Accord sur les aspects des droits de propriété intellectuelle qui touchent au commerce, en son article 65 paragraphe 1, outre le délai d'un an, à compter de l'entrée en vigueur de l'accord instituant l'OMC, accordé à tous les membres avant de se conformer aux dispositions dudit accord, en son article 65, paragraphe 2 leur accordait un délai supplémentaire de 4 ans, au titre de l'application des dispositions du présent accord. Ce délai supplémentaire ne s'appliquait pas aux articles 3, 4 et 5 qui portent respectivement sur le traitement national, la clause de la nation la plus favorisée et aux « accords multilatéraux antérieurement conclut sous les auspices de l'Organisation mondiale de la propriété intellectuelle relative à l'acquisition ou au maintien des droits de propriété intellectuelle ». La « *décision sur les mesures en faveur des pays les moins avancés* » avait conclu à la « nécessité d'assurer leur pleine participation au système commercial mondial », en prenant pour cela des mesures visant à améliorer leurs possibilités commerciales. Elle allait de facto soumettre les engagements contractés par ces derniers à l'aune de leurs « besoins de développement, à l'état de leurs finances ou de leurs capacités administratives et institutionnelles ». Dans le droit fil de cette décision, l'Accord sur les aspects des droits de propriété intellectuelle qui touchent au commerce en son article 66, paragraphe 1, allait ainsi disposer « qu'étant donné les besoins et impératifs spéciaux des pays les moins avancés membres, leurs contraintes économiques, financières et administratives et le fait qu'ils ont besoin de flexibilité pour se doter d'une base technologique viable, ces membres ne seront pas tenus d'appliquer les dispositions du présent accord, à l'exclusion de celles des articles 3, 4 et 5, pendant une période de 10 ans à compter de la date d'application. Sur demande dûment motivée d'un pays moins avancé membre, le conseil ADPIC accordera des prorogations de ce délai ».

L'Accord sur l'application des mesures sanitaires et phytosanitaires, en son article 10, accorde un traitement spécial et différencié aux pays en développement dans l'élaboration et l'application des mesures sanitaires. En son article 14, il leur octroyait un délai de deux ans, à la date d'entrée en vigueur de l'accord OMC, pour se conformer aux dispositions de l'accord qui nous occupe. Il en était particulièrement ainsi pour ce qui concerne « leurs mesures sanitaires ou phytosanitaires existantes affectant l'importation ou les produits importés, lorsque cette application sera empêchée par l'absence de connaissances techniques, d'infrastructures techniques ou de ressources ». L'article 10 susmentionné en son paragraphe 3 ouvre la porte aux « demandes d'exceptions limitées dans le temps, totales ou partielles, aux obligations résultant du présent accord, en tenant compte des besoins de leurs finances, de leur commerce et de leur développement ». Les pays les moins avancés bénéficiaient aussi du même traitement différencié et avaient pu différer l'application des dispositions du présent accord pendant une période de cinq ans à compter de la date d'entrée en vigueur de l'accord OMC, conformément aux prescriptions de l'article 14 de l'Accord sur l'application des mesures sanitaires et phytosanitaires.

L'Accord sur les mesures concernant les investissements et liées au commerce (MIC) en son article 5 paragraphe 2, accordait aux pays en développement un délai de cinq ans, aux pays les moins avancés un délai de sept ans, à compter de la date d'entrée en vigueur de l'accord OMC, pour éliminer tous les MIC qui n'étaient pas conformes avec la règle du traitement national, ceci conformément à l'article 2 et pour supprimer les restrictions quantitatives figurant à l'annexe dudit accord[162]. Le même

[162] On peut ainsi y lire : « 1. Les MIC qui sont incompatibles avec l'obligation d'accorder le traitement national prévue au paragraphe 4 de l'article III du GATT de 1994 incluent celles qui sont obligatoires ou qui ont force exécutoire en vertu de la législation nationale ou de décisions administratives, ou auxquelles il est nécessaire de se conformer pour obtenir un avantage, et qui prescrivent :

a) qu'une entreprise achète ou utilise des produits d'origine nationale ou provenant de toute source nationale, qu'il soit spécifié qu'il s'agit de produits déterminés, d'un volume ou d'une valeur de produits, ou d'une proportion du volume ou de la valeur de sa production locale ; ou

b) que les achats ou l'utilisation, par une entreprise, des produits importés soient limités à un montant lié au volume ou à la valeur des produits locaux qu'elle exporte.

2. Les MIC qui sont incompatibles avec l'obligation d'élimination générale des restrictions quantitatives prévue au paragraphe 1 de l'article XI du GATT de 1994 incluent celles qui sont obligatoires ou qui ont force exécutoire en vertu de la

article 5 en son paragraphe 3 donnait autorité au Conseil du commerce des marchandises, si demande-lui en était faite par un pays en développement rencontrant des difficultés particulières pour mettre en œuvre les dispositions du présent accord, de proroger la période de transition prévue pour l'élimination des MIC. En son article 4, l'Accord permet aux pays en développement de déroger temporairement à l'obligation d'éliminer les MIC non conformes au traitement national et à l'obligation de supprimer les restrictions quantitatives (article 2) ; ceci dans la mesure et de la manière prévues par l'article XVIII du GATT de 1994 portant sur les aides de l'État en faveur du développement économique ou par le Mémorandum d'accord sur les dispositions du GATT de 1994 relatives à la balance des paiements.

L'Accord sur la mise en œuvre de l'article VII du GATT 1994 portant détermination de la valeur en douane, en son article 20, paragraphe 1, accorde aussi un traitement spécial et différencié en faveur des pays en développement. Il en ressort que « les pays en développement membres qui n'étaient pas parties à l'accord relatif à la mise en œuvre de l'article VII de l'Accord général sur les tarifs douaniers et le commerce, en date du 12 avril 1979, pouvaient différer l'application des dispositions du présent Accord pendant une période qui ne devait pas excéder cinq ans à compter du jour où l'accord sur l'OMC sera entré en vigueur pour lesdits membres ». Le même article 20, mais en son paragraphe 2, outre le délai noté plus haut, permettait aux pays en développement de différer de trois ans l'application de dispositions portant sur la détermination de la valeur en douane de marchandises identiques ou similaires (article premier, paragraphe 2biii) et sur la valeur en douane des marchandises importées (article 6).

L'Accord sur les subventions, en reconnaissant en son article 27 que les subventions « peuvent jouer un rôle important dans les programmes de développement économique des pays en développement membres », accorde aux Pays en voie de développement un traitement différencié. Ainsi, les subventions prohibées à l'article 3, paragraphe 1 de l'accord qui nous occupe

---

législation nationale ou de décisions administratives, ou auxquelles il est nécessaire de se conforter pour obtenir un avantage, et qui restreignent :

a) l'importation, par une entreprise, de produits servant ou liés à sa production locale, d'une manière générale ou en la limitant à un montant lié au volume ou à la valeur de la production locale qu'elle exporte ;

b) l'importation, par une entreprise, de produits servants ou liés à sa production locale, en limitant l'accès de l'entreprise aux devises à un montant lié aux entrées de devises attribuables à l'entreprise ; ou

c) l'exportation ou la vente pour l'exportation par une entreprise, de produits, qu'il soit spécifié qu'il s'agit de produits déterminés, d'un volume ou d'une valeur de produits, ou d'une proportion du volume ou de la valeur de sa production locale ».

n'étaient pas opposables aux pays en développement membres pendant une période de cinq ans et aux pays les moins avancés pendant une période de huit ans, à compter de la date d'entrée en vigueur de l'accord OMC. Les pays en développement et les pays les moins avancés bénéficient par ailleurs d'un traitement différencié en matière de recours. En effet, l'article 27 en son paragraphe 10 a) dispose qu'une enquête en matière de droits compensateurs portant sur un produit originaire d'un pays en développement sera close si « le niveau global des subventions accordées pour le produit en question ne dépasse pas 2 pour cent de sa valeur calculée sur une base unitaire » ; ce chiffre était de 3 % pour les pays les moins avancés. Il en était de même si « le volume des importations subventionnées représente moins de 4 % des importations totales du produit similaire ». Dans la mesure où les programmes qui avaient permis le passage d'une économie planifiée à une économie de marché pouvaient être porteurs de subventions prohibées, il était accordé aux pays en transition le droit de les éliminer dans un délai de sept ans à compter de la date d'entrée en vigueur de l'accord OMC (article 29, paragraphe 2). On remarquera, enfin, que l'article 29, paragraphe 4 dispose que « dans des circonstances exceptionnelles », un pays en transition vers l'économie de marché, pouvait « être autorisé par le comité à s'écarter des programmes et mesures notifiés et des calendriers fixés si cela est jugé nécessaire au processus de transformation ».

L'Accord général sur le commerce des services, en son article IV, paragraphe 1, visant l'accroissement de la participation des pays en développement au commerce mondial, ouvrait la voie à des engagements spécifiques tenant compte de leur niveau économique. Ces engagements différenciés visaient le « renforcement de leur capacité nationale de fournir des services ainsi que de l'efficience et de la compétitivité de ce secteur… », « L'amélioration de leurs accès aux circuits de distribution et aux réseaux d'information » et « la libéralisation de l'accès aux marchés… » . Le paragraphe 3 de l'article précité accorde une priorité spéciale aux pays les moins avancés en raison de leur situation économique spéciale, de leurs besoins de développement, de leur commerce et de leurs finances. Ce différentiel de traitement est aussi inscrit dans l'Accord sur la mise en œuvre de l'article VI du GATT 1994, réglementation antidumping, qui dispose en son article 15 que « les pays développés membres devront prendre spécialement en considération la situation particulière des pays en développement membres quand ils envisageront d'appliquer des mesures antidumping, les possibilités de solutions constructives prévues par le présent accord seront explorées préalablement à l'application de droits antidumping lorsque ceux-ci porteront atteinte aux intérêts essentiels de pays en développement membres ».

Le régime dérogatoire en faveur des pays en développement, des pays les moins avancés et des pays en transition n'était qu'une piste juridique parmi tant d'autres qui devait tempérer l'expression du libre-échange dans les accords OMC. Ces amodiations ont aussi pris la forme de quelques exceptions, exemptions et sauvegardes, ce qui n'a pas tari le flot des critiques adressées à l'Institution.

B) Les exceptions, les exemptions, les clauses de sauvegarde163 et la loi fondamentale du GATT[164]

(1) Les exceptions

L'article 3 de l'Accord sur les mesures concernant les investissements et liées au commerce, l'article XXIII de l'Accord sur les marchés publics, l'article 73 de l'Accord sur les aspects des droits de propriété intellectuelle qui touchent au commerce et les articles XIV et XIV bis de l'Accord sur les services mettent en place un ensemble de « règles d'exceptions », en se fondant sur celles énumérées aux articles XX (exceptions générales) et XXI (exceptions concernant la sécurité) du GATT. Ces exceptions générales prennent un sens plus poignant, parce que rejaillissant de manière singulière au sein de certains accords.

L'accord général sur le commerce des services en son article XII, destiné à protéger l'équilibre de la balance des paiements, permet à un membre « d'adopter ou de maintenir des restrictions au commerce de services... » Par ailleurs, la première annexe de cet accord qui traite des mouvements de personnes physiques, en son paragraphe 2, stipule que cet accord « ne s'appliquera pas aux mesures affectant les personnes physiques fournissant des services relevant de l'Accord qui cherchent à accéder au marché du travail d'un membre, ni aux mesures concernant la citoyenneté, la résidence ou l'emploi à titre permanent ». En outre, la seconde annexe qui porte sur les services de transport aérien, en son paragraphe 2, dispose que l'Accord général sur le commerce des services ne s'applique pas aux « droits de trafic, quelle que soit la façon dont ils ont été accordés ou aux services directement liés à l'exercice des droits de trafic ».

L'accord portant sur les aspects des droits de propriété intellectuelle qui touchent au commerce énonce aussi un certain nombre d'exceptions. Ainsi, en est-il de l'article 17 qui dispose que les « membres pourront prévoir des exceptions limitées aux droits conférés par une marque de fabrique ou de

---

[163] T. Flory, La mise en place d'un régime global de libre-échange mondial et ses limites, in SFDI, op.cit., p104-109.

[164] T. Flory, L'Organisation mondiale du Commerce, Bruylant, 1999, p32-40

commerce, par exemple en ce qui concerne l'usage loyal de termes descriptifs, à condition que ces exceptions tiennent comptent des intérêts légitimes du titulaire de la marque et des tiers». De même, l'article 24 portant sur les indications géographiques d'un produit stipule par exemple en son paragraphe 6, « qu'aucune disposition... n'exigera d'un membre qu'il applique des dispositions... en ce qui concerne une indication géographique de tout autre membre pour les produits ou services dont l'indication pertinente est identique au terme usuel employé dans le langage courant comme nom commun de ces produits ou services sur le territoire de ce membre ». L'article 30 quant à lui prévoit « des exceptions limitées aux droits exclusifs conférés par un brevet... » Toutefois, ces exceptions ne doivent pas porter « atteinte de manière injustifiée à l'exploitation normale du brevet ni ne causer un préjudice injustifié aux intérêts légitimes du titulaire du brevet, compte tenu des intérêts des tiers». Ce « régime d'exception » se conjugue avec celui des « exemptions ».

(2) Les exemptions

L'Accord sur les sauvegardes, en son article 11, paragraphe 1a) et b), prohibe le recours aux mesures d'urgence concernant l'importation de produits particuliers susceptible de causer ou de menacer un dommage grave aux producteurs nationaux de produits similaires ou de produits directement concurrents (article XIX du GATT1994) et les mesures d'autolimitation des exportations, d'arrangements de commercialisation ordonnée ou toute autre mesure similaire à l'exportation ou à l'importation. On notera que l'article cité plus haut en son paragraphe 2 énonçait l'élimination de ces mesures « dans un délai ne dépassant pas quatre ans à compter de la date d'entrée en vigueur de l'accord sur l'OMC, à l'exception d'une mesure spécifique au maximum par membre importateur, qui ne sera pas maintenue au-delà du 31 décembre 1999 ». On sait, par ailleurs, que l'article 11, paragraphe 1c) dispose que l'accord sur les sauvegardes « ne s'applique pas aux mesures qu'un membre cherchera à prendre, prendra ou maintiendra en vertu de dispositions du GATT de 1994 autres que l'article XIX... ».

L'Accord général sur le commerce des services, quant à lui, en son article II, stipule que dans certains cas un membre n'est pas tenu de se conformer à la règle du traitement de la nation la plus favorisée. Il y est par exemple précisé que « les dispositions de cet accord ne seront pas interprétées comme empêchant un membre de conférer ou d'accorder des avantages à des pays limitrophes pour faciliter les échanges, limités aux zones contiguës, de services qui sont produits et consommés localement ». Par ailleurs, l'annexe portant sur les services financiers autorise un membre à prendre des dispositions discriminatoires non conformes à celles de l'Accord, pour protéger « les investisseurs, les déposants ou la stabilité et l'intégrité du système financier ». En outre, l'annexe sur les services de transport maritime énonce des exemptions à la règle de la nation la plus favorisée. La même exemption est reprise dans l'annexe sur les télécommunications de base de la manière suivante : « aucune disposition de la présente annexe ne sera interprétée comme obligeant un membre à autoriser un fournisseur de services de tout autre membre à établir, à construire, à acquérir, à louer, à exploiter ou à fournir des réseaux ou services de transport des télécommunications autrement que selon les modalités prévues dans sa liste ; ou comme obligeant un membre à établir, à construire, à acquérir, à louer, à exploiter ou fournir des réseaux ou service de transport de télécommunication qui ne sont pas offerts au public en général ». Enfin, l'annexe sur le mouvement des personnes physiques dispose que « les membres pourront négocier les engagements spécifiques s'appliquant au mouvement de toutes les catégories de personnes physiques fournissant des services relevant de l'accord ». Il est des accords issus du cycle de l'Uruguay round qui énoncent des clauses particulières de sauvegarde.

(3) Les sauvegardes

L'Accord sur l'agriculture en son article 5 édicte une clause de sauvegarde spéciale précisant qu'un droit de douane peut être augmenté en situation de hausse des importations. L'accord sur les textiles et les vêtements avait aussi construit un tel édifice de sécurité qui visait à protéger les membres contre une augmentation soudaine des importations. L'accord général sur le commerce des services, en son article X, ouvrait la voie à des mesures de sauvegarde d'urgence sur la base du principe de non-discrimination, en permettant « à tout membre de notifier au conseil du commerce des services son intention de modifier ou de retirer un engagement spécifique » : cette possibilité a pris fin « trois ans après la date d'entrée en vigueur de l'accord OMC ». La loi fondamentale du GATT n'était par ailleurs pas exempte de ces mêmes amodiations.

(4) La loi fondamentale du GATT

La volonté d'accroître les échanges internationaux pour des raisons de bien-être collectif, en délestant pour cela le système commercial multilatéral de toutes entraves, avait conduit à l'édiction du principe de non-discrimination (article I du GATT) puis à son élévation au rang de clé de voûte du système commercial multilatéral. Celui-ci se fonde sur la clause de la nation la plus favorisée qui énonce l'obligation d'étendre les avantages accordés à un membre à tous les autres et sur la règle du traitement national, énoncée à l'article III de l'Accord général sur les tarifs douaniers et le commerce, qui stipule que les « parties contractantes sont tenues d'appliquer à tous les produits importés du territoire des autres parties contractantes le traitement national en matière d'imposition et de règlements intérieurs ».

La clause de la nation la plus favorisée aura subi de nombreuses exceptions. Il en est ainsi des groupements régionaux qui sont des accords préférentiels discriminants, des exceptions de l'article XX, de l'article XI (restrictions quantitatives), de l'article XXI (exceptions concernant la sécurité) de l'Accord général et de l'existence d'une dualité relative des normes. Sur ce dernier point, la réalité aura eu raison des nécessités de convergence, en donnant naissance à une divergence pragmatique. Par ailleurs, la règle du traitement national aura été remise en cause par les exceptions générales de l'article XX de l'Accord général et les exceptions concernant la sécurité énoncées à l'article XXI précité. Le principe de réciprocité, quant à lui, aura été fortement contesté par des lois extraterritoriales américaines, conduisant à l'introduction d'une réciprocité en niveau[165].

Et les contempteurs de la gouvernance libérale des échanges d'inviter à « *une nouvelle réflexion sur le mode de régulation du commerce mondial* ». Le postulat paraissait être le suivant : le libre-échange et le marché mondial n'offriraient des opportunités qu'à ceux qui pourraient faire valoir un quelconque intérêt commercial, ceux qui n'auraient rien à offrir seraient laissés en marge de ce courant censé être un vecteur de prospérité. Et un auteur de soutenir que « le libre-échange ne peut optimiser les intérêts de l'ensemble des nations »[166] : il serait un article de foi. L'exemple en serait donné par les États d'Afrique qui, aux prises avec des guerres civiles, ethniques ou aux ajustements structurels passés et à venir[167], connaissent des difficultés sociales, sanitaires et autres ; les capitaux étrangers préférant de ce fait d'autres destinations bien plus lucratives. Et un autre auteur de préciser que « l'OMC met sur le même ring des poids plumes et des poids lourds »[168] ; les inégalités engendrées par la libéralisation des échanges étant au cœur de cette affirmation[169]. Le primat de l'économie sur la politique aurait des conséquences néfastes tant au Nord qu'au Sud : Adaptation par le

---

[165] J.M. Siroën, Le multilatéralisme, l'Organisation mondiale du Commerce et l'Union européenne, Économie rurale, n° 226, mars-avril 1995, p12.
[166] M. Lauré, Le libre-échange : article de foi ou question de bon sens ?, RIDE, n° 2, 1994, p177.
[167] F. Gaulme, Le retour de l'ajustement : la crise des pays pétroliers d'Afrique centrale, Notes de l'IFRI, juillet 2018, 27 p.
[168] D. Clerc ; Echanges mondiaux : une régulation embryonnaire, Économie et humanisme, n° 336, février 1996, p28.
[169] Questions internationales, Mondialisation et inégalités, n° 22, La documentation française, novembre-décembre 2006.

bas, déstabilisation de l'ordre social, perte de souveraineté...[170]. En conséquence, il serait souhaitable que les échanges commerciaux ne soient plus régis stricto sensu sur le fondement de la règle du libre-échange. Il conviendrait d'y distiller un peu d'éthique pour conforter les liens sociaux. La volonté immuable pour chaque nation de maximiser son avantage comparatif ne devrait pas être « *une fin en soi, elle doit être bornée par des principes supérieurs* ».

Dans un ouvrage célèbre[171], Maurice Allais, prix Nobel de sciences économiques, se demandait si l'évolution vers le libre-échange était économiquement et politiquement soutenable. Reprenant et analysant la théorie ricardienne qui fonde l'échange international, il en concluait que les conditions d'applicabilité de l'analyse des coûts comparés ne seraient en aucun cas réunies. Le modèle reposerait sur « *l'invariance des coûts comparés au cours du temps* ». Or, ce postulat ne se vérifierait que dans le cas des ressources naturelles. Il en venait alors à soutenir que la permanence d'un avantage comparatif serait purement illusoire dans les autres domaines où chaque nation aspire à accroître sa productivité pour vendre à un meilleur taux de profitabilité sur les marchés mondiaux. Et l'auteur d'alléguer, par ailleurs, que la règle de la spécialisation en fonction des avantages comparatifs pourrait se révéler néfaste, précisément parce qu'elle serait susceptible de se traduire, pour certains pays, par une absence de spécialisation dans le domaine agricole, en raison des avantages permanents détenus par d'autres pays ; la conséquence en serait une dépendance alimentaire.

Robert Reich, universitaire et secrétaire au travail sous la première administration Clinton, dans un ouvrage[172], tout aussi célèbre que celui de Maurice Allais, énonçait que la mondialisation de l'économie allait conduire à des inégalités de rémunérations. Les retombées attendues de l'ouverture des frontières ne profiteraient pas à tous. Il conviendrait de redonner à l'État la place qui lui revient de droit afin de tendre vers moins d'inégalités. Sur ce dernier point, l'analyse de l'auteur précité rejoint celle de John Kenneth

---

[170] M.S.N. Mahmoud, Mondialisation et souveraineté de l'État, JDI, n° 1, janvier-février-mars 1996, p611-662 ; C. Philip, P. Soldatos, Au-delà et en deçà de l'État-nation, Bruylant, 1996, p109 ; P. Bourdieu, L'essence du néolibéralisme, Le monde diplomatique, n° 528, mars 1998, p3 ; P. Kennedy, Préparer le XXIe siècle, Odile Jacob, 1994, 510 p.

[171] M. Allais, Combats pour l'Europe : 1992-1994, Clément Juglar, 1994, 527 p ; M. Allais, Le libre-échange et la construction européenne, Revue d'économie politique, n° 1, janvier-février 1994, p4-23.

[172] R. Reich, Économie mondialisée, Dunod, 1993, 336 p.

Galbraith[173]. Étudiant la dynamique de la répartition des revenus et du patrimoine dans les pays développés depuis le XVIIIe siècle[174], Thomas Piketty remet en cause l'idée selon laquelle le développement économique, postulé par la libéralisation des échanges, induirait mécaniquement une baisse des inégalités. Il en vient à la conclusion selon laquelle le capitalisme, s'il n'est pas régulé, génèrerait des inégalités grandissantes. Ce constat semble de plus en plus se vérifier : le 14 décembre 2017 a été publié le premier rapport sur les inégalités mondiales entre 1980 et 2016[175]. Il en ressort que la plupart des régions du monde ont connu une croissance des inégalités. 1 % des personnes les plus riches de la planète a capté 27 % de la croissance des revenus, contre 12 % pour les 50 % les plus pauvres du monde. Cette situation reste très hétérogène selon les pays, mais il est vrai que les États-Unis demeurent le plus inégalitaire des pays riches avec, en 2014, 1 % des Américains les plus riches détenant plus de 20 % du revenu national contre 12,5 % pour les 50 % les plus pauvres. L'Europe quant à elle, ne suit pas la même trajectoire que l'Amérique, en raison de son modèle social fondé sur un système de redistribution et sur une fiscalité progressive. La solution à ce défi serait, selon Thomas Piketty, la création d'un impôt mondial sur le capital.

Il est d'autres auteurs, Brender, Spencer et Krugman[176], pour qui l'État a aussi un rôle important à jouer. En ce sens que le libre-échange ne permettant pas à tous les États d'être à l'optimum, il serait souhaitable que l'État intervienne pour en corriger les imperfections. Ils défendent de ce fait les politiques nationales d'aides à la production et/ou à l'exportation. Par ailleurs, les théories de la croissance endogène[177], qui constituent, à tout le moins, une réflexion générale sur les sources de la croissance, reconnaissent le rôle moteur de la politique économique dans le processus de création des richesses et dans celui de sa répartition.

Toutes ces thèses n'ont pas réussi à remettre en cause le libre-échange dans ses fondements ; le libéralisme est encore Roi[178] et il aurait pris ses quartiers à l'OMC. L'Institution ne se résume pas seulement à ce qui précède, elle apparaît aussi comme le cadre approprié pour l'expression du

---

173 J.K. Galbraith, La république des satisfaits : la culture du contentement aux États-Unis, Seuil (éd), 1993, 185 p.

174 T. Piketty, le Capital au XXIe siècle, Seuil, 2013.

175 Le Monde, cahier Eco, 15 décembre 2017.

176 B. Guillochon, Coopération et protection : nouveaux enjeux, nouvelles approches, Revue économique, n° 3, mai 1994, p481-484.

177 P. Artus, Théorie de la croissance et des fluctuations, PUF, 1993, 342 p.

178 M. Friedman, Le Libéralisme-Roi, Politique internationale, n° 26, hiver 1984/1985, p33-47 ; Le Monde, La 3e voie est sans issue, 20 juillet 1999, p1 et 13.

multilatéralisme, obstacle aux diverses tentations unilatérales. Et de reconnaître avec la mise en place du nouvel organe régulateur du commerce international que « les institutions ont pour avantage de donner une structure relativement stable aux relations internationales, de permettre aux différents acteurs qui y adhèrent de prévoir leurs comportements respectifs, d'accroître leurs informations mutuelles sur les objets qui sont les enjeux de la coopération »[179]. Pour cela, l'Institution a été dotée d'une assise organique cohérente et renforcée, non sans soulever des interrogations.

[179] P. De Senarclens, La théorie des régimes et l'étude des organisations internationales, RISS, n° 138, novembre 1993, p530.

PARTIE 2 : LE FONCTIONNEMENT DE L'INSTITUTION

L'Accord instituant l'Organisation mondiale du commerce n'avait pas limité sa perspective réelle à la seule mise en place d'un nouveau mode de régulation du commerce international. Les objectifs de la nouvelle institution étaient infiniment plus étendus. L'exemple en était donné par les dispositions du préambule de l'acte constitutif de l'Institution en vertu duquel les rapports entre les membres « devraient être orientés vers le relèvement des niveaux de vie, la réalisation du plein emploi et d'un niveau élevé et toujours croissant du revenu réel et de la demande effective, et l'accroissement de la production et du commerce de marchandises et de services, tout en permettant l'utilisation optimale de ressources mondiales conformément à l'objectif de développement durable, en vue à la fois de protéger et préserver l'environnement et de renforcer les moyens d'y parvenir d'une manière qui soit compatible avec leurs besoins et soucis respectifs à différents niveaux de développement économique ». Pour être à la hauteur de ces objectifs, l'Institution était invitée à ne plus s'en tenir spécialement aux relations commerciales. Cette idée transpirait de nouveau à travers le préambule de l'accord OMC qui précisait que les membres étaient résolus « à mettre en place un système commercial multilatéral intégré, plus viable et plus durable ». Malgré cette exhortation à l'élargissement de son champ de compétence, elle restait une organisation internationale à compétence spéciale[180], sans lien de rattachement avec les Nations unies.

Pour accomplir ses missions, l'Institution s'est vue reconnaître un certain nombre de prérogatives propres concourant à l'établissement d'un droit interne[181]. Il prenait corps dans la délimitation des compétences de chaque organe (Chapitre 1). Ce droit interne constituait un ordre juridique, à savoir « l'ensemble de normes organisées et unies dans un tout harmonieux en vue de réglementer une société »[182]. L'efficacité opérationnelle de l'Institution a conduit à ce qu'elle soit dotée de la personnalité juridique (Chapitre 2). En somme, contrairement au GATT qui n'était qu'une convention commerciale internationale[183], l'Organisation mondiale du commerce satisfait aux

---

[180] C. Chaumont, le principe de spécialité des organisations internationales, in problème de droit des gens, mélanges Henri Rolin, Pedone, 1964, p54-66.

[181] P. Cahier, L'ordre juridique interne des organisations internationales, in R.J. Dupuy, Manuel sur les organisations internationales, 2e édition, Martinus Nijhoff Publishers, 1998, p377-397 ; P. Cahier, Le droit interne des organisations internationales, RGDIP, n° 1, 1963, p563-602.

[182] P. Cahier, op.cit., p377.

[183] L. Caflisch, Organisation internationale : Eléments constitutifs, personnalité juridique sur le plan interne et international, ASDI, Vol 34, 1978, p84. Si certains auteurs ne reconnaissaient pas la qualité d'organisation internationale au GATT, (R.S. Imhoof, La personnalité juridique et le statut des institutions de caractère

paramètres qui déterminent la qualité d'organisation internationale[184], à savoir « un groupement d'États établi par convention, doté d'une constitution et d'organes communs, possédant une personnalité distincte de celle de chacun des États qui la composent et ayant la qualité de sujet de droit international avec compétence pour conclure des traités »[185].

---

international : exemples tirés de la pratique suisse, ASDI, 1989, p93-115), T. Flory en revanche estimait qu'il s'était progressivement institutionnalisé au point d'être devenu une véritable organisation internationale. In, Le GATT, droit international et commerce mondial, LGDJ, 1968, p243.

[184] E. Lagrange, J.M. Sorel, droit des organisations internationales, LGDJ, 2014.

[185] Annuaire de la CDI, Vol II, 1963, p175.

Chapitre 1 : Une entreprise d'harmonisation des politiques et des comportements

L'ingénierie juridique portant établissement de l'OMC avait dès le départ consacré son autonomie, en lui octroyant par exemple la capacité de créer des organes subsidiaires. Cette même ingénierie juridique n'avait pas pour autant, dans la même foulée, doté l'Institution d'une quelconque capacité d'édiction de normes d'exécution directe. Dès l'origine, l'Institution n'était en réalité qu'un organe de régulation du commerce international, le lieu même où les principaux acteurs du commerce international essaient de faire jaillir un dénominateur commun portant harmonisation de leurs politiques et de leurs comportements. Dès le départ, elle se présentait donc déjà comme une institution ayant pour but « de prévenir ou de réduire des collisions qui pourraient résulter des actes que posent les différents États »[186]. On retrouve ces objectifs dans l'architecture organique de l'Institution (Section 1). À l'épreuve des faits, l'œuvre d'harmonisation des politiques et des comportements aura été par elle-même porteuse de tensions (Section 2).

Section I : Un cadre institutionnel renforcé[187]

L'architecture organique d'une organisation internationale n'est que le reflet des buts que s'assignent les parties à l'Accord. Il peut de ce fait y avoir une variété d'organes[188]. Toutefois, l'Institution, à l'image de nombreuses organisations internationales, se conforme à une structure tripartite. On retrouve ainsi une Conférence ministérielle, regroupant tous les États membres et dotée d'un pouvoir d'impulsion (Paragraphe 1), un Conseil général qui par son opérationnalité a pu revêtir la forme d'un gouvernement de l'organisation (Paragraphe 2) et le secrétariat, chargé de l'administration de l'Institution (Paragraphe 3).

---

[186] M. Virally, La notion de fonction dans la théorie de l'organisation internationale, in Mélanges offerts à Charles Rousseau, La communauté internationale, A. Pedone, 1974, p284.

[187] T. Flory, L'Europe dans le nouveau système commercial mondial du cycle d'Uruguay, in T. Flory (dir), La place de l'Europe dans le commerce mondial, Institut Universitaire International du Luxembourg, session de juillet 1994, p39-46.

[188] R. Monaco, Les principes régissant la structure et le fonctionnement des organisations internationales, RCADI, III, 1977, p84-225.

Paragraphe 1 : La Conférence ministérielle

Aux termes de l'article IV de l'accord instituant l'Organisation mondiale du commerce, la Conférence ministérielle est le point culminant de l'organe régulateur du commerce international. Elle s'apparente à une assemblée mondiale dans le domaine commercial, lequel doit matérialiser les objectifs que se sont librement fixés les partenaires. La structuration de la Conférence ministérielle, tant dans son organisation (A) que dans ses attributions (B), prétend y concourir.

A) Organisation

L'organisation internationale naît de la volonté des États qui acceptent de se délester de quelques prérogatives, dans le but d'atteindre certains objectifs communément établis. Les États en posent les bases et l'organisation internationale les représente. C'est ainsi que la Conférence ministérielle se compose de représentants de tous les États membres. Dans la mesure où l'Institution doit nécessairement interagir aux transformations du commerce international, elle se réunit au moins tous les deux ans. Par comparaison, on sait en revanche que la session des parties contractantes, instance supérieure du GATT, se tenait chaque année. À cela, il fallait ajouter les sessions extraordinaires. Quoi qu'il en soit, ces conférences ministérielles visent à aplanir les difficultés de mise en œuvre, tout en assurant l'administration et le fonctionnement de la pluralité des accords qui nourrissent le système commercial multilatéral. Elles permettent également aux ministres d'interagir face aux problématiques que rencontre le système commercial multilatéral et, in fine, d'amener l'Institution à y proposer des solutions.

La première Conférence ministérielle de l'OMC a eu lieu à Singapour en décembre 1996, et 128 pays y avaient participé. Les représentants des États membres avaient alors entrepris d'examiner la mise en œuvre des accords commerciaux multilatéraux et de planifier les chantiers à venir. Ils avaient projeté la création de groupes de travail sur la transparence des marchés publics, sur les liens entre l'investissement et le commerce et sur l'interaction entre le commerce et les politiques relatives à la concurrence. Un consensus s'y était dégagé selon lequel l'Organisation internationale du Travail était l'Institution où l'on devait discuter des normes fondamentales du travail. La deuxième Conférence ministérielle a eu lieu du 18 au 20 mai 1998, à Genève. La troisième Conférence ministérielle a eu lieu du 30 novembre au 3 décembre 1999 à Seattle. La onzième Conférence ministérielle s'est tenue à Buenos Aires du 10 au 13 décembre 2017. Aucun accord n'en est sorti, l'attitude des États-Unis y contribuant pour une bonne part. Ils estiment que l'OMC est devenue « une organisation axée sur le litige » où certains pays essaient d'obtenir des gains par une saisine constante de l'Organe de règlement des différends. Ces conférences ministérielles sont une occasion de s'assurer du bon fonctionnement de l'Institution, de même qu'il s'agit d'une occasion pour en renforcer les règles.

La Conférence ministérielle tire son origine de la session des parties contractantes. Ce mimétisme institutionnel se révèle aussi dans les attributions de l'instance suprême de l'OMC.

B) Attribution

L'article IV de l'Accord OMC dispose que la Conférence ministérielle exerce « les fonctions de l'Institution, telles qu'énoncées à l'article III, et prendra les mesures nécessaires à cet effet ». Elle est de la sorte conduite à faciliter la mise en œuvre et le fonctionnement de tous les accords et de tous les instruments juridiques qui fondent le système commercial multilatéral. L'article précité fait ainsi remarquer que « la Conférence ministérielle sera habilitée à prendre des décisions sur toutes les questions relevant de tout accord commercial multilatéral, si un membre en fait la demande ». Elle détient la même prérogative de gestion à l'égard des accords commerciaux plurilatéraux (aéronefs civils, les marchés publics, les produits laitiers et la viande bovine) qui n'ont de force juridique qu'à l'égard de ceux qui y ont engagé leur volonté.

L'acte constitutif d'une organisation internationale ne dévoile que le nécessaire de sa structure de base, du fait que les mutations de la société internationale y impactent et peuvent in fine en modifier l'architecture ; d'où un «*pouvoir d'auto-organisation*» en la disposition de l'organisation internationale pour lui permettre de se conformer à la réalité mouvante du commerce international. Dans le cas de l'OMC, ce pouvoir prend corps avec l'article IV, paragraphe 7 qui énonce que la Conférence ministérielle « pourra établir des comités additionnels auxquels elle confiera les fonctions qu'elle pourra juger appropriées ». Il ne s'agit là de rien de moins que de la capacité de créer des organes subsidiaires[189]. Une telle capacité à déployer autant de voilures institutionnelles est tout de même bornée par des règles de droit, l'idée étant de sauvegarder l'équilibre des pouvoirs au sein de l'Institution. Il en ressort que les organes subsidiaires ont des fonctions délimitées par les fonctions de l'Organisation, en ce sens qu' « *en dehors des fonctions de l'Organisation, il n'y a place pour aucun organe subsidiaire* ». Dans le même ordre d'idée, la délégation étant par essence provisoire, ces

---

189 P. Reuter, Les organes subsidiaires des organisations internationales, in Hommage d'une génération de juristes au président Basdevant, A. Pedone, 1960, p415-440.

organes subsidiaires ne peuvent s'arroger les prérogatives que les organes principaux ne sont pas en droit de déléguer.

Lors de la Conférence ministérielle de l'OMC tenue à Nairobi du 15 au 19 décembre 2015, les États membres y avaient réitéré la « prééminence de l'OMC en tant qu'instance mondiale pour l'établissement des règles commerciales et la gouvernance du commerce ». En ce sens, aux termes de l'article III, paragraphe 2 de l'Accord OMC, il est précisé que l'Institution « sera l'enceinte pour les négociations entre ses membres au sujet de leurs relations commerciales multilatérales concernant des questions visées par les accords figurant dans les annexes ». Et le même article d'ajouter que « l'OMC pourra aussi servir d'enceinte pour d'autres négociations entre ses membres au sujet de leurs relations commerciales multilatérales, et de cadre pour la mise en œuvre des résultats de ces négociations, selon que la Conférence ministérielle pourra décider ». Il s'agit là de la survivance d'une pratique de l'Accord général, qui en son article XXV, paragraphe 1, Action collective des parties contractantes, dispose que dans le but d'atteindre les objectifs du dit accord « les représentants des parties contractantes se réuniront périodiquement, afin d'en assurer l'exécution et d'une manière générale pour en faciliter le fonctionnement et de permettre d'atteindre ses objectifs ». De là, on prend conscience qu'il est du ressort de la Conférence ministérielle de rythmer et d'impulser les dynamiques nécessaires à la consolidation de l'ordre juridique commercial international. Cheminement logique, elle a compétence pour entériner les résultats des négociations commerciales multilatérales. On entrevoit par là une contribution normative de l'Institution à la solidité et à la stabilité du système commercial multilatéral.

Avec l'article IX, paragraphe 2 de l'Accord OMC, la Conférence ministérielle détient le pouvoir exclusif d'interpréter l'accord instituant l'organisation mondiale du commerce et les accords multilatéraux. L'exercice de cette compétence ne peut que se fonder sur une recommandation du conseil qui a la charge de superviser le fonctionnement dudit accord (marchandises, services, propriété intellectuelle) ; en même temps, l'exercice de cette fonction est assujetti au respect d'une « obligation de prudence ». Il a été considéré que ce pouvoir d'auto-interprétation pourrait entrer en collision avec celui reconnu aux groupes spéciaux et à l'organe de Règlement des différends (ORD), lorsqu'il s'agira de procéder à l'interprétation des règles de droit pour dire le droit. Pour surmonter ce risque, il a été admis que les membres de l'OMC pouvaient solliciter de l'ORD une interprétation faisant autorité des dispositions d'un accord visé, conformément à l'article 3, paragraphe 9 du Mémorandum d'accord sur les règles et les procédures régissant le règlement des différends. Cet article énonce précisément que « les dispositions du présent Mémorandum d'accord sont sans préjudice du droit des membres de demander une interprétation faisant autorité des dispositions d'un accord visé, par la prise des décisions au titre de l'Accord OMC ou d'un accord visé qui est un accord commercial plurilatéral ».

La Conférence ministérielle est en droit d'accorder à un membre une dérogation à une des obligations qui lui sont opposables au titre de l'Accord OMC ou par l'un des accords commerciaux multilatéraux. La dérogation devra indiquer les circonstances exceptionnelles qui justifient la décision, les modalités et les conditions régissant l'application de la dérogation et la date à laquelle celle-ci prendra fin, conformément à l'article IX, paragraphe 3 et 4 de l'Accord OMC. Toute dérogation excédant un an fera l'objet d'un réexamen annuel afin de s'assurer que les circonstances exceptionnelles qui avaient justifié la dérogation existent encore et si les modalités et les conditions attachées à la dérogation ont été respectées. Sur le fondement du réexamen annuel, la Conférence ministérielle aura l'autorité nécessaire de la proroger, de la modifier ou de l'abroger. On remarquera qu'une dérogation relative à l'Accord instituant l'OMC doit être présentée directement à la Conférence ministérielle, statuant dans un délai de quatre-vingt-dix jours ; tandis que dans le cas des accords commerciaux multilatéraux figurant aux annexes 1A, 1B ou 1C et leurs annexes, la demande de dérogation doit avant tout être présentée aux conseils concernés qui doivent aussi se prononcer dans un délai de quatre-vingt-dix jours. À la fin de ce délai, le conseil saisi présentera un rapport à la Conférence ministérielle. Tout membre de l'OMC est en droit de prendre l'initiative d'une proposition d'amendement, y compris les conseils sectoriels pour ce qui est des accords qu'ils supervisent, ceci à la lumière de l'article X de l'Accord OMC. Néanmoins, la Conférence ministérielle peut en la matière faire preuve de « sélectivité » en usant de son droit de présenter ou de ne pas présenter une telle proposition aux membres de l'OMC.

Lorsque la Conférence ministérielle ne siège pas, il appartient au Conseil général de se saisir de la gestion de l'Institution.

Paragraphe 2 : Le Conseil Général

Il correspond au Conseil des représentants de l'Accord général sur les tarifs douaniers et le commerce : il avait été créé le 4 juin 1960 et devait fonctionner dans l'intervalle des sessions annuelles des parties contractantes. Ce mimétisme est manifeste lorsqu'on étudie tant son organisation (A) que son rôle (B).

A) Organisation

Le paragraphe 2 de l'article IV de l'Accord instituant l'OMC précise que le Conseil général est un organe interétatique et plénier qui tiendra ses séances de travail pendant l'intervalle séparant les réunions de la Conférence ministérielle : il énonce en ce sens précisément « qu'il sera établi un Conseil général composé de représentants de tous les membres, qui se réunira selon qu'il sera approprié. Dans l'intervalle entre les réunions de la Conférence ministérielle, les fonctions de celle-ci seront exercées par le Conseil général ». Il se réunit autant que de besoin et c'est à la Conférence ministérielle qu'il doit rendre compte de ses activités. Le Conseil Général comprend un représentant par pays membre. Il s'est réuni pour la première fois le 31 janvier 1995. En la circonstance, il avait convié les représentants de l'ONU, de la CNUCED, du FMI et de la Banque Mondiale. Il a été amené dans le cadre de l'exercice de ses prérogatives à aborder des questions aussi diverses que les demandes d'adhésion, les questions budgétaires ou administratives.

Le Conseil Général n'est qu'une survivance du Conseil des représentants du GATT. Comme jadis, il joue un rôle d'intercession et ce rôle n'est pas des moindres dans le fonctionnement des accords qui fondent l'Institution.

B) Compétences

La gestion de l'Institution lui revient, lorsque la Conférence ministérielle ne siège pas. À l'exercice de cette fonction exécutive par intérim s'ajoutent de véritables pouvoirs propres. L'article IV, paragraphe 3 de l'Accord OMC dispose « qu'il se réunira selon qu'il sera approprié pour s'acquitter des fonctions de l'Organe de règlement des différends ». Il assume de fait une fonction juridictionnelle. Il est donc l'autorité en matière de règlement des différends. C'est à lui que revient la charge de mettre en œuvre des décisions et des recommandations de l'ORD, contribuant pour une bonne part à asseoir l'autorité de l'Institution. Il peut autoriser l'adoption de mesures de rétorsion, si un pays s'oppose à appliquer les sentences qui le condamnent ; exerçant au passage une mission de sauvegarde de l'ordre juridique de l'Institution.

Le Conseil général doit s'acquitter des fonctions de l'Organe d'examen des politiques commerciales (OEPC), à la lumière de l'article IV, paragraphe 4 de l'Accord OMC ; ce mécanisme jouant un rôle clé en matière de lisibilité du système commercial multilatéral. Il s'agit, par ce mécanisme, d'analyser les politiques commerciales menées par les différents États membres afin de s'assurer de leur compatibilité avec les règles de l'Institution. Avec l'article V de l'Accord OMC, le Conseil général est particulièrement chargé des relations avec les autres organisations internationales ayant des attributions en rapport avec l'Institution et, le cas échéant, de conclure des accords appropriés avec elles pour fortifier leur coopération. Et l'article III, paragraphe 5 de l'Accord qui nous occupe d'ajouter que « l'OMC coopérera, selon qu'il sera approprié, avec le Fonds monétaire international et avec la banque internationale pour la reconstruction et le développement et ses institutions affiliées ». Cette volonté d'établir des relations avec d'autres institutions intergouvernementales n'est rien d'autre que la recherche d'une cohérence dans l'élaboration des politiques économiques à l'échelle mondiale, ceci toujours conformément à l'article III, paragraphe 5 de l'Accord OMC ; il faut y voir en fait la recherche d'une gouvernance collégiale au niveau international.

À la lumière de la constitution de l'OMC, trois organes agissent sous l'autorité du Conseil général : le Conseil du commerce des marchandises, le Conseil du commerce des services et le Conseil des aspects des droits de propriété intellectuelle qui touchent au commerce, ceci conformément à l'article IV, paragraphe 5 de l'Accord OMC. Il revient au premier Conseil cité de s'assurer de la gestion de l'Accord général sur les tarifs douaniers et le commerce de 1994, l'Accord sur l'agriculture, l'Accord sur l'application des mesures sanitaires et phytosanitaires, l'Accord sur les obstacles techniques au commerce, l'Accord sur les sauvegardes. Quant aux derniers conseils précités, ils doivent gérer les accords éponymes, services et droits de propriété intellectuelle. Ces conseils sont habilités à créer des organes subsidiaires en cas de besoins, ceci conformément à l'article IV, paragraphe 6 de l'accord OMC. Cette liberté est contrebalancée par le fait qu'ils sont tenus d'agir dans les limites de la constitution de l'OMC. Et l'article IV, paragraphe 8 de l'Accord OMC de préciser que « les organes prévus dans les accords commerciaux plurilatéraux exerceront les fonctions qui leur sont assignées en vertu de ces accords et agiront dans le cadre institutionnel de l'OMC ». On sait par ailleurs, avec Paul Reuter[190], que le *principe de la délégation des compétences* borne l'étendue de leur compétence : une délégation ne saurait conduire l'autorité délégataire à exercer des pouvoirs qui manifestement sont en dehors du champ de compétence de l'autorité délégante.

Par ailleurs, comme l'y invitait le paragraphe 7 de l'article IV de l'Accord OMC, la Conférence ministérielle a mis en place trois organes qui agissent sous la conduite du Conseil général. Il s'agit du comité du commerce et du développement, du comité des restrictions appliquées à des fins de balance des paiements et du comité du budget, des finances et de

[190] P. Reuter, op.cit., p431-435

l'administration. Cette ingénierie est d'autant plus importante qu'il appartient au Conseil général d'approuver le budget de l'Organisation, conformément à l'article VII paragraphe 1 de l'accord OMC, à une majorité des 2/3 comprenant plus de la moitié des membres de l'OMC, ceci à l'aune de l'article VII, paragraphe 3 de l'accord OMC. Mais il est vrai qu'il est du ressort du comité du budget, des finances et de l'administration d'examiner le projet de budget et le rapport financier annuel présenté par le directeur général et d'en faire des recommandations au Conseil général, ceci en conformité avec l'article VII, paragraphe 1. Le comité des restrictions appliquées à des fins de balance des paiements, conformément au Mémorandum d'accord sur les dispositions du GATT de 1994 relatives à la balance des paiements, doit s'assurer que les mesures commerciales prises dans le but de palier aux déséquilibres des balances des paiements n'aillent pas au-delà de ce qui est nécessaire pour remédier à la situation de la balance des paiements, qu'elles aient un caractère temporaire, qu'elles soient fondées sur des prix (surtaxes à l'importation, les prescriptions en matière de dépôt à l'importation ou les autres mesures commerciales équivalentes ayant une incidence sur le prix du produit importé) et qu'elles obéissent au principe de transparence. Les États membres sont ainsi dans l'obligation d'en faire état au Conseil général au plus tard trente jours après leur annonce. Ensuite, dans un délai de quatre mois, interviennent des consultations avec les pays concernés. Cette fréquence passe à deux ans dans le cas de pays en développement (article XVIII : B, aide de l'État en faveur du développement économique) et un an pour les autres pays (article XII, restrictions destinées à protéger l'équilibre de la balance des paiements). Quant au comité du commerce et du développement, il est l'instance de débats relativement aux questions portant sur le commerce des pays en développement.

Aux côtés de la Conférence ministérielle et du Conseil général, il a été établi un organe complémentaire qui n'était pas prévu par l'Accord général, mais qui s'était développé par nécessité : le secrétariat consacré à l'article VI de l'Accord OMC.

Paragraphe 3 : Le secrétariat

Il était prévu que l'Organisation internationale du commerce ait à sa tête un directeur général. Par contre, il n'en était rien de l'Accord général sur les tarifs douaniers et le commerce qui lui ne prévoyait qu'un secrétaire exécutif. Le 23 mars 1965, les parties contractantes, sur le fondement de son rôle de médiation et de conciliation, élèveront le secrétaire exécutif au rang de directeur général. Ce dernier a été doté d'attributions qu'il peut mettre en œuvre directement (A) et d'autres qui prennent vie à travers le travail du secrétariat dans son ensemble (B).

A) Fonctions du directeur général

Le secrétariat de l'OMC, composé de plus de 600 fonctionnaires, se trouve à Genève. Il est dirigé par un directeur général, Roberto Azevêdo, brésilien, et quatre directeurs généraux adjoints. Ce directeur général est nommé par la Conférence ministérielle, conformément à l'article VI, paragraphe 2 de l'Accord OMC, suivant la règle du consensus. Cette fonction est semblable à celle des chefs de secrétariat des organisations internationales intergouvernementales. Il est le plus haut fonctionnaire de l'organisation. Tenant sa légitimité de son élection par les États membres, il exerce un pouvoir hiérarchique sur le personnel de l'Institution.

On le sait, l'Institution doit servir d'enceinte permanente pour les négociations commerciales multilatérales entre ses membres, il appartient donc au directeur général d'en être le maître d'ouvrage ; ce qui a econduit à lui reconnaître un véritable statut international opposable aux membres. L'article VI, paragraphe 4 stipule à cet effet que ses fonctions auront un caractère exclusivement international. Il est donc conduit à mettre en avant son savoir-faire politique, voire son équation personnelle pour ne pas être confiné dans la tâche d'un simple exécutant de la Conférence ministérielle. Les éléments clés de cette charge n'ont pas fondamentalement changé, Thiebaut Flory notait déjà que le secrétaire général du GATT jouait un rôle de médiation et de conciliation[191] ; ce qui en faisait déjà par ailleurs un arbitre politique.

Il appartient au directeur général, conformément à l'article VI, paragraphe 3 de l'Accord instituant l'OMC et suivant l'article III, paragraphe 2 du statut du personnel[192] de nommer ceux appelés à se mettre au service de l'Institution, de déterminer leurs attributions et leurs conditions d'emploi, le tout bien entendu en conformité avec les règles adoptées par la Conférence ministérielle. En sa qualité de supérieur hiérarchique, il peut être appelé à prendre des mesures disciplinaires à l'encontre d'un fonctionnaire, simplement parce que sa conduite serait aux antipodes de ce que l'on devait normalement attendre de lui. Cela dit, il n'en est pas moins tenu de demander l'avis d'un organe consultatif mixte. Le directeur général n'est en aucun cas dans une situation de toute puissance, sa décision peut faire l'objet d'un recours auprès de la commission paritaire de recours ou devant le Tribunal administratif de l'Organisation internationale du travail.

Les attributions du directeur général se doublent d'un rôle qui prend son essence dans le travail du secrétariat dans son ensemble.

---

[191] T. Flory, Le GATT : Droit international et commerce mondial, op.cit., p254.
[192] Voir, Statut du personnel, Document WT/L/282, p7.

B) Attributions générales du secrétariat

Le fonctionnement régulier des organes représentatifs de l'Institution est assuré par le secrétariat de l'OMC, qu'il s'agisse pour cela des conseils, des comités ou des groupes de travail, qu'il s'agisse aussi des négociations ou de la mise en œuvre des accords. Il est à la manœuvre pour ce qui concerne les négociations relatives à l'accession de nouveaux membres, en leur apportant conseils et propositions. Le secrétariat de l'OMC peut intervenir en qualité de conseil juridique, relativement à l'interprétation des règles de l'OMC, au profit des parties en litige. Il contribue à l'analyse des politiques économiques menées par les États membres. Ce secrétariat est appelé à fournir une assistance technique aux pays en développement et aux pays les moins avancés qui souhaitent intégrer l'Institution ou qui éprouvent des difficultés de mise en œuvre du droit international économique. Plus globalement, il est encore appelé à fournir une assistance technique aux pays en développement, en vue de leur insertion réussie dans la nouvelle division internationale du travail.

L'Institution a été dotée d'une assise institutionnelle bien structurée capable de faire face à la complexité croissante des relations économiques internationales et de tempérer les conflits éventuels entre les membres. On le sait bien malheureusement, « comme pour toute organisation internationale, ce qui importe en dernière analyse, c'est moins l'existence de l'institution en tant que telle, que le comportement de ses membres[193] ».

Section 2 : Un cadre institutionnel porteur de tensions

La réorganisation mondiale des échanges opérée par les accords de Marrakech n'a pas pour autant débouché sur une emprise totale des règles du droit international économique sur les États, mais elle a néanmoins accru leur force obligatoire. On ne doit pas se méprendre, l'autorité de l'Organisation mondiale du commerce ne résulte que du sentiment d'obligation juridique de ses membres. Malheureusement ce dévouement des États membres est quelque peu mis en doute, ce qui fait dire à beaucoup d'observateurs que l'Institution est porteuse de tensions. Si l'édifice du commerce international a résisté à l'élection de Donald Trump, des tensions se manifestent par exemple dans le fonctionnement régulier de l'Organe de règlement des différends (ORD). Les États-Unis ont pu s'y opposer, par exemple, à la nomination de deux nouveaux juges. Ils mettent à l'index

[193] M.A. Messaoudi, Harmonies et contradictions du droit de l'OMC, in R.B. Achour, S. Laghmani, Harmonie et contradictions en droit international, Rencontres internationales de la faculté des sciences juridiques, politiques et sociales de Tunis, colloques des 11-12-13 avril 1996, A. Pedone, 1996, p297.

« l'activisme juridique » de l'ORD et sa propension à sanctionner leur politique commerciale, réduisant au passage leur pouvoir de négociation[194]. Ils mettent ainsi à l'index les risques de ce que Jean-Pierre Colin avait jadis qualifié de gouvernement des juges, mais pour ce qui concerne la Cour de justice des communautés européennes. Il est vrai que depuis sa création, l'ORD aura eu à se prononcer sur deux cents différends auxquels les États-Unis étaient impliqués en qualité de plaignant ou d'accusé. Ces tensions transparaissent effectivement tant dans le processus décisionnel (Paragraphe 1) qu'à travers la volonté de ses membres d'en faire éventuellement un instrument à leur service (Paragraphe 2).

Paragraphe 1 : Le processus décisionnel en vigueur au sein de l'Institution

Le processus décisionnel à l'œuvre au sein de l'Institution porte l'empreinte de son prédécesseur. Il consiste en l'adoption des décisions par consensus, le recours au vote étant relégué au second plan (A). En réalité, l'Institution n'avait pas profité de la refondation de son corpus juridique pour remédier aux défaillances de la pratique du consensus et de la mise aux voix de ses décisions, il n'avait pas non plus saisi cette occasion pour se doter d'un droit dérivé qui pouvait renforcer l'autorité de ses règles (B).

A) Les techniques de prise des décisions

Différentes techniques de prise de décisions innervent le droit des organisations internationales. Si l'unanimité est par exemple la règle au sein du Conseil de sécurité, la règle majoritaire avec quelques tempéraments l'emporte généralement partout ailleurs. Ce dernier système commandait toute prise de décision au GATT, le glissement vers la règle du consensus[195]

---

[194] Le Monde, Éco & entreprise, 12 octobre 2017, p1 et 4.

[195] « Le consensus s'obtient par un processus minutieux de négociation et de consultation au cours duquel les problèmes qui ont besoin d'être résolus sont constatés, tous les États, grands et petits, concernés par un problème particulier sont consultés pour la recherche d'une solution généralement acceptable de chaque problème et les résultats sont regroupés en un texte composite, qui est ensuite révisé au fur et à mesure jusqu'au moment où une acceptation générale est assurée, ce qui permet de convoquer une réunion plénière pour l'approbation du texte par consensus », in Annuaire de l'Institut de Droit international, Le rôle et la signification du consensus dans l'élaboration du droit international, Vol 67, II, 1998, p198. Voir par ailleurs, A. Klebes-Pelissier, L'Organisation mondiale du Commerce : quels enseignements pour le droit des organisations internationales, in Le Droit des organisations internationales (Mélanges J. Schwob), Bruylant, 1997, p103 ; OMC, mode de fonctionnement de l'OMC, in Rapport sur le commerce mondial, 2007, p348.

s'opérant vers les années 50. La prise de décisions au sein de l'OMC se fait suivant la règle du consensus[196]. Il s'analyse en une « procédure par laquelle des résolutions ou des décisions sont adoptées sans vote, pour autant qu'aucune opposition ne se soit manifestée »[197]. Il est loisible d'y voir la recherche d'un dénominateur commun face à des positions diverses. Une novation a eu lieu, l'Institution a instauré « *le consensus inversé* » : en cas de conflit et dans le but de parvenir à une solution, tout membre peut demander et obtenir automatiquement la constitution d'un groupe d'experts. Toutefois, l'Organe de règlement des différends (ORD), habilité à constituer ces groupes d'expert, peut par consensus répondre favorablement ou non à la prétention de l'État demandeur. Le rapport du groupe d'experts doit être adopté par consensus, mais il peut ne pas l'être en cas de consensus entre les membres de l'ORD.

En reprenant ce qui précède, le mécanisme de règlement des différends se présente de la manière suivante[198] . Dès lors qu'un pays membre de l'OMC s'estime lésé au motif qu'un autre membre aurait eu recours à une mesure de politique commerciale qui serait en elle-même une violation des Accords OMC ou un manquement aux obligations mutuellement convenues, il est en droit, à la lumière de l'article 4, du Mémorandum d'accord sur les règles et procédures régissant le règlement des différends en son paragraphe 3, de formuler une demande écrite de *consultation* ; le but étant de transiger pour qu'il en sorte un accord amiable. En effet, conformément au paragraphe 2 de l'article 4 du Mémorandum d'accord sur les règles et procédures régissant le règlement des différends « chaque membre s'engage à examiner avec compréhension toutes représentations que pourra lui adresser un autre membre au sujet des mesures affectant le fonctionnement de tout accord visé prises sur son territoire… » À ce stade, il ne s'agit pas d'enclencher une procédure contentieuse. Les consultations durent au maximum soixante jours. Si elles se soldent par un échec, le plaignant peut à ce moment-là

[196] Article IX de l'accord instituant l'OMC : « L'OMC conservera la pratique de prise de décisions par consensus suivie en vertu du GATT de 1947 ». Pour une analyse de ce mode de vote ; voir, J. Monnier, Observations sur quelques tendances récentes en matière de formation de la volonté sur le plan multilatéral, ASDI, 1975, p31-51.

[197] H. Thierry, Le consensus dans les organisations internationales, Revue des Sciences morales et politiques, n° 4, 1995, p391. La définition énoncée dans le texte rejoint celle de l'OMC, en son article IX, note 1, qui stipule que « l'organe concerné sera réputé avoir pris une décision par consensus sur une question dont il a été saisi si aucun membre, présent à la réunion au cours de laquelle la décision a été prise, ne s'oppose formellement à la décision proposée ».

[198] E. Canal-Forgues, le règlement des différends à l'OMC, Bruylant, 2003, 158 p ; H.R Fabri, le règlement des différends dans le cadre de l'Organisation mondiale du commerce, JDI, n° 3, juillet-août-septembre 1997, p709-755.

solliciter l'établissement d'un *groupe spécial*. Le pays mis à l'index est en droit de s'y opposer une première fois, mais lors d'une seconde réunion de l'organe de règlement des différends (ORD) ; il ne pourra plus s'y opposer ; excepté si un *consensus* se dégageait contre l'établissement du groupe spécial. Le délai prévu pour l'établissement d'un groupe spécial est de quarante-cinq jours et le groupe spécial dispose d'un délai de six mois pour conclure ses travaux. Le groupe spécial a une compétence liée[199], au sens où il aura seulement le mandat « d'examiner à la lumière des dispositions pertinentes des accords visés par les parties au différend la question portée devant l'ORD par les parties, faire des constations propres à formuler des recommandations ou à statuer sur la question ». Le rapport final du groupe spécial ne peut être rejeté que par *consensus* à l'ORD : il est donc difficile d'infirmer ses conclusions.

Chaque partie au litige peut interjeter appel de la décision d'un groupe spécial, conformément à l'article 16, paragraphe 4 et à l'article 17 du Mémorandum d'accord qui nous occupe, en se limitant « aux questions de droit couvertes par le rapport du groupe spécial et aux interprétations du droit données par celui-ci », elle n'est cependant pas fondée à invoquer le réexamen d'éléments de preuve déjà existants ou l'examen de questions nouvelles. Comme à l'accoutumée, l'appel peut se traduire par la confirmation, la modification ou l'infirmation des conclusions juridiques du groupe spécial. La procédure d'appel doit osciller entre soixante jours et quatre-vingt-dix jours. L'organe de règlement des différends doit accepter ou rejeter le rapport de l'organe d'appel dans un délai de trente jours, le rejet n'étant possible que par *consensus*. Si la nation défenderesse est déboutée, elle doit se plier aux recommandations du rapport du groupe spécial ou du rapport de l'organe d'appel. Dans cette perspective réelle, l'article 21, paragraphe 1 du Mémorandum d'accord dispose que « pour que les différends soient résolus efficacement dans l'intérêt de tous les membres, il est indispensable de donner suite dans les moindres délais aux recommandations ou décisions de l'ORD ».

La partie déboutée doit donc exprimer sa volonté de s'y plier, un « délai raisonnable » pouvant lui être accordé. Ce délai doit être approuvé par l'ORD et en l'absence d'une telle approbation il devra l'être par les parties aux différends elles-mêmes ou à raison d'un « arbitrage contraignant » ; ceci à l'aune de l'article 21, paragraphe 3 dudit Mémorandum d'accord. En cas de mise en œuvre des recommandations, elle doit transiger avec le pays lésé pour trouver une compensation mutuellement satisfaisante. À l'issue d'un délai de vingt jours, « si aucune compensation satisfaisante n'a été convenue, toute partie ayant invoqué les procédures de règlement des différends pourra

[199] Art. 7.1 du Mémorandum d'accord sur le règlement des différends.

demander à l'ORD l'autorisation de suspendre, à l'égard du membre concerné l'application de concessions ou d'autres obligations »: ces mesures de rétorsion sont censées être temporaires, le but étant d'amener l'autre partie à négocier. Ainsi, peut-on lire à l'article 22, paragraphe 1 du Mémorandum d'accord que « la compensation et la suspension de concession ou d'autres obligations sont des mesures temporaires auxquelles il peut être recouru dans le cas où les recommandations et décisions ne sont pas mises en œuvre dans un délai raisonnable ». En somme, reprenant une formulation de l'Institution, « si un pays méconnaît le corpus juridique de l'Institution, il doit réparer cette faute. S'il persiste dans la méconnaissance du droit de l'Institution, il doit offrir une compensation ou subir une sanction. »

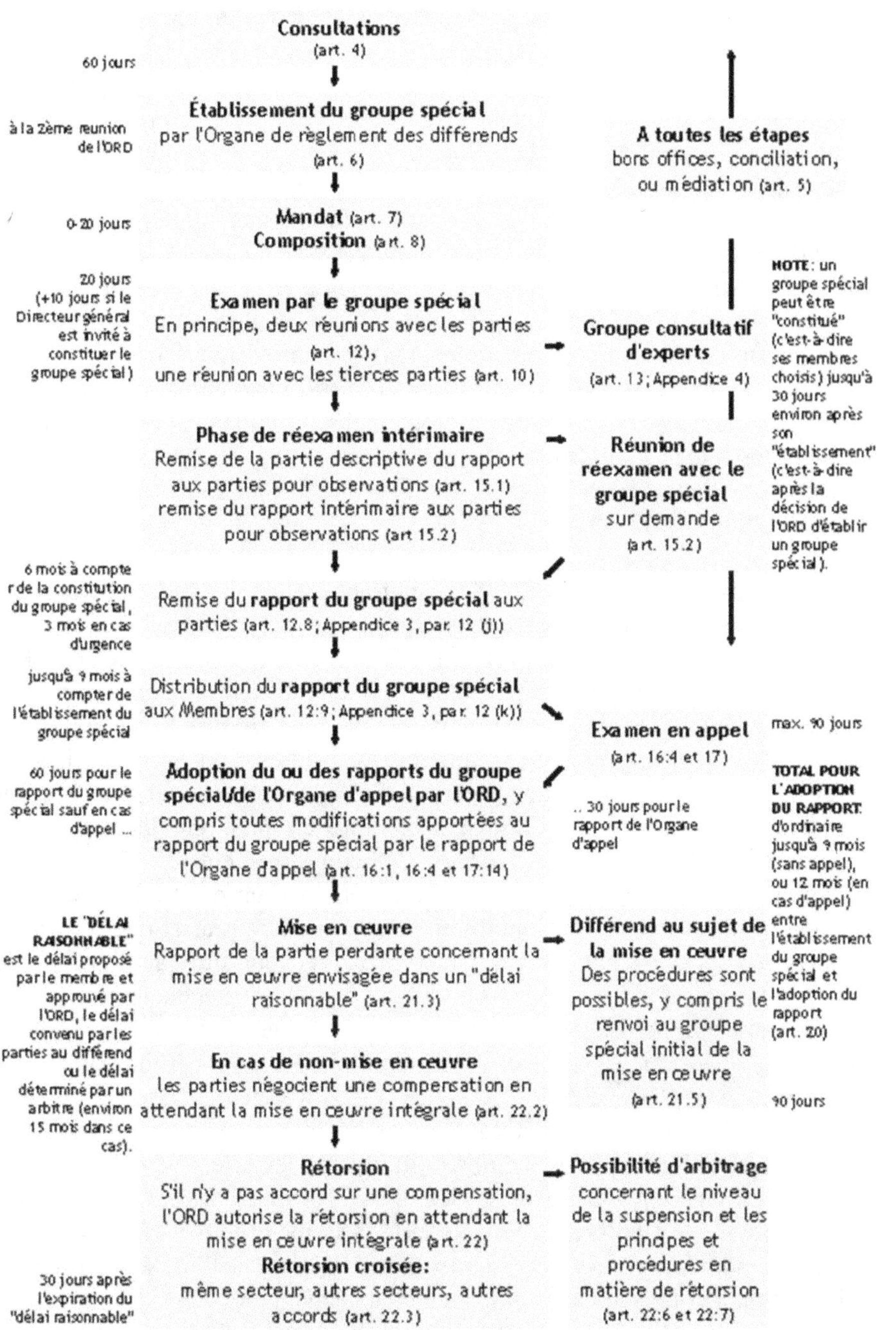

Les étapes du règlement des différends à l'OMC, source institutionnelle.

Dans les cas où il n'est pas possible d'arriver à une décision par consensus, la décision sur la question à l'examen sera prise aux voix, conformément à l'article IX de l'Accord OMC. Manifestement, ce principe a été préféré à celui de la pondération des voix qui sanctifie le poids économique et politique des États membres, ce qui aurait conduit à accroître l'influence déjà très significative des plus grands pays commerciaux du monde au sein du nouvel organe régulateur du commerce international. Les pays du Sud s'étaient opposés à ce système de vote, alors que les États-Unis et l'Union européenne militaient en sa faveur. La règle de la majorité, quant à elle, entend apporter une réponse aux déficiences de la prise de décision par consensus. Si ce dernier est un mécanisme qui porte en lui l'idée d'une direction collégiale mondiale, en raison de la prise en compte des différents intérêts mondiaux, il s'oppose à toute idée d'initiative et d'efficacité nécessaires à la gestion des affaires de la planète. La règle de la majorité est en revanche favorable à la créativité, à la manifestation de la volonté de l'organisation internationale.

À la lumière de l'article IX, paragraphe 2 de l'Accord OMC, les membres de l'Institution peuvent interpréter un des accords commerciaux multilatéraux où l'Accord instituant l'OMC à une majorité des ¾. Par ailleurs, à la même majorité, dans des circonstances exceptionnelles, conformément à l'article précédent, mais en son paragraphe 3, la Conférence ministérielle peut accorder à un membre une dérogation à une obligation relevant d'un accord multilatéral ou de l'Accord OMC. En outre, la décision concernant l'accession d'un nouveau membre est prise par la Conférence ministérielle à la majorité des 2/3, conformément à l'article XII, paragraphe 2 de l'Accord OMC. Les décisions portant droit d'amendement des dispositions des accords multilatéraux ne prendront effet que lorsqu'ils auront été acceptés par tous les membres, ceci au titre de l'article X, paragraphe 2 de l'accord OMC. On sait aussi qu'un amendement qui n'est pas de nature à modifier les droits et obligations des membres ne produira ses effets que s'il est adopté à la majorité des 2/3, conformément au paragraphe 4 de l'article X de l'Accord OMC. En concordance avec l'article X, paragraphe 3 de l'Accord OMC, les amendements de nature à modifier les droits et obligations des membres produiront les effets voulus à l'égard de ceux qui y auront souscrit et dès lors qu'ils auront été acceptés par les 2/3 des membres ; la Conférence ministérielle, à la majorité des ¾, est en droit de contraindre ceux qui n'y avaient pas engagé leur volonté à s'y plier, si elle estimait que de tels amendements étaient revêtus d'une nature particulière pour le système commercial multilatéral ; à défaut d'obtempérer, la voie serait ouverte vers l'exclusion. Néanmoins, avec le consentement de la Conférence ministérielle, ils pourront demeurer membres de l'OMC.

La refondation du processus décisionnel en vigueur au sein de l'Institution aura fait œuvre utile. Il n'en demeure pas moins vrai que l'on y décèle quelques facteurs de risques, susceptibles d'enrayer le fonctionnement de la machine.

B) L'autorité des décisions de l'OMC

La règle du consensus mettrait face à face des coalitions d'intérêts, défendant des positions catégorielles, qui pour l'emporter joueraient sur les ressorts de la puissance économique. Elle porterait donc en elle une politisation du processus décisionnel qui, d'une certaine manière, n'assurerait pas l'autorité de l'Institution. Même si un auteur[200] n'établit pas le lien entre la portée d'un acte juridique et la méthode utilisée pour y parvenir, Suzanne Bastid[201] s'interroge néanmoins sur la force obligatoire d'une décision prise par consensus. En ce sens que le consensus serait un facteur d'instabilité, alors que la règle majoritaire emporterait davantage de cohérence. Le consensus « amène chacune des parties en présence à des formules ambiguës, à des concessions apparentes… La limitation de l'accord à un minimum acceptable et à un engagement passif peut réduire la négociation à un exercice théorique »[202]. En somme, les modalités de prise de décision au sein de l'Institution ne garantiraient en rien son autorité.

L'autorité d'une organisation internationale est avant tout fonction de sa capacité à imposer ses décisions aux États membres. La reconnaissance d'un droit dérivé à l'Union européenne a indiscutablement contribué à asseoir l'autorité de ses règles. Il est vrai par ailleurs que peu d'organisations internationales peuvent s'enorgueillir d'ordonner des actes obligatoires à destination des États membres. Il en est ainsi à titre exceptionnel des décisions du Conseil de Sécurité des Nations unies, des actes de l'Organisation mondiale de la santé ou de l'Organisation de l'aviation civile internationale.

Avec ce qui précède, le renforcement de l'autorité de l'Institution nécessitait que ses décisions soient revêtues d'un effet obligatoire vis-à-vis de ses membres. Or les décisions de l'Institution ne sont que de simples recommandations qui édictent une simple obligation de comportement et non

---

[200] J. Monnier, loc.cit., p41.

[201] S. Bastid, Observation sur la pratique du consensus, Festschrift für Wilhelm Wengler, Vol I, Berlin, 1973, p16-17, cité par J. Monnier, loc.cit., p41.

[202] Z. Plantey, La négociation internationale : principes et méthodes, CNRS, 2e édition, 1994, p2212.

de résultat[203]. Il est tout aussi vrai que cette absence d'effet obligatoire reconnu aux actes de l'Institution ne fait pas dissoudre leur portée politique et juridique, en témoigne le dispositif contraignant concourant au règlement des différends. Avec cette absence de force obligatoire, on risquerait peut-être un jour de voir réapparaitre un système commercial multilatéral à géométrie variable où l'applicabilité d'une décision serait fonction du poids de chaque acteur dans le système ; d'où l'éventuelle réédition d'un système commercial multilatéral à la carte. Cela peut d'autant plus devenir réalité que l'exacerbation de la concurrence internationale et l'âpreté des conflits commerciaux mondiaux ont tendance à inciter les États à se coaliser afin de faire cause commune et ainsi essayer de faire prévaloir leurs choix au détriment, bien entendu, d'autres coalitions, même si la solitude de Donald Trump tend à infirmer quelque peu ce qui précède. Au stade actuel, cette inclination se vérifierait au sein de l'OMC.

Paragraphe 2 : Les risques d'une instrumentalisation de l'Institution

L'Organisation mondiale du commerce, dès sa création, devait empêcher une cristallisation de la passion unilatérale en inscrivant la résolution des conflits commerciaux dans un cadre multilatéral. Au lieu de cela, elle se trouvera au contraire prise dans l'étau des contradictions qui traversaient ses membres les plus influents. Deux idées transpiraient alors selon lesquelles la régulation des échanges internationaux répondrait davantage à une préoccupation des blocs (A) et que le nouvel organe régulateur du commerce international pourrait devenir la caisse de résonance des conflits qui animent le système commercial multilatéral (B).

A) Une diplomatie des blocs fondée sur des postulats idéologiques[204]

À l'Organisation mondiale du commerce, les travaux sont conduits par les représentants des États membres : ils ont rang d'ambassadeurs accrédités auprès de l'Institution. Les États membres ont ainsi leurs relais au cœur même du système. Toutefois, l'importance du fait régional s'est soldée pour certains ensembles régionaux par un accroissement de leur concertation, avec au final un unique porte-parole lors des réunions ou des négociations. Le groupement économique le plus coordonné est l'Union européenne. Elle est membre à part entière de l'OMC, au même titre que ses États membres

[203] J. Combacau, Obligations de résultat et obligations de comportement : quelques questions et pas de réponse, In Le droit international, unité et diversité (Mélanges P. Reuter), 1981, p181-204.
[204] OMC, l'importance croissante des groupes et des coalitions à l'OMC, In rapport sur le commerce mondial, 2007, p356.

pris individuellement[205]. Elle s'exprime par l'entremise de la Commission, présente au sein de chaque instance de l'Institution. L'Association des Nations de l'Asie du Sud Est (ANASE) dont le niveau d'intégration est encore en gestation comparativement à celui de l'Union européenne agit aussi à travers un porte-parole unique. Il est d'autres regroupements économiques qui s'accordent sur une ligne de conduite et la défendent par un unique représentant : à cet effet, il peut être fait référence au groupe des pays d'Afrique, des Caraïbes et du Pacifique (ACP). Tous ces ensembles régionaux entendent, du fait de cette cohérence politique agissante, orienter les décisions de l'Institution en leur faveur.

Ce glissement est d'autant plus facile à imaginer qu'à l'OMC, à défaut de consensus, prime la règle de la majorité. Ce dernier amène à une détermination en fonction des liens politiques ou économiques. La portée de ce phénomène dépendra de l'ampleur du rayonnement politique, économique ou culturel des États initiateurs de ces coalitions d'intérêts. Si auparavant, seules les grandes puissances pouvaient bénéficier de ce phénomène par le recours aux diverses pressions, il n'en est plus le cas aujourd'hui. À titre d'illustration, lors des négociations du cycle de l'Uruguay round, le groupe de Cairnes, crée en août 1986 à Montevideo à l'initiative du ministre du Commerce de l'Australie, John Dawkins, et regroupant les pays développés et en développement exportateurs de produits agricoles, s'était illustré en militant pour une réduction des subventions à l'exportation en ce domaine. Le pli avait été pris et il ne se démentira plus jamais.

Lors de la Conférence ministérielle de Seattle en 1999, on allait voir apparaître au-devant de la scène le groupe africain, le groupe ACP, le groupe des pays les moins avancés ou le groupe des petites économies vulnérables défendant les intérêts des pays en développement. La réunion ministérielle de Doha en 2001 et son prolongement allaient révéler au monde l'importance des groupes d'influence à l'OMC. À titre d'exemple, le groupe africain et le groupe ACP obtiendront une dérogation pour l'Accord de Cotonou en contradiction alors avec le droit de l'OMC. Ils n'en resteront pas là, puisque les paragraphes 42 et 43 de la déclaration de Doha porteront exclusivement sur les pays les moins avancés. Le cycle de Doha empruntera la même voie et on verra alors apparaître d'autres groupes d'intérêts comme le groupe coton ou le G-33 (agriculture). C'est aussi le cas des pays émergents qui essaieront de se coaliser pour exprimer leur montée en

---

[205] Article IX, paragraphe 1 de l'accord OMC qui octroie le statut de membre originel à l'Union européenne. Elle dispose d'un nombre de voix égal au nombre de ses États membres. Voir en ce sens, U. Candas, les modalités de la participation de l'Union européenne à l'OMC, In M.Benlolo-Carabot, U. Candas, E. Cujo, Union européenne et droit international (Mélanges P. Daillier), A. Pedone, 2012, P472-482.

puissance dans le système commercial multilatéral, même s'il est vrai que « leurs prises de position politiques oscillent entre le collectif et l'individuel au stade des négociations commerciales multilatérales et semblent plus exclusivement individuelles au niveau du règlement des différends »[206]. La coordination sans cesse croissante au sein de ces groupes en fait de véritables acteurs du système commercial multilatéral. Cette orientation organisée de l'action de l'OMC pourrait soulever la question de l'autorité des décisions de ladite organisation, particulièrement à l'égard de ceux qui le cas échéant s'y opposeront. De ce fait, la règle de la majorité pourrait se révéler comme un obstacle au respect ou à l'adoption de règles multilatérales.

Pour prendre conscience à nouveau du poids du déterminisme politique ou économique dans les relations internationales, il est loisible de se remémorer l'opposition des initiateurs de l'Accord multilatéral sur l'investissement (AMI) quand il s'agissait d'envisager sa négociation dans le cadre de l'OMC. Les règles de vote, consensus et majoritaire, à l'œuvre au sein de cette institution constituaient en soit un blocage encore plus important, en raison non seulement de l'antagonisme des pays du Sud à l'égard de ce projet, mais aussi en raison de leur nombre : ils représentaient déjà 80 % des membres de l'Institution, ils étaient de facto en mesure de s'opposer à l'adoption de ce projet. Par ailleurs, l'Union européenne tire aussi profit de cette règle de la majorité : sa discipline de vote l'amène à faire valoir l'ensemble de ses voix, alors que les États-Unis, le plus grand marché du monde, ne sont détenteurs que d'une seule voix. C'est aussi le cas de la Chine, devenue l'usine du monde. De sorte que certains pays seraient sous-représentés et d'autres en viendraient à être surreprésentés ; d'où une rupture de l'équilibre institutionnel tant recherché[207]. Cette inclination qui naît d'une divergence d'intérêts entre les membres les plus influents du commerce international a pu réellement se manifester dans le fonctionnement de l'Institution.

B) Une caisse de résonance des conflits du système international

Il est un lieu commun aujourd'hui que de soutenir que la mondialisation a fortement transfiguré la configuration économique internationale. Il est un autre lieu commun encore que de souligner que les anciens équilibres ont

[206] S. El Bouddouhi, Du collectif à l'individuel : les pays émergents à l'OMC, in L. Delabie, M. Boumghar, R. Hernu, la place des pays émergents en droit international, A. Pedone, 2017, p67-81.

[207] D. Carreau, P. Juillard, Bilan de recherches de la Section de langue française du Centre d'Étude et de Recherche de l'Académie de Droit international de la Haye, op.cit., p29.

volé en éclats avec l'effondrement du mur de Berlin et que les trajectoires de construction/reconstruction de la société internationale sont difficiles à tracer, malgré une renaissance russe à tendance autoritaire et une influence chinoise grandissante. Il en est ainsi peut-être parce que les grandes représentations ont dorénavant des difficultés à faire sens. C'est le cas, à titre d'exemple, du non-alignement qui au fur et à mesure du temps s'est vidé de sa vocation, jusqu'à devenir une coquille vide. Le socle idéologique qui s'était imposé lors de la Conférence de Bandung des 18-24 avril 1955 s'est volatilisé, il n'est plus question de nouvel ordre économique international, il n'est question de rien. Le rétrécissement de l'espace laissé aux grandes représentations idéologiques n'aura pas pour autant fait disparaître les relations d'intérêts et les rapports de force dans le système international. En effet, au-delà de la place occupée par chaque nation dans le système international et même si la nouvelle division internationale du travail a ceci de particulier qu'elle permet à tout État de faire valoir ses dotations factorielles, les jeux d'intérêt et les rapports de force ne sont jamais absents. Le nouvel organe régulateur du commerce international n'échappe pas à cette réalité. L'OMC serait devenue le lieu privilégié où les grandes puissances se livreraient à des luttes d'intérêts. Les exemples ne manquant pas, nous nous contenterons de ce que l'on a appelé communément *le conflit de la banane*[208].

Le 1er juillet 1993, l'Organisation commune de marché de la banane (OCMB) entrait en vigueur, avec l'idée de mettre fin au cloisonnement du marché communautaire, les Français s'approvisionnaient aux Antilles et en Afrique et les Allemands importaient sans droits de douane et à bas prix leurs bananes de la zone dollar[209] et aussi d'assurer la survie des producteurs communautaires en compensant leur déficit de compétitivité face aux Américains. À cet effet, en contrepartie d'une production maximale de 854 000 tonnes, il leur était assuré un revenu minimum. Par ailleurs, les pays ACP, conformément à la quatrième convention de Lomé du 15 décembre 1989[210], étaient assurés que leurs bananes traditionnelles[211], à raison d'une

---

[208] P. Cassia, E. Saulnier, L'imbroglio de la Banane, RMC-UE, n° 411, septembre-octobre 1997, p527-544 ; C. Laroche Dupraz, Le différend sur la Banane à l'OMC, Économie internationale, n° 75, 3e trimestre 1998, p81-103. ; Le Monde, 6 mars 1999, 10 mars 1999, p2, Le Monde 8 et 9 avril 1999, P7-8.

[209] Les États-Unis, à l'exception de quelques tonnages en provenance d'Hawaï, ne sont pas producteurs de bananes. Cela dit, par le biais de leurs multinationales, ils contrôleraient directement ou indirectement les 2/3 de la production de bananes en Amérique Centrale et assureraient près de 42 % des importations de bananes de l'Union européenne.

[210] La Convention de Lomé en son protocole n° 5 ayant trait aux bananes et en son article 1 disposait que « pour ses exportations de bananes vers le marché de la communauté, aucun État ACP n'est placé, en ce qui concerne l'accès à ses marchés

quantité maximale de 857 000 tonnes, entreraient sans droits de douane sur le territoire communautaire. En revanche, l'importation de bananes non traditionnelles ACP et celles en provenance de la zone dollar étaient soumises non seulement à un quota, 2 553 millions de tonnes, mais aussi à un droit de douane à hauteur de 75 écus par tonne. Le dépassement de ce contingent tarifaire se traduisait par l'acquittement d'un droit de douane de 850 et 750 écus respectivement pour les bananes dollars et ACP non traditionnelles ; d'où la ruine de l'avantage comparatif des producteurs américains.

Ce différentiel de traitement sera porté devant l'Organe de règlement des différends de l'OMC[212]. Il résultait d'une plainte déposée le 5 février 1996 par l'Équateur, le Guatemala, le Honduras, le Mexique et les États-Unis qui alléguaient que le régime communautaire applicable à l'importation, à la vente et à la distribution des bananes était incompatible avec les articles Ier, II, III, X, XI et XII du GATT de 1994 ainsi qu'avec les dispositions de l'Accord sur les procédures de licences d'importation, de l'Accord sur l'agriculture et de l'Accord général sur le commerce des services.

En septembre 1997 et en avril 1999, l'organe de règlement des différends allait donner gain de cause aux plaignants en les autorisant à imposer des droits de douane sur certains produits européens, équivalent au préjudice subi. Le 11 avril 2001, le règlement intervenu entre l'Union européenne et les États-Unis en se conformant au droit de l'OMC devait supprimer à l'horizon 2006 les quotas réservés aux pays ACP. Et le 1er juillet 2001, les États-Unis levaient leurs sanctions contre l'Union européenne. Le 1er août 2005, le conflit rebondissait. Un rapport d'arbitrage de l'OMC, à la suite de la saisine de l'Institution par neufs pays latino-américains (Brésil, Costa Rica, Colombie, Équateur, Honduras, Guatemala, Nicaragua, Panama, Venezuela) condamnait le nouveau système d'importation de l'Union européenne prévu pour le 1er janvier 2006 : le tarif appliqué à l'importation de la banane latino-américaine était jugé trop élevé, les pays ACP n'étant pas soumis à ce droit de douane.

Le 26 novembre 2008, l'organe d'appel de l'OMC, se fondant sur le principe que le régime d'importation de bananes de l'Union européenne ne

---

traditionnels et ces avantages sur ces marchés, dans une situation moins favorable que celle qu'il connaissait antérieurement ou qu'il connaît actuellement ».

211 Elles s'entendaient de celles en provenance de pays qui, avant l'entrée de l'OCMB., bénéficiaient d'un accès privilégié au territoire communautaire.

212 OMC, affaire des bananes, Rapport de l'organe d'appel, Communauté européenne-régime applicable à l'importation, à la vente et à la distribution des bananes, 9 septembre 1997, WT/ DS27/AB/R, par 164 et suivants.

se conformait pas aux règles du commerce international, allait confirmer une première décision prononcée en avril 2008 en faveur de l'Équateur et en mai 2008 au profit des États-Unis, ce dont l'Union européenne avait fait appel le 28 août. Le 15 décembre 2009, à Genève, un accord était trouvé : il portait sur la baisse progressive des droits de douane imposés par l'Union européenne sur la banane hors pays ACP. En contrepartie, les producteurs latino-américains et les États-Unis acceptaient de mettre fin à leurs recours devant l'OMC.

Ce conflit de la banane n'est qu'une des illustrations de la « guérilla » que peuvent se livrer les principaux acteurs du système commercial multilatéral. Elle n'est pas sans mettre à l'épreuve le fonctionnement de l'Institution. Il se pose de ce fait la question de la capacité de l'Institution à faire face aux diverses pressions pour garantir l'autorité de ses règles.

Chapitre 2 : une entreprise de consolidation des moyens d'action de l'Institution

L'Accord général n'a pu bénéficier d'une réelle légitimation que tardivement. Pour garantir sa liberté d'action, le 18 août 1977, le département politique fédéral suisse lui reconnaissait les privilèges et immunités, par simple échange de lettres. Pour ce qui la concerne, l'OMC empruntera une autre trajectoire. Dès le départ, elle s'est vue reconnaître une personnalité juridique (section 1) et chacun de ses membres lui accordait les privilèges et les immunités nécessaires à l'exercice de ses fonctions, conformément à l'article VIII de son acte constitutif et à l'accord de siège conclu avec la Confédération suisse[213] le 31 mai 1995 (section 2).

Section I : La reconnaissance d'une personnalité juridique à l'Institution

L'apparition de nouveaux acteurs au sein de la société internationale a conduit à ce que l'on réserve un rôle particulier aux organisations internationales, avec la reconnaissance en leur faveur d'une personnalité juridique propre. L'Organisation mondiale du commerce ne pouvait ignorer cette tendance forte, d'autant plus que « les compétences et les prérogatives d'une organisation internationale trouvent leur source dans sa personnalité juridique »[214]. C'est en ce sens que l'article 2 de l'Accord de siège conclu entre l'OMC et les autorités suisses disposait que « le Conseil Fédéral suisse reconnaît la personnalité juridique internationale et la capacité juridique en Suisse de l'Organisation ». La personnalité juridique de l'Institution implique de s'attarder sur ses compétences internes (Paragraphe 1) et internationales (Paragraphe 2).

Paragraphe 1 : La personnalité juridique interne

Pour établir des relations avec d'autres personnes physiques ou morales, l'Organisation internationale a besoin de détenir une personnalité juridique interne qui lui permette d'acquérir et d'aliéner des biens mobiliers et immobiliers ou d'ester en justice (A). Cette personnalité juridique interne s'illustre singulièrement dans la capacité de l'Institution à contracter (B).

---

[213] OMC, Accord entre l'Organisation mondiale du Commerce et la Confédération suisse, WT/GC/1 ; et WT/GH/1/add.1, 31 mai 1995, 45 p.

[214] J.P. Colin, M.H. Sinkondo, Les relations contractuelles des organisations internationales avec les personnes privées, RDI-Droit comparé, n° 1, 1992, p8.

A) Les caractéristiques

L'indépendance et la liberté d'action de l'Institution dans le droit interne des États membres sont fonction de la reconnaissance à son profit d'une personnalité juridique interne. La personnalité juridique interne s'entendait, comme le précise le paragraphe 2, de l'article 2 de l'Accord de siège entre la Suisse et l'OMC, de la capacité reconnue à l'OMC de contracter, d'acquérir et d'aliéner les biens immobiliers et mobiliers, ainsi que d'ester en justice. Le voile de liberté jeté sur l'action de l'Institution devait être sanctifié par l'article 3 de l'Accord de siège entre la Suisse et l'OMC en des termes suivants : « le Conseil fédéral suisse garantit à l'Organisation l'indépendance et la liberté d'action qui lui appartiennent en sa qualité d'organisation intergouvernementale ». Et le paragraphe 2, du même article 3 d'ajouter : « il lui reconnaît, en particulier, ainsi qu'à ses membres dans leurs rapports avec elle, une liberté de réunion absolue, comportant la liberté de discussion, de décision et de publication, sur le territoire suisse ».

Dans le cas d'un contentieux juridique, il revient au directeur général de représenter l'Institution aussi bien en justice que dans le cadre de la conclusion d'actes juridiques internes. Toujours au titre de l'indépendance de l'Institution, l'article 11 de l'Accord de siège entre la Suisse et l'OMC stipule que « l'importation et l'exportation de publications de l'OMC ne sont soumises à aucune restriction ». Il s'y ajoute, à la lumière de l'article 13, que les communications de l'OMC jouissent de privilèges et immunités comparables « aux courriers et valises diplomatiques ». Les bâtiments utilisés pour les besoins de l'Organisation sont inviolables, à la lumière de l'article 6 de l'Accord précité : « nul agent de l'autorité publique suisse ne peut y pénétrer sans le consentement exprès du directeur général de l'Institution, ou, en cas d'empêchement de ce dernier, de son remplaçant, ou encore de la personne désignée par lui ».

La détention de la personnalité juridique interne par l'Institution aura conditionné sa capacité d'action dans le droit interne des États membres. Toutefois, le droit de contracter, sans en exclure d'autres, paraît se singulariser.

B) Le droit de contracter[215]

La capacité à se lier de l'Institution prend vie sur deux plans. Elle peut contracter avec des personnes privées. Elle peut aussi se lier avec ceux qui voudraient se mettre à son service, sous un quelconque rapport de subordination juridique. Quoi qu'il en soit, « L'une des caractéristiques du

---

[215] J. Duffar, Contribution à l'étude des privilèges et immunités des organisations internationales, LGDJ, 1982, P 32-47.

contrat d'organisation internationale réside dans la supériorité des préoccupations d'intérêt public internationales sur la force du lien contractuel[216] ». Le contrat relevant alors du pouvoir de réglementation de l'organisation internationale, c'est bien sa volonté qui prend le dessus en cas de questionnement sur la loi applicable à un quelconque contrat passé avec une personne privée. Il n'en demeure pas moins vrai que le cocontractant de l'organisation internationale n'est pas dépourvu face à sa toute-puissance. De la sorte, pour le préserver d'un éventuel déni de justice qui résulterait de l'opposabilité de l'immunité de juridiction de l'organisation internationale aux tribunaux nationaux, l'Institut de droit international en sa session d'Oslo disposait qu'« il est souhaitable que les contrats conclus avec les personnes privées par des organisations internationales de caractère intergouvernemental, dans le cas où celles-ci bénéficient de l'immunité de juridiction, prévoient le règlement des différends résultats de ces contrats par un organe impartial »[217]. Tenant compte de cette recommandation, l'article 44 paragraphe 1 de l'Accord de siège que nous interrogeons énonce que « l'organisation (OMC) prendra les mesures appropriées afin de disposer d'un système de règlement des différends résultant de contrats auxquels l'organisation (OMC) serait partie et d'autres différends portant sur un point de droit privé ».

En ce sens, l'Institution a opté pour un mécanisme juridique fondé sur la sécurité et la prévisibilité : l'arbitrage commercial. L'article 48 de l'Accord de siège acte ce choix en des termes suivants : « toute divergence de vues entre les parties concernant l'application ou l'interprétation du présent accord, qui n'a pas pu être réglée par des pourparlers directs entre les parties, peut être soumise par voie de requête, par l'un ou l'autre partie, à un tribunal arbitral composé de trois membres ». Dans ce cas de figure, le Conseil fédéral suisse et l'OMC devraient désigner chacun un membre. Les membres désignés choisiraient d'un commun accord le dernier membre qui aura le privilège de présider le tribunal arbitral. À défaut d'accord, dans un délai raisonnable, il appartiendra au président de la Cour Internationale de Justice, à la requête de l'une ou l'autre des parties, de le désigner. À l'article 48, paragraphe 5 de l'Accord de siège, il est précisé que la sentence arbitrale est obligatoire, définitive et sans recours pour les parties au différend.

La capacité à contracter de l'OMC s'illustre aussi en ce qui concerne les contrats offerts à ses fonctionnaires[218]. En cas de contentieux, ces agents par qui l'Institution agit peuvent solliciter du directeur général la constitution d'une commission paritaire de recours chargée de donner un avis. Il existe

---

[216] J.P. Colin, M.H. Sinkondo, loc.cit., p20.
[217] Annuaire de l'Institut de Droit international, Vol 57, Session d'Oslo, 1977, p267.
[218] OMC, Conditions d'emploi applicables aux personnels du secrétariat de l'OMC, 16 octobre 1998, Document WT/L/282, 94 p.

une autre possibilité, la saisine du Tribunal administratif de l'OIT, statuant en cassation. La personnalité juridique interne de l'OMC se conjugue avec sa personnalité juridique internationale.

Paragraphe 2 : La personnalité juridique internationale

La société internationale demeure avant tout une société interétatique, malgré l'immixtion de nouveaux acteurs. Aussi, la reconnaissance d'une personnalité juridique internationale, stricto sensu, à certaines organisations internationales a été lente à se dessiner avec en particulier un avis consultatif de la Cour Internationale de Justice : « A cet égard, la Cour est d'avis que cinquante États, représentant une très large majorité des membres de la communauté internationale, avaient le pouvoir, conformément au droit international, de créer une entité possédant une personnalité internationale objective et non pas simplement une personnalité reconnue par eux seuls »[219]. Avec cette jurisprudence, nombreuses sont aujourd'hui les organisations internationales qui peuvent faire valoir une personnalité juridique objective. C'est le cas de l'OMC qui possède une personnalité juridique internationale, sanctionnée par son acte constitutif et l'Accord de siège le liant avec les autorités suisses. On examinera en premier lieu la signification et les incidences découlant de la personnalité juridique internationale reconnue à l'Institution (A) et en second lieu les attributs de cette personnalité (B).

A) Significations et incidences

La personnalité juridique internationale des organisations internationales n'est concevable que dans le cadre des frontières de leur spécialité, ce qui n'est pas le cas des États. Dans l'exercice de sa mission d'intérêt public international, l'organisation internationale ne peut faire valoir que des compétences d'attribution. De sorte que l'OMC ne peut déployer sa structure institutionnelle que dans les limites des buts édictés par ses pères fondateurs. Charles Chaumont a écrit à cet effet que « la spécialité, trait commun de toutes les organisations, signifie donc l'affectation d'une structure à un but d'intérêt commun, affectation qui implique la limitation des compétences [qui] ne peuvent dépasser un certain seuil, au-delà duquel on aura plus affaire à une organisation internationale, mais on se trouvera en présence d'un État fédéral »[220]. Si elle allait au-delà de ce seuil, son action serait constitutive d'excès de

[219] CIJ, Avis consultatif relatif à la réparation des dommages subis au service des Nations-Unies, 11 avril 1949, Recueil, 1949, p18.

[220] C. Chaumont, La signification du principe de spécialité dans les organisations internationales, op. cit., p55-66.

pouvoir. Par ailleurs, lorsque saisie par l'Organisation mondiale de la Santé (OMS) sur la licéité de l'emploi des armes nucléaires par un Etat, la Cour Internationale de Justice réaffirmera ce principe en disposant que « reconnaître à l'OMS la compétence de traiter de la licéité de l'utilisation des armes nucléaires, même compte tenu de l'effet de ces armes sur la santé et l'environnement, équivaudrait à ignorer le principe de spécialité ; une telle compétence ne saurait en effet être considérée comme nécessairement impliquée par la constitution de l'organisation au vu des buts qui ont été assignés à cette dernière par ses États membres »[221]. Ce principe de spécialité exprime en fait un attachement jaloux des États à leurs compétences propres, à leur souveraineté.

À la lumière de l'effet relatif des traités, la personnalité juridique internationale d'une organisation n'est pas opposable aux États tiers, mais seulement aux États membres et à l'État d'accueil. En effet, « rien ne peut forcer un État de reconnaître une organisation internationale tierce s'il n'entend pas traiter avec elle… »[222]. La personnalité juridique internationale induit certaines capacités juridiques.

B) Attributs

La possession de la personnalité juridique internationale aura par exemple permis à l'Institution d'être en capacité de conclure des traités. L'article 6 de la Convention de Vienne sur le droit des traités entre les États et organisations internationales ou entre organisations internationales, ouverte à signature le 21 mars 1986, stipule à cet effet que cette capacité est régie par les règles propres à chaque organisation. La personne habilitée à exprimer le consentement de l'organisation internationale à être liée par un traité doit produire les pouvoirs appropriés « ou s'il ressort des circonstances qu'il était de l'intention des États et des organisations internationales concernés de considérer cette personne comme représentant l'État à ces fins, conformément aux règles de ladite organisation, sans présentation de pleins pouvoirs », ceci à la lumière de l'article 7 de la Convention qui nous occupe maintenant.

Dans le cas de l'OMC, la personne titulaire de cette compétence est son directeur général. Ces engagements de volonté doivent être exécutés par

---

[221]CIJ, Avis OMS sur la licéité de l'emploi des armes nucléaires par un État, 8 juillet 1996, Recueil, 1996, p79.

[222] J. Salmon, Remarques à propos du rapport de R. Higgins sur les conséquences juridiques pour les États membres de l'inexécution par les organisations internationales de leurs obligations envers les tiers, Annuaire de l'Institut de Droit international, Vol 66, I, 1995.

l'Institution de bonne foi, conformément à l'article 26 de la Convention précitée. Leur effet relatif est formulé à l'article 34 de ladite Convention et selon lequel « un traité ne crée ni obligations ni droits pour un État tiers ou pour une organisation tierce sans le consentement de cet État ou de cette organisation ». Les éléments constitutifs de la nullité de ces accords, à la lumière de la Convention précitée, restent le vice de consentement (article 46 et 47), l'erreur (article 48) le dol (article 49), la corruption de la personne habilitée à conclure le contrat (article 50), la contrainte exercée sur celle-ci (article 51 et 52) et si le traité est en conflit avec une norme du *jus cogens* (article 53).

Même s'il est vrai que la reconnaissance d'un droit de légation passive au profit des organisations internationales fait l'objet d'un débat[223], on peut néanmoins soutenir que l'Institution à l'image d'autres organisations internationales en est détentrice et que celui-ci prend vie dans son droit « de recevoir les représentants diplomatiques des puissances étrangères »[224]. Ce droit de légation passive s'est ainsi traduit par l'établissement au profit de l'Institution d'un corps de privilèges et immunités formulé aux articles 17 à 28 de l'Accord de siège entre l'OMC et la Confédération suisse, qu'il s'agisse d'un régime fiscal favorable ou d'un régime douanier qui l'est tout autant. L'OMC, comme bien d'autres organisations internationales, exerce une protection fonctionnelle vis-à-vis de ses agents. Son autonomie financière, participe aussi de la protection de sa personnalité juridique internationale. Dans le but de garantir son indépendance et le respect de sa personnalité juridique, son acte constitutif, en son article VIII, paragraphe 2, lui reconnaît les privilèges et les immunités nécessaires à l'exercice de ses fonctions, et l'Accord de siège le liant à la Confédération suisse s'est inscrit sur le même sentier.

Section 2 : la reconnaissance de privilèges et immunités à l'Institution et à ses agents[225]

La préservation de l'autonomie des organisations internationales devait conduire à la mise en place d'un système d'immunité qui assure leur indépendance fonctionnelle. Contrairement aux États, elles sont tout de même loin de pouvoir revendiquer une souveraineté sans partage. Cela dit,

---

[223] P. Daillier, M. Forteau, A. Pellet, Droit international public, LGDJ, 8e édition, 2009, p838.
[224] P. Daillier, M. Forteau, A. Pellet, op.cit., p824 ; A. Tournier, le droit de légation passive de l'Union européenne, In M. Benlolo-Carabot, U. Candas, E. Cujo, Union européenne et droit international (Mélanges P. Daillier), A. Pedone, 2012, p235-244.
[225] C. Dominicé, L'immunité de juridiction et d'exécution des organisations internationales, RCADI, IV, 1984, p148-238.

les immunités de juridiction et d'exécution des États subissent aujourd'hui des perforations de toute part, à la lumière de la nécessité, par exemple, de réprimer l'ennemi du genre humain. Quoi qu'il en soit, l'article 38 de l'Accord de siège entre l'Organisation mondiale du commerce et la Confédération suisse stipule que les immunités dont bénéficie l'Institution n'ont été instituées que pour « assurer en toutes circonstances son libre fonctionnement et sa complète indépendance ». Pour la commodité de l'analyse, il sera fait une distinction entre les immunités intrinsèques de l'Institution (Paragraphe 1) et celles dont bénéficient ses agents (Paragraphe 2).

Paragraphe 1 : Les immunités de l'Institution

« L'Organisation mondiale du Commerce bénéficie des privilèges et immunités conformément au présent Accord », peut-on lire à l'article 5 de l'Accord de siège précité. Cette disposition d'ordre générale a été complétée par l'article 8 qui a fait bénéficier l'Institution de l'immunité de juridiction et d'exécution. La première met l'Institution à l'abri d'une quelconque procédure devant les tribunaux de l'État d'accueil (A). La seconde met l'Institution à l'abri de toute contrainte administrative ou judiciaire, elle s'accompagne par ailleurs d'autres immunités (B).

A) De l'immunité de juridiction

Les avoirs, les biens et les actes de l'OMC sont sous le couvert de l'immunité de juridiction ; ce qui met l'Institution, à l'image de toutes les organisations internationales, dans une situation bien plus confortable que celle des États[226]. En ce sens que, contrairement aux attendus d'un arrêt de la Cour de cassation italienne, INPDAI/FAO, en date du 18 octobre 1982[227], l'immunité de juridiction des organisations internationales est absolue. Dans cette affaire, le bailleur de l'Organisation des Nations unies pour l'alimentation et l'agriculture (FAO) avait saisi un juge italien dans le but de réévaluer le montant du loyer dont cette dernière s'acquittait. Le juge italien, malgré l'opposabilité de l'immunité de juridiction avancée par la FAO, allait se reconnaître compétent au motif qu'il s'agissait d'un acte de gestion. C'était oublié qu'on ne saurait procéder à une différenciation entre leur *acta*

[226] M. Audit, Insolvabilité des Etats et des dettes souveraines, LGDJ, 2011.

[227] C. Dominicé, La nature et l'étendue de l'immunité de juridiction des organisations internationales, in C. Dominicé, L'ordre juridique international entre tradition et innovation, PUF, avril 1997, p127-145. Cette immunité de juridiction des organisations internationales a été par ailleurs contestée sous le prisme de la protection des droits fondamentaux. Voir en ce sens, CEDH, arrêt du 18 janvier 1999, Waite & Kenneedy/Allemagne, In E. Lagrange, J-M. Sorel, op.cit., p614-615.

jure imperii et acta jure gestionis[228]. Ils bénéficient conjointement d'une immunité de juridiction. Et c'est bien pour cela que l'Accord de siège qui nous occupe ne circonscrit pas l'immunité de juridiction de l'OMC à ces seuls actes *jure imperii*. Au titre des limites, on notera simplement que les *acta jure imperii et jure gestionis* de l'Institution ne peuvent sortir de son périmètre d'action. Cette immunité de juridiction n'est par ailleurs pas d'une rigidité absolue. En effet, il ressort de l'article 8 de l'Accord de siège entre l'OMC et les autorités suisses que cette immunité peut être formellement levée pour des cas déterminés par le directeur général de l'OMC ou s'il était empêché par son remplaçant ou par toute autre personne qu'il désignerait.

La liberté des réunions et le fonctionnement régulier de l'Institution ont été garantis : l'immunité de juridiction s'est accompagnée de l'inviolabilité des bâtiments utilisés pour les besoins de l'Institution, conformément à l'article 6 de l'Accord de siège. En somme, les agents de l'autorité publique suisse ne peuvent accéder à l'intérieur des locaux de l'Institution qu'avec le consentement express du directeur général ou s'il était empêché par son remplaçant ou encore par toute autre personne qu'il désignerait. L'OMC exerce ainsi sa propre police des locaux affectés à son fonctionnement. Cela dit, « l'inviolabilité ne s'analyse pas comme le privilège d'un espace qui échapperait à l'application de la loi pénale [de la Suisse], mais comme un empêchement procédural à son exécution »[229]. Cette immunité de juridiction se double d'une immunité d'exécution.

B) De l'immunité d'exécution

À défaut d'avoir opposé son immunité de juridiction dans les délais impartis, une organisation internationale peut faire l'objet de mesures d'exécution prenant la forme d'injonctions ou de saisies-arrêts. Pour annuler ces mesures de contraintes, elle peut opposer son immunité d'exécution que l'on retrouve à l'article 8, paragraphe 2, de l'Accord de siège entre l'OMC et les autorités suisses. Cet article dispose que « les bâtiments ou parties de bâtiments, le terrain attenant ainsi que les biens mobiliers qui sont utilisés par l'OMC, quel qu'en soit le propriétaire, où qu'ils se trouvent et quelle que soit la personne qui les détient sont exempts de toute forme de séquestre et

---

[228] Marcel Sinkondo estime en ce sens que « la distinction entre actes de puissance publique et actes de gestion n'a pas de sens. Soit on estime que les activités de l'organisation, par nature spécialisées, ne sont pas divisibles, soit on introduit la séparation et alors certaines organisations, privées de toute immunité, pourraient difficilement accomplir leurs missions en toute indépendance à l'égard des États membres et des États tiers », in Le rôle de la volonté de l'organisation internationale dans la détermination du droit applicable aux contrats conclus avec les personnes privées, RDI-droit comparé, 4e trimestre 1997, p373.

[229] J. Duffar, op.cit., p52.

de toute autre forme de contrainte exécutive, administrative, judiciaire ou législative ». Toutefois, l'Institution peut y renoncer expressément par le biais de son directeur général ou en cas d'empêchement par son remplaçant ou encore par la personne qu'il désignerait, ceci conformément à l'article 8, paragraphe 1. Christian Dominicé doute du bien-fondé de ce procédé, en soutenant que si « une organisation entend s'acquitter d'une obligation, elle le fait, et l'on ne voit pas ce que pourrait signifier de sa part le consentement à une mesure de contrainte »[230].

L'Institution peut faire valoir une immunité financière ayant pour corollaire une liberté de circulation de ses capitaux, ceci aux termes de l'article 12 de l'Accord de siège qui nous occupe. Cet article précise que l'Institution « peut recevoir, détenir, convertir et transférer tous fonds quelconques, de l'or, toutes devises, tous numéraires et autres valeurs mobilières, en disposer librement tant à l'intérieur de la Suisse que dans ses relations avec l'étranger ». L'autonomie de l'Institution a été renforcée par la reconnaissance à son profit d'une immunité fiscale. Ainsi, ses avoirs, ses revenus et autres biens sont exonérés des impôts directs et indirects fédéraux, cantonaux et communaux, conformément à l'article 9 de l'Accord siège. À ce régime, il convient d'y adjoindre un corps de privilèges douaniers énoncés à l'article 10 de l'Accord de siège qui nous occupe. Enfin, les secrets de l'Institution sont assurés par l'inviolabilité de ses archives, au titre de l'article 7 de l'Accord de siège, et la protection de ses communications, cette fois-ci au titre de l'article 13 du même accord. Sur ce dernier point, on peut ainsi lire que « la correspondance officielle et les autres communications officielles dûment authentifiées de l'organisation ne pourront être censurées ». Les missions permanentes accréditées auprès de l'Institution et leurs membres peuvent aussi faire valoir des privilèges et immunités, ceci à la lumière des articles 17 à 29 de l'Accord de siège entre l'OMC et les autorités suisses. Qu'en est-il des agents de l'Institution ?

Paragraphe 2 : Les privilèges et les immunités des agents de l'Institution

Les agents par qui l'Institution agit, pour bien accomplir leur mission d'intérêt public internationale, ont besoin d'être tenus à l'écart de maintes tentations. À cet égard, l'Accord de siège entre l'Organisation mondiale du commerce et la Confédération suisse, en ses articles 30 à 35, 39 et 42, vise à garantir leur indépendance contre les ingérences de toutes origines. Pour cela, l'Institution a procédé à une catégorisation de ses agents pour déterminer ceux qui allaient bénéficier de privilèges et immunités. Sans

[230] C. Dominicé, op.cit., p213.

procéder à une quelconque segmentation, on notera simplement que ces catégories différenciées bénéficient de nombreuses exemptions (A) et de garanties qui assurent leur indépendance (B).

A) Les exemptions

Il ressort de l'article 30 de l'Accord siège entre l'OMC et les autorités suisses que, *primus inter pares*, le directeur général, au même titre que ses directeurs généraux adjoints, « bénéficie de l'exemption de tous impôts fédéraux, cantonaux et communaux sur les traitements, émoluments et indemnités qui lui sont versés par l'Institution ». Les revenus des capitaux versés ne bénéficient d'aucune exemption. Le directeur général jouit aussi d'une franchise douanière. Quant aux autres fonctionnaires de l'OMC, leur régime fiscal est en tout point semblable à celui susmentionné ; ceci à la lumière de l'article 31 de l'Accord de siège qui nous occupe et qui porte sur les privilèges et immunités accordés aux directeurs généraux adjoints, aux membres de la haute direction et autres fonctionnaires.

En matière d'immigration, il ressort de l'article 39 de l'Accord de siège que les fonctionnaires de l'Institution ne sont pas régis par un statut de droit commun, ils relèvent d'un statut dérogatoire ; bien plus favorable en ce qui concerne l'accès, le séjour et la sortie du territoire helvétique. Aussi, les autorités suisses doivent-elles prendre toutes les mesures utiles pour assurer la liberté d'aller et venir des personnes appelées en qualité officielle auprès de l'Institution. Les domestiques privés des fonctionnaires de l'Institution comme leurs invités sont éligibles à ce régime dérogatoire en matière d'immigration.

Ces exemptions se conjuguent avec des garanties visant à assurer l'indépendance des agents de l'OMC dans l'exercice de leur mission d'intérêt public international.

B) La garantie de leur indépendance

À l'article VI, paragraphe 4 de l'Accord OMC, il est énoncé que « dans l'accomplissement de leurs tâches, le directeur général et le personnel du secrétariat ne solliciteront ni n'accepteront d'instructions d'aucun gouvernement ni d'aucune autorité extérieure à l'OMC. Ils s'abstiendront de tout acte incompatible avec leur situation de fonctionnaires internationaux. Les membres de l'OMC respecteront le caractère international des fonctions du directeur général et du personnel du secrétariat et ne chercheront pas à influencer ceux-ci dans l'accomplissement de leurs tâches ». Et c'est précisément la raison pour laquelle il est demandé aux agents de l'Institution, avant toute prise de fonction, de consentir à la déclaration suivante : « Je prends l'engagement solennel d'exercer en toute loyauté, discrétion et conscience les fonctions qui m'ont été confiées en qualité de fonctionnaire international de l'Organisation mondiale du commerce, de m'acquitter de ces fonctions et de régler ma conduite en ayant exclusivement en vue les intérêts de l'OMC, sans solliciter ni accepter d'instructions d'aucun gouvernement ou autre autorité extérieure à l'Organisation, en ce qui concerne l'accomplissement de mes devoirs, ni accepter d'eux de rémunération en ce qui concerne mon emploi à l'OMC que ce soit avant, pendant ou après cet emploi »[231].

L'OMC a ainsi édicté des normes de conduite opposables à ceux appelés à se mettre à son service[232], qui ne sont de rien de moins que la sanctification des notions d'intégrité et de loyalisme international. Il leur est demandé de défendre avant tout les intérêts de l'Institution, en faisant abstraction de ceux de leur pays d'origine. On peut ainsi lire à l'article 2 du document portant normes de conduite des fonctionnaires de l'OMC que « l'une des normes de conduite fondamentale est liée à l'intégrité requise des fonctionnaires », qui emporte avec elle l'honnêteté, la bonne foi et l'incorruptibilité. La deuxième norme, énoncée à l'article 3 du document précité, découle de la nécessité « de créer et de maintenir l'esprit international, fondé sur le loyalisme à l'égard de l'OMC ». La troisième norme, formulée à l'article 4 du document faisant toujours l'objet de notre analyse, se rattache étroitement au loyalisme, « c'est celle de l'indépendance ». Aussi, « les fonctionnaires sont dans l'obligation de ne solliciter ni d'accepter d'instructions d'aucun gouvernement ni d'aucune autorité extérieure en ce qui concerne l'accomplissement de leurs devoirs ». Enfin, à l'article 5 portant normes de conduite requise des fonctionnaires de l'Institution, il est exigé de ces agents de faire preuve d'impartialité dans l'exercice de leur fonction : ils doivent se garder d'exprimer leurs convictions personnelles. On comprend alors que les agents de l'Institution aient l'interdiction de participer à des activités politiques qui exprimeraient un parti pris et porteraient atteinte à leur indépendance. Ces normes de conduite sont révélatrices d'une hantise qui habite le système commercial multilatéral : que les divers égoïsmes nationaux nuisent à la régulation du commerce international.

L'élévation au rang d'obligation de la notion de « loyalisme international » a débouché sur un autre socle de garanties portant protection de l'indépendance des agents de l'Institution. Il ressort de l'Accord de siège qui nous occupe, en son article 32, que les agents de l'OMC sont inviolables. À titre d'exemple, ils ne sauraient faire l'objet « d'arrestation ou de

[231] Article 1.12. du Statut du personnel de l'OMC, Document WT/L/282, p6.
[232] Voir, Normes de conduite requise des fonctionnaires de l'Organisation mondiale du Commerce, Document WT/L/282, p16-23.

détention pour les actes accomplis dans l'exercice de leur fonction ». Cette inviolabilité s'est accompagnée de la reconnaissance d'une « immunité de juridiction pour les actes accomplis dans l'exercice de leurs fonctions, y compris leurs paroles et écrits ; même bien après la cessation de leurs fonctions ». On retrouve cette prescription à l'article 1.2 du statut du personnel où il est stipulé que « l'OMC prend toutes les mesures raisonnables en son pouvoir pour assurer une protection et une sécurité appropriées aux fonctionnaires dans l'exercice de leurs fonctions et leur garantit en particulier l'immunité de juridiction en ce qui concerne leurs déclarations orales ou écrites et tous les actes qu'ils accomplissent à titre officiel ». Le directeur général de l'OMC, à la lumière de l'article 30 de l'Accord de siège entre l'Institution et les autorités suisses, bénéficie de privilèges et immunités qui sont reconnus aux agents diplomatiques. Une amodiation a été apportée à ce bénéfice : L'Institution et les autorités suisses, conformément à l'article 43 de l'Accord de siège, coopéreront pour empêcher tout abus éventuel et il revient au directeur général de l'OMC ou le cas échéant à son remplaçant de lever cette immunité si elle entravait une bonne administration de la justice, ceci à l'aune de l'article 38, paragraphe 2 de l'Accord de siège.

L'ingénierie juridique et commerciale portant création de l'OMC a opéré un saut qualitatif indéniable qui n'a cependant pas été conduit à son terme. En ce sens que, d'une part, bon nombre de secteurs du commerce international ne sont toujours pas assujettis aux règles de l'Institution et, d'autre part, il est des domaines qui sont imparfaitement assujettis aux dites règles.

PARTIE 3 : L'INSTITUTION AU DÉFI DES NÉCESSITÉS DE RECONFIGURATION

Les États se sont toujours ajustés aux réalités changeantes de l'interdépendance, même si c'est en fonction de leurs propres intérêts. Cette capacité de conformation s'était une nouvelle fois illustrée lors de la dernière réorganisation mondiale des échanges où les parties contractantes étaient parvenues à restructurer le système commercial multilatéral. L'objectif aura été nettement atteint pour partie, le système commercial multilatéral s'étant acheminé vers une plus grande universalité matérielle. Ce cycle aura élargi les domaines dans lesquels les règles sont définies d'une manière multilatérale, allant de l'agriculture et des échanges de services à la propriété intellectuelle, le champ d'action de l'Institution se hissant à un niveau sans commune mesure avec celui de l'Accord général. Cette affirmation doit néanmoins supporter des tempéraments, l'universalité matérielle de l'Institution n'étant encore que partielle ; un certain nombre de secteurs continuant à lui échapper.

Le secteur culturel n'a été rangé sous les règles multilatérales que pour les États qui y avaient engagé leur volonté. En matière environnementale où il s'agit de recourir à des mesures commerciales pour assurer une plus grande protection de la nature, on doit reconnaître que les règles de l'Institution ne répondent que partiellement à l'objectif visé (chapitre1). L'intégration économique régionale n'a jamais pu lever tous les doutes sur sa contrariété à l'esprit du multilatéralisme. L'Accord général puis l'Organisation mondiale du commerce allaient tenter d'y répondre en les enfermer dans un cadre juridique contraignant, sans pour autant parvenir à lever les incertitudes sur les interactions entre régionalisme et multilatéralisme (Chapitre 2). La méconnaissance des droits de l'homme au travail a pu faire dire, une nouvelle fois, que l'OMC ne saisissait que partiellement la réalité mouvante du commerce international (chapitre 3).

Chapitre 1 : Droit du commerce multilatéral, culture et environnement

La dernière réorganisation mondiale des échanges a tenté de faire du multilatéralisme l'axe central du système commercial multilatéral, en vidant pour cela l'ancien système de ces scories. La traduction juridique de ce dessein reste différenciée et n'est jamais catégorique. En effet, il est des domaines très importants qui, souvent selon le cas, seront ou ne seront pas sous l'emprise des règles commerciales multilatérales. Or leurs incidences sur la place de l'homme dans l'écosystème, sur le rayonnement culturel ou économique des États militaient en faveur de l'édiction d'un statut plus clair, plus tranché, et cela d'autant plus qu'en raison de leur importance, des passions que souvent ils soulèvent, ils sont sans cesse sujets à contentieux entre les Nations. Il en est ainsi en premier lieu du secteur culturel qui est certes régi par les règles de l'Institution, mais il y coexiste en fait deux principes différents ; alors que l'autorité de l'Institution se voulait fondée sur l'unicité de ses prescriptions (Section 1). Il en est ainsi en second lieu du secteur environnemental, porté par quelques règles qui tentent bien de répondre à la nécessaire protection de l'environnement. À l'épreuve des faits, l'Institution n'y répond que partiellement à des nécessités d'autant plus urgentes que les atteintes à l'environnement se sont souvent multipliées, en vue de placer sur le marché des produits qui seront vendus à un meilleur taux de profitabilité (Section 2).

Section 1 : Commerce international et enjeux culturels

Le plan Marshall avait eu pour but le relèvement des économies européennes ruinées par le second conflit mondial. Il devait aussi permettre aux produits américains de trouver des débouchés sur le marché européen. L'intérêt des États-Unis se conjuguait alors avec leur conviction profonde, exprimée dès le fameux discours du président Wilson en 1917[233], selon laquelle le libre-échange avait pour perspective réelle l'établissement de la paix. À cette époque, la première question qui fut posée, loin d'être secondaire, ouvrait le débat à propos d'une industrie culturelle majeure, par ailleurs largement soumise à l'hégémonie américaine, le cinéma.

[233] V. Margueritte, avortement de la SDN (1920 – 1936), Flammarion, 1936, p24-30 ; D. Gaurier, Histoire du droit international, PUR, 2014.

Le 28 mai 1948, les obligations de libéralisation contenues dans le plan Marshall conduisaient aux accords Blum-Byrnes[234] qui ouvraient le secteur cinématographique français à la concurrence américaine, avec tout de même l'édiction de quelques règles visant à garantir les intérêts français de ce secteur. Dans le climat propre à cette époque, alors qu'une grande partie de l'intelligentsia se reconnaissait dans le Parti communiste français, ces accords furent contestés, au motif qu'ils ruineraient le cinéma français. Ainsi, déjà à cette époque, les Américains demandaient la libéralisation de secteurs fondamentaux, tandis que les manifestants français militaient contre cette idée même. Dans un climat bien différent, le débat n'a pas aujourd'hui complètement changé de termes. Ce débat se résume en une question. Toutes les activités humaines doivent-elles être assujetties à la libre-concurrence ? En d'autres termes, peut-on au contraire mettre ces secteurs à l'abri de la concurrence internationale, en raison de leurs particularismes propres ?

Au sommet de la francophonie tenu à Maurice en octobre 1993, le président François Mitterrand déclarait : « Les créations de l'esprit ne sont pas des marchandises, les services de la culture ne sont pas de simples commerces ». Faisant écho à cette déclaration, le ministre de la Culture d'alors, Jacques Toubon, annonçait l'intention de la France de ne pas engager sa volonté sur une réorganisation mondiale des échanges si l'exception culturelle, en l'occurrence l'exemption audiovisuelle, n'en faisait pas partie intégrante[235]. Les États-Unis n'étaient pas sur la même longueur d'onde, ils estimaient devoir ne pas approuver ladite réorganisation si l'audiovisuel n'était pas inféodé aux disciplines du GATT[236]. Aux yeux du gouvernement américain, l'industrie audiovisuelle ne se différenciait en rien des autres industries et devait donc obéir aux règles du commerce international. Ces conceptions différenciées allaient refaire surface lors de la négociation de l'Accord multilatéral sur l'investissement (AMI) qui entendait assujettir l'audiovisuel, parmi d'autres domaines, aux règles commerciales internationales. Il se dessinait alors deux conceptions dissemblables de l'audiovisuel et de la culture (paragraphe1) qui a conduit à réserver à l'industrie audiovisuelle, au moins pour l'instant, une situation particulière (paragraphe 2).

---

[234] J. Portes, Les origines de la légende noire des Accords Blum-Byrnes sur le cinéma, RHMC, Avril-Juin 1986, p314-329 ; J-P. Jeancolas, L'arrangement Blum-Byrnes à l'épreuve des faits, RHC, n° 13, décembre 1992.

[235]Le figaro, 14 septembre 1993, p1 & XII.

[236] S. Regourd, L'audiovisuel et le GATT : pour un questionnement juridique de « *l'exception culturelle* », Legipresse, n° 106, novembre 1993, p106.

Paragraphe 1 : Union européenne, États-Unis et audiovisuel

Le secteur audiovisuel est devenu fortement créateur d'emplois. Les secteurs de la culture et de la création représentent près de 4,5 % du produit intérieur brut (PIB) européen et 3,8 % de la main-d'œuvre de l'Union européenne, soit 8,5 millions de personnes[237]. Sur l'ensemble du territoire américain, le secteur occuperait près de 3 millions de personnes. L'audiovisuel n'est pas une industrie comme les autres. Ce sont des industries porteuses de sens. Elles le sont tellement qu'elles ont été jadis au cœur des propagandes mises en place par des régimes totalitaires. Aujourd'hui, elles sont encore un enjeu majeur, même si c'est dans de tout autres conditions. Certes ni les idéologies ni les gouvernements ne peuvent aujourd'hui vraiment prétendre soumettre l'ensemble des industries audiovisuelles, mais ce sont encore ces industries qui représentent la principale source d'information : elles nous renseignent factuellement sur notre monde comme sur sa nature profonde. L'audiovisuel « joue un rôle considérable dans le développement et la transmission des valeurs sociales et influence non seulement ce que les gens voient, mais aussi la manière dont ils comprennent ce qu'ils voient[238] ». La réalité rejoint d'ailleurs ici le désir, l'image ne sera pas seulement l'image de notre vie, mais aussi de ce que nous voudrions qu'elle fût. La domination d'un seul État sur un secteur aussi stratégique est susceptible de donner à celui-ci des moyens considérables pour imposer ses valeurs, son mode de vie, ses goûts et ses couleurs, dans la perspective d'une mondialisation qui rimerait avec uniformisation. Telle est la perspective que rejetait l'Union européenne et avec elle la France (A) dans un débat qui s'était aussi ouvert aux États-Unis (B).

A) Les contours d'une politique audiovisuelle communautaire.

La culture tient un rôle et une place privilégiée en Europe. De l'Antiquité à nos jours, en passant par la Renaissance, souverains et Républiques n'ont eu de cesse de soutenir les arts, du mécénat le plus ancien aux subventions actuelles[239]. Cette tradition séculaire est à la fois le cœur d'une civilisation, mais en même temps la raison profonde du rayonnement de l'Europe dans le monde[240]. Or aujourd'hui, l'audiovisuel est le médium dominant : un

---

[237] Commission européenne, Culture et audiovisuel, 2014, 12 p.

[238] M. Oreja, L'ère numérique et la politique audiovisuelle européenne, Commission européenne, 1998, p5.

[239] J. Riguaud, L'exception culturelle : singularité française ou modèle européen ? Etudes, décembre 1997, p601.

[240] L'attention particulière portée à ce secteur expliquerait la renommée culturelle de la France, sans commune comparaison avec sa place dans le système commercial multilatéral. Voir, J. Rigaud, L'exception culturelle : culture et pouvoirs sous la

Européen moyen y consacre entre trois et quatre heures par jour. Ce secteur joue un rôle central, c'est lui dorénavant qui tranche les questions de goût et qui est au cœur des identités culturelles ; d'où l'obligation pour les pays africains par exemple d'assurer une continuité territoriale du son et de l'image. L'audiovisuel « fait partie intégrante non seulement de la façon dont nous nous voyons par rapport à la collectivité dans laquelle nous sommes insérés, mais aussi de la manière dont nous comprenons cette collectivité »[241]. Ce secteur est devenu un repère dans un monde marqué par une uniformisation culturelle.

C'est fort de cette conviction que l'audiovisuel n'est pas une marchandise comme les autres, que les Européens défendent leurs industries en tentant de s'opposer, non pas au cinéma et aux programmes américains de télévision, mais à ce qui conduirait à une progressive américanisation de la culture européenne. L'affirmation mériterait bien sûr d'être nuancée comme le remarquait le Centre d'information et de recherche sur la culture et la liaison documentaire en Europe[242], les Européens ont souvent européanisé la culture américaine, l'ont adaptée à leurs goûts et à leurs traditions. Néanmoins, dans une logique strictement capitaliste, le risque existe, on l'a vu avec la crise du cinéma italien, anglais ou allemand, qu'une concentration extrême des moyens de production aux États-Unis, principalement en Californie, ne conduise de facto à une disparition des autres industries de l'image dans le monde, les artistes des autres continents étant refoulés dans leur « *underground* ». À l'heure de la montée en puissance des industries cinématographiques en Extrême Orient, en Amérique Latine et aussi dans une certaine mesure en Afrique, le risque est sans doute moins grand aujourd'hui. Pour ce qui la concerne, l'Europe n'en reste pas moins placée devant le même défi.

Que la culture soit ainsi un enjeu majeur pour les sociétés ne fait pas de doute, que le rayonnement culturel des nations milite en faveur d'une politique audiovisuelle dynamique n'est pas moins discutable. Tout cela, en revanche, ne permet pas d'éluder les considérations d'ordre économique. Le marché audiovisuel mondial est porté par la croissance du marché européen. L'accroissement de la fréquentation des salles de cinéma en Europe

---

Vème république, Grasset, 1995, 298 p ; M. Fumaroli, L'État culturel : une religion moderne, De Fallois, 1991, 305 p ; Z. Laïdi, Sens et puissance dans le système international, in Z. Laïdi, L'ordre mondial relâché : sens et puissance après la guerre froide, Presse de la FNSP & Berg, 1992, p17-18.

[241]M. Oreja, op.cit. p9.

[242]La lettre de CIRCLE (Centre d'Information et de Recherche sur la Culture et la Liaison Documentaire en Europe), le GATT, la culture et la politique audiovisuelle européenne, n° 2, 1 er trimestre 1996, p9.

expliquerait cette tendance commerciale qui profiterait avant tout à l'industrie cinématographique américaine, les producteurs européens faisant face à de réelles difficultés de distribution, particulièrement à l'étranger.

Les politiques publiques de soutien à l'audiovisuel ont résulté d'un double impératif, défendre une culture et promouvoir un secteur économique, et elles se sont traduites par la mise en place d'un certain nombre d'instruments incitatifs ou protecteurs. Le 3 octobre 1989 est édicté la directive du Conseil 89/552/CEE visant à la coordination de certaines dispositions législatives, réglementaires et administratives des États membres relatives à l'exercice d'activité de radiodiffusion télévisuelle, communément appelée directive « télévision sans frontière [243]». Dans le but de contribuer à l'affirmation des langues et des cultures européennes, elle commandait avec une certaine flexibilité aux organismes de radiodiffusion et de télévision d'accorder aux œuvres européennes une proportion majoritaire de leur temps de diffusion, conformément aux articles 4 et 5. La directive du Parlement européen et du Conseil en date du 30 juin 1997[244], modifiant la directive 89/552/CEE, n'allait en rien changer ce système des quotas qui accordait une préférence générale aux œuvres européennes. En 2007, la directive sur la télévision sans frontières a subi des modifications pour devenir la directive sur les services de médias audiovisuels, elle a été codifiée en 2010 pour couvrir tous les services de médias audiovisuels, télévision traditionnelle et vidéo[245]. En décembre 1990, on adoptait le programme Média (mesure pour encourager le développement de l'industrie audiovisuelle européenne) dont le dernier volet a pris fin en 2013. Il se voulait un outil de soutien à l'industrie européenne du film et de programmes de télévision, avec en arrière-plan la volonté de multiplier les échanges intraeuropéens. En ce sens, il visait à améliorer les conditions de la production, stimuler les investissements financiers, rendre optimales la distribution et la promotion de films et développer les capacités productives en la matière dans les pays de l'Union européenne très peu équipés à cette fin. Lancé officiellement en 2013, le programme Europe créative a pris la suite de ce programme Média. Il complétera, entre autres, les financements nationaux afin de renforcer le cinéma européen, d'améliorer la circulation des nouveaux films et de rendre le secteur de l'audiovisuel plus compétitif. L'Union européenne investira ainsi 1,46 milliard d'euros au cours de la période 2014-2020 dans les secteurs de la culture et de l'audiovisuel. Il

[243]JOCE, n° L298 du 17 octobre 1989, p23.

[244]Directive 97/36/CE, JOCE, n° L202, 30 juillet 1997, p60-70.

[245] Directive 2010/13/UE du Parlement européen et du Conseil du 10 mars 2010 visant à la coordination de certaines dispositions législatives, réglementaires et administratives des États membres relatives à la fermeture des services de médias audiovisuels, JO L95 du 15 avril 2010, p1-24.

faudrait par ailleurs tenir compte de la mise en place d'un cadre politique portant coopération en faveur de la culture, ceci par le biais de l'agenda européen de la culture adoptée en 2007, qui entend promouvoir la diversité culturelle ou la culture en tant que moteur de créativité et d'innovation. Ce dispositif doit se lire parallèlement avec le programme EURIMAGES du Conseil de l'Europe, établi en 1989, qui visait à subventionner la production et la coproduction de films européens.

C'est donc au regard de la spécificité de ce secteur qu'il faut comprendre le refus communautaire de soumettre ce secteur aux règles multilatérales. Les États-Unis en avaient-ils la même lecture ?

B) Les contours d'une spécificité américaine[246]

Aux États-Unis, aucun texte juridique ne peut revendiquer réglementer les nombreux films qui y sont importés. Cette libre concurrence ne doit pas interdire toute exploration de l'envers du décor. En effet, si le dynamisme tant créatif que financier du secteur audiovisuel américain se fonde sur la loi du marché, il n'interdit en rien l'appui de l'administration aux industries culturelles. Cet interventionnisme dissimulé se double d'un système fiscal qui encourage le mécénat, ce dont profite le secteur en termes de soutien à la réalisation de films. Par ailleurs, la libre concurrence n'exclut en rien le recours à une certaine forme de protectionnisme qui s'exprimerait sous la forme de quelques qualifications édictées par les radiodiffuseurs et les producteurs, l'idée sous-jacente étant en fait de tenir à l'écart de ce marché bien des productions européennes. Conséquence logique, ces derniers ne réalisent que 1 % de leurs recettes dans ce pays. Or les États-Unis réalisent 80 % du chiffre d'affaires du cinéma en Europe et 60 % de la fiction sur les chaînes de télévision. Quoi qu'il en soit, quels sont les ressorts de cette domination américaine ? Il est indéniable que la qualité des œuvres américaines et la puissance financière dont dispose le secteur y contribuent pour une bonne part. Par ailleurs, la mentalité américaine serait en elle-même un frein à la pénétration des œuvres étrangères : Il serait question d'un « protectionnisme comportemental[247] » où la préférence serait accordée aux films en version originale anglaise. L'hégémonie américaine serait aussi liée

---

[246] W. Merkin, politique commerciale et culture aux États-Unis d'Amérique : stratégie pour le futur, In UNESCO, Rapport mondial sur la culture : diversité culturelle, conflit et pluralisme, 2000, p71.

[247] B.Miyet, Les enjeux économiques généraux pour l'audiovisuel, In Actes du juriscope 93, L'audiovisuel et le GATT, PUF, 1995, p14-15

à la capacité des majors de vendre leurs œuvres, auparavant amortis sur le territoire américain, à un meilleur prix[248].

Pour autant, aux États-Unis même, l'audiovisuel ne se réduit pas à sa dimension économique. Le cinéma y est resté un art très populaire, la fréquentation des salles continue non sans que des complexes cinématographiques soient créés de jour en jour. Les plus grands artistes américains ont su dans des genres variés, du western classique à la comédie musicale, des sérials, ces fameux films à épisode des années 20, aux séries actuelles de télévision, donner une image authentique de la nation américaine, de son imaginaire, de son messianisme, et l'on devine encore derrière un appareil complexe où les firmes sont indépendantes, mais travaillent en synergie avec les autres forces de la société, que quelque part il existe bien une volonté de se servir d'un instrument idéal pour universaliser une vision du monde dont on a l'intime conviction depuis toujours qu'elle est supérieure aux autres. La perception différenciée que les États-Unis et l'Union européenne ont du rôle dévolu à l'audiovisuel explique la place particulière de ce secteur dans le système commercial multilatéral.

Paragraphe 2 : Règles commerciales multilatérales et audiovisuelles

Pour les Européens, les biens et les services culturels ont toujours eu une connotation particulière, ce sont « des créations qui enrichissent la vie culturelle de chaque peuple et son identité »[249]. C'est la raison pour laquelle ils se sont maintes fois opposés à ce que les règles applicables aux marchandises régissent le secteur culturel. En revanche, pour ce qui concerne les Américains, le droit international économique ne devait pas s'appliquer par segment. Cette ligne de démarcation aura conduit les Européens à faire de l'exemption culturelle une des conditions de la conclusion des accords portants réorganisation des échanges mondiaux (A). Tirant les leçons de ce résultat, les États-Unis vont élaborer toute une stratégie de contournement afin de libéraliser ce secteur (B). Au final, en ce secteur tiraillé entre deux conceptions diamétralement opposées, l'autonomie d'action des États restait préservée, sous l'œil d'un droit de l'OMC reformulé et flexible[250].

---

[248] A. Modot, Y a-t-il un choix ? Les pistes, le point de vue des professionnels, In Actes du Juriscope 93, op.cit., p95

[249] E. Jouannet, Qu'est-ce qu'une société internationale juste ? Le droit international entre développement et reconnaissance, A. Pedone, 2011, p177.

[250] D. Luff, Le droit de l'Organisation mondiale du Commerce : analyse critique, Bruylant, 2004, p1129-1145.

A) L'exemption culturelle au sein de l'OMC

L'audiovisuel et les autres biens culturels sont bien sous l'emprise des prescriptions de l'Accord général sur le commerce des services. Néanmoins, cet accord n'oblige en rien les États membres à libéraliser leurs mesures portant promotion du secteur audiovisuel. En effet, l'article VI de l'accord qui nous occupe maintenant précise seulement que « dans tous les secteurs où des engagements spécifiques seront contractés, chaque membre fera en sorte que toutes les mesures d'application générale qui affectent le commerce des services soient administrées d'une manière raisonnable, objective et impartiale ». Par ailleurs, si l'article XV appelle à la tenue de négociations en vue d'élaborer des disciplines multilatérales tendant à corriger les « effets de distorsion des subventions sur le commerce des services », il n'interdit pas aux États de maintenir des aides financières à la production, au sens où « ces négociations devaient tenir compte des besoins des membres, en particulier des pays en développement ». Malgré l'établissement d'un cadre juridique multilatéral portant promotion du commerce des services, l'Accord général sur le commerce des services offre la possibilité à un membre de « maintenir une mesure incompatible avec la règle du traitement de la nation la plus favorisée », conformément à son article II, paragraphe 2. Ce régime dérogatoire au principe général relatif à l'élimination des entraves au commerce international est renforcé par l'article II, paragraphe 3 de l'Accord général sur le commerce des services qui stipule que « les dispositions du présent accord ne seront pas interprétées comme empêchant un membre de conférer ou d'accorder des avantages à des pays limitrophes pour faciliter les échanges, limités aux zones frontières contiguës, de service qui sont produits et consommés localement ». Enfin, ce régime d'exception permet à chaque pays membre, à la suite de négociations successives « visant à réduire ou à éliminer les effets défavorables de certaines mesures sur le commerce des services », de se prononcer sur la libéralisation de ses secteurs des services[251]. Il faut bien reconnaître que l'article IV de l'Accord général relatif aux films cinématographiques n'avait pas ignoré la spécificité du secteur culturel en énonçant que « chaque Partie contractante peut établir et maintenir des réglementations quantitatives intérieures sur les films étrangers de façon à favoriser la projection de films d'origine nationale ». Et cet article d'ajouter au titre d'une certaine conciliation que « les contingents à l'écran feront l'objet de négociation tendant à en limiter la portée, à les assouplir ou à les supprimer ».

Quoi qu'il en soit, lors de la dernière réorganisation mondiale des échanges, la plupart des partenaires étaient traversés par un même

[251] Voir partie IV de l'AGCS portant sur une libéralisation progressive du secteur, particulièrement l'article XIX.

sentiment : la libéralisation des échanges ne devait pas empêcher une quelconque expression des différentes identités nationales, il fallait pour cela établir ce régime dérogatoire appliqué à la culture. On retiendra que l'Union européenne n'est pas tenue par les dispositions de l'Accord général sur le commerce des services portant sur l'audiovisuel ou les services culturels, précisément parce qu'elle n'avait pas déposé d'engagements de libéralisation de ses propres services. Le secteur a donc bénéficié d'un régime « d'exemption » ou a fait l'objet d'une « exclusion » du champ de l'OMC. On ne saurait donc dans ce cas parler « d'exception culturelle »[252]qui, dans le commerce international, se rattache à l'application des règles commerciales multilatérales à un secteur donné, sauf lorsqu'un pays membre éprouve la nécessité de sauvegarder certaines valeurs à l'aune de l'article XX de l'Accord général. En réalité, l'exemption culturelle introduite dans le droit de l'OMC aura satisfait très peu de partenaires[253]. Il en est résulté l'idée qu'il fallait un autre cadre pour discuter du statut juridique de la culture, l'UNESCO s'imposant à tous comme le cadre approprié.

Il est vrai qu'en 1972, elle adoptait la Convention sur le patrimoine mondial culturel et naturel. Toujours en 1972, à Stockholm, la conférence des Nations unies sur l'environnement et le développement allait conjuguer biodiversité et diversité culturelle. Lors du Sommet de la terre à Rio, en 1992, on avancera l'idée d'une préservation de l'équilibre des écosystèmes culturels ; tout en adoptant la convention sur la diversité biologique. En 1995, l'UNESCO énoncera l'idée de diversité créatrice[254]. En 2001, elle adoptait la déclaration universelle sur la diversité culturelle. Aussi, à la lumière de toute cette évolution, le 20 octobre 2005, l'UNESCO adoptait la convention sur la promotion et la protection de la diversité des expressions culturelles, entrée en vigueur le 18 mars 2007[255]. On y légitimait à l'article 1 (g) « la nature spécifique des activités, des biens et services culturels en tant que porteurs d'identité, de valeurs et de sens », tout en réaffirmant à l'article 1 (h) « le droit souverain des États de conserver, d'adopter et de mettre en œuvre la diversité des expressions culturelles sur leur territoire ». La reconnaissance de la diversité des expressions culturelles visait avant tout

[252] S. Regourd, op.cit., p107-110.
[253] P.Y. Laurent, la diversité culturelle et le droit international économique, thèse de droit, université de Reims, 21 novembre 2008.
[254] Rapport de la commission mondiale de la culture et du développement : notre diversité créatrice, (Ed) UNESCO, 1996.
[255] H. Ruiz-Fabri, la convention de l'UNESCO sur la promotion et la protection de la diversité des expressions culturelles : premier bilan et défis juridiques, société de législation comparée, 2010 ; Y. Theoret, David contre Goliath : la convention sur la protection et la promotion de la diversité des expressions culturelles de l'UNESCO, 2008.

à promouvoir et à sauvegarder les cultures et les politiques culturelles, le but étant de s'opposer à la domination d'une culture sur une autre. On peut soutenir avec Emmanuelle Jouannet que « face au caractère exponentiel d'une mondialisation homogénéisante, ce principe de diversité culturelle consacre à lui seul le divers et le singulier pour conjurer la répétition à l'identique d'un même modèle »[256].

La diversité des expressions culturelles porte en elle la reconnaissance de bien des cultures si longtemps marginalisées en partant du postulat qu'il n'existe pas un seul modèle de civilisation et de culture, tout au contraire une pluralité . L'Occident ne reconnaîtra cette diversité des cultures que bien tardivement. Pour donner des colorations humanistes à ses expéditions coloniales, il s'abritera derrière l'idée que l'humanité n'était gouvernée que par une seule culture, la sienne, ignorant délibérément le caractère premier de bien des cultures différentes de la sienne. Cette lecture particulière de la réalité sociale internationale affleure encore aujourd'hui dans le débat public, certains esprits restant convaincus de la clarté de l'histoire humaine. C'est oublier que la pluralité des cultures est véritablement la marque de fabrique de notre humanité, elle porte en elle notre profonde liberté de pensée et d'agir. Revirement de l'histoire, les cultures ancestrales font aujourd'hui l'objet de nombreuses études qui démontrent leur ancienneté et leur singularité. En cette année 2018, une exposition a eu lieu à Londres, au Royal Academy of Arts, offrant un panorama des arts dans le Pacifique. Elle a coïncidé avec le 250e anniversaire du premier voyage de Cook dans le Pacifique avec son cortège de remise en cause des civilisations autochtones. À l'européocentrisme culturel, il devient évident qu'il faille substituer la règle de l'égalité des cultures, précisément parce que rien n'y permet une quelconque gradation. Tout effort de classement serait voué à l'échec parce qu'une telle entreprise ne reposerait que sur des bases idéologiques et militantes. Comment avoir l'outrecuidance de connaître de toutes les cultures, alors qu'elles sont si nombreuses et diverses ? L'homme moderne habité par les connaissances scientifiques de son époque devra avant tout se délester de ses préjugés qui pourraient le conduire à faire valoir sa conception partisane de l'histoire de l'humanité.

Quoi qu'il en soit, n'ayant pu libéraliser complètement les services culturels dans le cadre de l'OMC, les États-Unis auront milité en faveur d'un accord d'investissement multilatéral exécutoire et indépendant.

---

[256] E. Jouannet, op.cit., p185.

B) L'Accord multilatéral sur l'investissement (AMI), une tentative avortée de libéralisation du secteur culturel

Avec l'accord multilatéral sur l'investissement[257], les parties à la négociation voulaient libéraliser les investissements[258]. Pour cela, l'investissement étranger devait obéir à quelques règles clés :

- Le traitement national qui exige de traiter les investisseurs et les investissements étrangers de façon non moins favorable que les investisseurs et les investissements nationaux.

- La clause et la nation la plus favorisée (MFN) qui fait obligation de traiter tous les pays étrangers et tous les investisseurs étrangers de la même façon.

- Les limitations freinant les conditions de performances auraient été proscrites. Il s'agit de lois qui exigent que les investisseurs remplissent certaines conditions s'ils veulent, par exemple, bénéficier d'exonérations fiscales ou d'autres aides gouvernementales.

- Une interdiction de l'expropriation de l'actif sans compensation. Elle aurait été immédiate et entière.

- Une interdiction des restrictions de rapatriement des bénéfices ou de mouvements de capitaux.

- Institution d'un organe de règlement des différends propre à l'AMI. Ce mécanisme aurait permis aux entreprises privées d'ester en justice contre les gouvernements et de demander une compensation financière si elles s'estimaient lésées par le comportement d'un État.

- Les dispositions de « recul » et « d'immobilisation » auraient incité les États à rayer de leur ordonnancement juridique toute mesure contraire aux règles de l'AMI.

---

[257] C'est en mai 1995 que débutent au sein de l'OCDE les négociations sur l'AMI ; Elles devaient se conclure en mai 1998, mais les polémiques sur son contenu (la culture particulièrement) et sa légitimité (pourquoi négocier cet accord de libéralisation de l'investissement étranger au sein de l'OCDE et non pas à l'OMC ?) auront empêché les parties à la négociation de parvenir à modus vivendi.

[258] C. Vadcar, le projet d'Accord multilatéral sur l'investissement : problématique de l'adhésion des pays du sud, JDI, 1998, p16-17 ; D. Johnston, L'Accord multilatéral sur l'investissement, ami ou ennemi ? Politique étrangère, n° 2,1998, p359-376.

L'Accord multilatéral sur l'investissement avait la prétention d'avoir une portée générale. Il entendait s'appliquer à tous les secteurs de la vie économiques. Il ne portait pas en lui de clause d'exception, de protection ou de sauvegarde des industries culturelles[259]. Les États-Unis y voyaient une opportunité visant à sortir du régime d'exemption à l'œuvre à l'OMC et donc de faire du secteur culturel un secteur économique comme un autre. Cet accord aurait vidé de son sens tout le dispositif de soutien à l'audiovisuel mis en place en Europe. En ce sens qu'avec cet accord, les Américains auraient par exemple pu bénéficier des avantages résultant du Fonds de soutien européen à l'audiovisuel, eu égard à la règle du traitement national.

Face à cette perspective, au début de l'année 1998, la France allait proposer l'insertion d'une *« clause d'exemption »* au sein de cet accord. En en faisant une condition sine qua non, il s'agissait pour elle de protéger toutes les politiques communautaires en ce domaine. Cette demande de « clause d'exemption culturelle » fut ainsi formulée : « aucune disposition du présent Accord ne peut être interprétée comme empêchant une Partie contractante de prendre toute mesure pour réglementer l'investissement d'entreprises étrangères et les conditions d'activité de ces entreprises, dans le cadre de politiques visant à préserver et promouvoir la diversité culturelle et linguistique sur son territoire ». Cette demande semblait avoir reçu un écho favorable : l'ancien secrétaire général de l'OCDE, Donald Johnston, pouvait ainsi proclamer que des « *listes d'exceptions spécifiques par pays seront annexées à l'AMI* ». Et de soutenir que « selon cette approche, l'AMI interdit toutes les restrictions à l'investissement, quel que soit le secteur, sauf dans les domaines dans lesquels les parties contractantes ont formulé une exception précise »[260]. Il ressortait de ce qui précède qu'il y aurait eu maintien du corpus juridique de l'OMC dans le domaine culturel. En conséquence, il n'y aurait pas eu d'atteinte à la politique culturelle de l'Europe. *On le sait, l'Accord multilatéral sur l'investissement ne restera qu'à l'état de projet.* Le débat relatif à la saisine imparfaite de certains domaines du commerce international par les disciplines de l'OMC ne s'arrêtait pas avec l'analyse qui précède. Ce débat se poursuit et se nourrit du rapport entre commerce et protection de l'environnement.

---

[259] C. Hubin, La culture dans l'accord multilatéral sur l'investissement : avancée en terrain miné, RDAI, 1998, n° 8, p957 ; UNESCO, op.cit., p81.
[260] D. Johnston, op.cit., p368.

Section 2 : commerce international et enjeux environnementaux[261]

Les incidences de l'approfondissement des échanges internationaux sur l'environnement n'ont pas toujours été cette urgence devenue cardinale aujourd'hui. Il n'est donc pas étonnant que l'Accord général sur les tarifs douaniers et le commerce comme l'Organisation mondiale du commerce n'aient apporté que des réponses partielles aux problèmes environnementaux. L'article XX de l'Accord général saisit la question environnementale au titre seulement des exceptions générales aux règles du commerce international, pour ce qui concerne la protection de la santé humaine, animale ou végétale et les ressources non renouvelables. L''OMC y fait référence en son préambule[262] comme en sa décision de Marrakech sur le commerce et l'environnement[263], avec une limite : les politiques environnementales ne sont saisies par l'Institution que lorsqu'elles impactent sur les échanges entre les membres. Elle ne peut donc en la matière imposer une quelconque obligation de comportement à ses membres.

Avec *l'accroissement du risque environnemental*[264], comme en témoignent les accidents des centrales nucléaires de Tchernobyl et de Fukushima, une concentration de gaz à effet de serre sans précédent, des records de température battus année après année, des pluies diluviennes ou des ouragans, la conscience collective s'est de plus en plus focalisée sur les questions écologiques. Il en est résulté que pour bien des États, il fallait établir une véritable passerelle entre commerce et environnement, afin que les « conditions écologiques de production d'une marchandise soient prises en compte pour déterminer sa respectabilité internationale et son droit de

---

261 J.P. Beurier, Droit international de l'environnement, A. Pedone, 2017, p505-523.

262 On peut ainsi y lire : « Reconnaissant que leurs rapports dans le domaine commercial et économique devraient être orientés vers le relèvement des niveaux de vie, la réalisation du plein emploi et d'un niveau élevé et toujours croissant du revenu réel et de la demande effective, et l'accroissement de la production et du commerce de marchandises et des services, tout en permettant l'utilisation optimale des ressources mondiales conformément à l'objectif de développement durable, en vue à la fois de protéger et préserver et de renforcer les moyens d'y parvenir d'une manière qui soit compatible avec leurs besoins et soucis respectifs à différents niveaux de développement économique. »

263 On peut ainsi y lire : « considérant qu'il ne devrait pas y avoir, et qu'il n'y a pas nécessairement, de contradiction sur le plan des politiques entre la préservation et la sauvegarde d'un système commercial multilatéral ouvert, non discriminatoire et équitable d'une part et les actions visant à protéger l'environnement et à promouvoir le développement durable d'autre part. »

264 J.P Marechal, Le prix du risque : L'économie au défi de l'environnement, Presses du CNRS, 1991, p 15-109.

circulation transfrontière »[265]. Il devait d'autant plus en être ainsi que les pays n'ayant pas de politiques protectrices de l'environnement accroîtraient l'attractivité internationale de leurs producteurs, en raison de la non-répercussion des coûts de la détérioration de l'environnement sur le prix du bien vendu, ce qui relèverait d'un dumping environnemental. En réalité, l'ordre international libéral restait encore fondé sur une exploitation des ressources en vue « d'obtenir un maximum de profit en un minimum de temps »[266]. Cette conception aura profondément affecté les équilibres climatiques. Elle aura, par ailleurs, porté atteinte à la biodiversité et fait courir l'idée que toute politique de développement était incompatible avec une politique portant protection de l'environnement. Or les menaces ne sont plus seulement axées sur la nature, elles se sont déportées sur l'homme lui-même. Alors, la conviction s'est peu à peu forgée que le développement économique devait se conjuguer avec la protection de l'environnement. Comment le système commercial multilatéral répond-il à cette problématique ? Les contradictions restent nombreuses et difficiles à surmonter (Paragraphe 1), ce qui appelle à une nécessaire harmonisation entre régulation du commerce et régulation de l'environnement (Paragraphe 2).

Paragraphe 1 : maximisation d'un avantage comparatif et protection de l'environnement

Il est soutenu que la libéralisation des échanges, si elle a réellement pour ambition finale de lutter contre le sous-développement et la pauvreté, devrait élever la protection de l'environnement au rang de priorité, tout en faisant émerger une économie environnementale. On doit tempérer cet allant, la réalité étant tout autre pour l'instant. L'objectif de tous les partenaires d'accroître leur bien-être s'est d'une certaine manière faite au détriment de la préservation de l'environnement, avec l'idée qu'il n'était qu'une variable d'ajustement, faisant peser en retour un risque sur l'avenir de l'humanité (A). Cet imaginaire d'un pouvoir illimité sur la nature aura suscité une prise de conscience collective sous la forme de législations nationales protectrices de l'environnement, non sans occasionner des contestations (B).

---

[265] J.C Fritz, Le développement comme système de domination de la nature et des hommes, in C. Apostolidis, G. Fritz, et J.C Fritz, L'humanité face à la mondialisation : droit des peuples et environnement, L'Harmattan, 1997, p 108.

[266] M. Fritz-Legendre, La protection de la Biodiversité en droit international et en droit comparé, vers un renforcement de la dimension préventive du droit de l'environnement, thèse de droit, Université de Bourgogne, 8 décembre 1997, p 103.

A) L'imaginaire d'un pouvoir illimité sur la nature

La croissance démographique et le progrès technique auront joué un rôle dans les assauts répétés contre l'environnement. Il n'en est pas moins vrai que l'action nuisible de l'homme sur la nature n'est pas récente. Il a été mis à jour par le laboratoire de glaciologie et de géophysique de l'environnement du CNRS, à Grenoble, une pollution atmosphérique par le plomb datant de l'antiquité, 2000 ans avant la révolution industrielle[267]. Il n'en est pas moins vrai par ailleurs que c'est bien la logique maximisatrice de l'ordre international libéral, tirant son origine de l'essor industriel du XIXe et XXe, qui aura saisi la nature comme un simple « *réservoir de ressources dans lequel on puise sans fin* »[268], débouchant sur l'idée qu'il fallait exploiter autant que possible les ressources naturelles sur le fondement d'un business plan largement préférentiel. Le but était d'acquérir les meilleures positions sur le marché mondial ; ignorant au passage les cris assourdissants de la nature. Et tout naturellement, c'est sur l'autel de la croissance à tout prix que 29 espèces de mammifères et 61 d'oiseaux ont été éliminées au XIXe siècle et 52 espèces de mammifères ainsi que 70 d'oiseaux entre 1900 et 1987. Les forêts tropicales des pays émergents d'Amérique latine, Chili par exemple, comme ceux du Sud-Est asiatique, Thaïlande, Indonésie ou Malaisie, ont payé un fort coût environnemental à l'aune des nécessités de développement économique ; les pays d'Afrique centrale n'étant pas en reste.

C'est au regard de « *la violence perpétrée contre l'environnement* » que va peu à peu s'opérer *un renversement des logiques* au profit de politiques portant protection de l'environnement. C'est à la lumière de cette violence qu'il faut appréhender les différentes conventions qui fondent le droit international de l'environnement[269]. À cet effet, il convient de citer, entre autres, la Convention de Londres sur la protection de la faune africaine de 1900 ; la Convention de Paris pour la protection des oiseaux utiles à l'agriculture de 1902 (renégociée en 1950) ; la Convention de Londres sur la préservation de la faune et de la flore à l'état naturel en Afrique de 1933 (entrée en vigueur en 1935 et remplacée par la Convention d'Alger de 1968) ; la Convention de Stockholm de 1972, la Convention de Rio sur la

[267] M. Romier, Lutte contre la pollution et libéralisme, In Journées d'étude sur la Génèse du droit de l'environnement, 10-11 décembre 1998, Université de Paris Sud.

[268] F. Ost, Peuples et écosystèmes : pour sortir de l'injuste milieu, in C. Apostolidis, G. Fritz, J.C Fritz, op. cit., p18.

[269] J.P. Beurier, op.cit., 628 p ; C de Klemm, Voyage à l'intérieur des Conventions internationales de protection de la nature, in M. Prieur, C. Lambrechts, Les hommes et l'environnement : quels droits pour le vingt et unième siècle ? Frisson-Roche, 1998, p611-651.

diversité biologique de 1992 ou la Convention de Paris sur les changements climatiques de 2015.

Il est des conséquences néfastes résultant de l'activité industrielle, les *externalités,* pollution par exemple, qui ne seront jamais dédommagées par l'entrepreneur. En ce sens, le bien vendu sur le marché n'emporte pas le coût lié à une détérioration de l'environnement. Et l'on comprend alors qu'il faudrait établir des règles portant constitution d'un droit international de la concurrence, car ceux qui ne respectent pas les dispositions protectrices de l'environnement pourraient, de la sorte, vendre à un meilleur taux de profitabilité, générant chez eux croissance et prospérité aux dépens des défenseurs de l'environnement. Pour égaliser ces conditions de la concurrence internationale, les économistes néoclassiques ont énoncé l'idée d'intégrer les externalités dans le prix du bien à l'origine de la détérioration de l'environnement : c'est *l'internalisation ;* d'où l'idée d'édicter une taxe couvrant le montant des externalités à la charge du pollueur ou l'idée de l'obliger à effectuer des opérations de dépollution.

La théorie néoclassique allait véritablement souscrire à l'obligation de satisfaire les besoins « *du présent sans compromettre l'aptitude des générations futures à couvrir leurs propres besoins* » qu'à la suite du rapport Brundtland[270] sur le développement durable lequel a énoncé « l'obligation de compenser en permanence l'utilisation du capital naturel par un investissement en capital reproductible »[271]. Le rapport Brundtland faisait ainsi émerger la notion de développement durable[272]. L'idée d'une exploitation sans mesure de l'environnement et aux fins de vendre à un meilleur taux de profitabilité allait progressivement céder la place à celle d'une exploitation raisonnable de la nature. Au frontispice de ce nouvel édifice, dans l'intérêt des contemporains et des générations futures, on pouvait ainsi lire que « protection de l'environnement et développement économique ne devaient plus s'opposer ».

La conférence de Stockholm allait s'inscrire dans la même perspective en reconnaissant « dans la préservation et l'amélioration de l'environnement, une nouvelle valeur sociale, digne de la protection du droit international [273]». La déclaration de Stockholm invitait à une utilisation durable des ressources

---

[270] Ce rapport de la Commission mondiale sur l'environnement porte le nom de l'ancien, Premier ministre de Norvège, Mme G.H Brundtland.
[271] J.P. Maréchal, op.cit., p79.
[272] S. Doumbe-Bille, Droit international et développement durable, in M. Prieur, C. Lambrechts, Les hommes et l'environnement : quels droits pour le vingt et unième siècle ? Frisson Roche, 1998, p245-267.
[273] S. Doumbé-Billé, op.cit., p248.

naturelles qui ne devait pas excéder « la capacité naturelle de régénération des écosystèmes ». La Conférence de Rio[274] allait quant à elle mettre fin à l'opposition entre protection de l'environnement et développement. En définitive, les violences perpétrées contre l'environnement auront eu ceci de profitable que l'on passera du concept *« d'environnement réservoir »* au concept *« d'environnement protecteur »* de l'humanité, ce qui en définitive allait solder l'opposition artificielle entre protection de l'environnement et nécessités de développement. Toutefois, la fin de cette dichotomie n'éludait pas le fait que certaines législations, en tentant de régir des faits environnementaux externes à leur territoire ou en privilégiant quelque peu leurs producteurs, allaient se révéler en contradiction avec l'ordre international libéral.

B) Le recours à quelques instruments de politique environnementale

Le droit international économique permet à chaque partenaire d'inféoder une quelconque importation au respect de normes environnementales, la réserve étant simplement que de telles politiques ne doivent pas être constitutives de discrimination ou de restrictions déguisées au commerce.[275] Partant de là et du concept « d'environnement protecteur », certains pays occidentaux ont eu recours à quelques instruments de politique environnementale. On s'en tiendra à titre d'illustration aux systèmes d'écoétiquetage qui entendent fournir aux consommateurs une information sur l'impact environnemental d'un produit. Cet impact est apprécié à l'aune « des effets d'un produit sur l'environnement tout au long de son cycle de vie, y compris au moment de sa production »[276]. Il est tenu compte pour cela des procédés et méthodes de production du dit bien[277] : il ne s'agit là que de tenir compte du processus de fabrication ou de transformation d'un produit, il ne s'agit là aussi que de tenir compte de l'incidence environnementale des modalités de prélèvement des ressources naturelles. On notera que le droit international économique s'oppose à toute différenciation entre produits similaires sur la base de leur procédé et méthode de production. En ce sens, l'article 5.1.1 de l'Accord sur les obstacles techniques au commerce (OTC) énonce ce qui suit : « les procédures d'évaluation de la conformité seront

[274] A. Kiss, S. Doumbé-Bille, la conférence des Nations-Unies sur l'environnement et le développement (Rio de Janeiro, 3-14 juin 1992), AFDI, 1992, p823-843.

[275] Voir articles XXb et XXI de l'Accord général, l'Accord sur les obstacles techniques au commerce (OTC), article XIV de l'annexe 1B sur le commerce des services ou l'article 8 de l'annexe 1C de l'accord ADPIC.

[276] M. Potier, les relations entre politiques commerciales et politiques de l'environnement, RFE, n° 4, automne 1997, p106.

[277] OCDE, Procédés et méthodes de production (PMP) : cadre conceptuel et étude de l'utilisation des mesures commerciales fondées sur les PMP, OCDE/GD(97) 137, 54 p.

élaborées, adoptées et appliquées de manière que les fournisseurs de produits similaires originaires du territoire d'autres membres y aient accès à des conditions non moins favorables que celles qui sont accordées aux fournisseurs de produits similaires d'origine nationale ou originaire de tout autre pays, dans une situation comparable ; … ».

Les pays du Sud y ont vu de manière générale une discrimination, une volonté des Occidentaux de réserver leurs marchés à leurs propres producteurs. Un exemple semble corroborer le fait que des mesures commerciales, visant à résoudre les problèmes d'environnement transfrontières, peuvent rigidifier l'accès à un marché. Avec l'édiction d'une loi sur l'essence en date du 15 décembre 1993, les États-Unis souhaitaient poursuivre leurs efforts d'assainissement de l'air dans certaines zones polluées de leur territoire, en réduisant les polluants atmosphériques issus de la combustion de l'essence. Pour ce faire, des contraintes de qualité furent imposées aux raffineurs, mélangeurs et importateurs. Le Venezuela et le Brésil contestèrent cette loi en arguant que l'essence importée était plus mal traitée que l'essence américaine. En d'autres termes, ils accusaient les Américains de discrimination. Les Américains allaient s'inscrire en faux contre ces allégations, au motif que la réglementation sur l'essence pouvait être justifiée au titre des exceptions prévues à l'article XX, paragraphe b), d), et g) de l'Accord général[278]. Le 20 mai 1996, l'organe de règlement des différends, saisi par les plaignants et après appel des États-Unis, condamnait ces derniers pour discrimination en les invitant à rendre la loi contentieuse conforme au droit de l'OMC.

D'une certaine manière, les pays en développement entendaient inféoder la protection de l'environnement à leurs nécessités de développement économique[279], l'idée étant d'accroître le bien-être de leurs populations. Cette volonté paraissait faire écho à l'article 3 du projet de résolution de l'Institut de droit international sur l'environnement en date du 2 février 1997 qui énonçait que « … tout être humain a le droit de vivre dans un environnement sain, ainsi que la portée de sa pleine réalisation est conditionnée par le degré de développement des collectivités humaines dans le cadre desquelles s'inscrit l'existence de chaque individu. Par conséquent, la réalisation effective du droit de vivre dans un environnement sain est subordonnée à la jouissance du droit au développement ». Par ailleurs, conformément au préambule du projet de résolution précité, chaque nation

[278] E. Robert, L'affaire des normes américaines relatives à l'essence : le premier différend commercial environnemental à l'épreuve de la nouvelle procédure de règlement des différends de l'OMC, RGDIP, n° 1, 1997, p91-139.
[279] E. Robert, L'articulation de l'environnement et du développement : la résolution de l'Institut de Droit international sur l'environnement, RBDI, n° 2, 1997, p522-532.

était libre de choisir le sentier qui lui permettait de protéger l'environnement, ceci de la manière suivante : « Ayant à l'esprit que la recherche de nouvelles réglementations en la matière conduit à considérer que tout progrès concernant la protection de l'environnement est lié à la considération des exigences du développement des collectivités humaines telles que déterminées par les pouvoirs souverains qui les gouvernent ; considérant par conséquent que toute codification concernant l'environnement doit sauvegarder la libre expression des impératifs de souveraineté légitime et que pour ce faire elle doit s'arrêter là où se manifeste un risque d'empiétement sur les pouvoirs souverains ». De plus, pour faire valoir leur défense, les pays du Sud pouvaient exciper le principe 11 de la déclaration de Rio aux termes duquel « les normes écologiques et les objectifs et propriétés de gestion de l'environnement devraient être fonction du contexte en matière d'environnement et de développement dans lesquels ils s'appliquent. Les normes appliquées par certains pays peuvent ne pas convenir à d'autres pays, et en particulier à des pays en développement, et leur imposer un coût économique et social injustifié ». Toutefois, l'Institut de Droit international adoptait le 3 septembre 1997 une résolution qui allait conjuguer protection de l'environnement et droit au développement, en des termes suivants : « La réalisation effective du droit de vivre dans un environnement sain doit être intégrée dans les objectifs du développement durable »[280].

La protection de l'environnement se marie peu avec des règles nationales qui la plupart du temps n'ont qu'une visée égoïste. Comment, alors, assurer cette protection de l'environnement, d'autant plus qu'elle se rappelle à nous en qualité d'un sujet de droit et comme un droit de l'homme ?

Paragraphe 2 : Multilatéralisme et protection de l'environnement

Le 12 décembre 2015, les 195 pays membres de la Convention-cadre des Nations unies sur les changements climatiques (CCNUCC) adoptaient l'accord de Paris sur le climat[281]. Ils reconnaissaient l'urgence d'une action multilatérale pour contenir les émissions de gaz à effet de serre. Les États-Unis acceptaient en cette occasion, avant que Donald Trump ne revienne sur leur engagement contractuel, de réduire leurs émissions de 26 à 28 % d'ici 2025 par rapport au niveau de 2005. La Chine, elle, était d'avis de diminuer le volume de ses émissions par unité de PIB de 60 à 65 % d'ici 2030 par

---

[280] In, Annuaire de l'Institut de Droit international, vol 67, II, 1998, p478.

[281] S. Maljean-Dubois, L. Rajamani, L'accord de Paris sur les changements climatiques du 12 décembre 2015, AFDI, 2015, p615-648 ; C. Bultheel, COP 21 : un succès qui marque la fin du commencement, point climat, n° 38, Institute for climate Economics (14 CE), décembre 2015.

rapport au niveau de 2005 et de porter la part des énergies non fossiles à 20 % de son bouquet énergétique d'ici 2030. L'Union européenne, quant à elle, acceptait de baisser ses émissions de 40 % d'ici 2030 par rapport au niveau de 1990. L'Inde, dans le même élan, était d'accord pour réduire son volume d'émission par unité de PIB de 33 à 35 % d'ici 2030 par rapport au niveau de 2005 et de porter la part des énergies fossiles à 40 % de son bouquet électrique d'ici 2030. La Russie allait baisser ses émissions de 25 à 30 % d'ici 2030 par rapport au niveau de 1990. L'Inde acceptait de réduire ses émissions de 26 % d'ici 2030 par rapport au niveau de 2013. L'accord de Paris marquait un changement de paradigme, pour ce qui concerne le renforcement des actions en faveur de la protection du climat. Il s'agissait en la circonstance de l'affirmation d'une volonté politique à l'échelon mondial visant à faire des enjeux environnementaux une priorité. Les pays membres de la convention-cadre des Nations unies sur les changements climatiques prenaient ainsi conscience des ravages de « *l'économisme libéral* »[282], en d'autres termes la finalisation économique de la nature, sur l'environnement.

La nature est devenue un sujet de droit, investi de revendications et d'obligations[283], ceci d'autant plus qu'une liaison s'est établie entre elle et la condition de l'homme, son bien-être physique, mental et social. Dans un rapport en date du 2 mai 2018[284], l'Organisation mondiale de la santé (OMS) estime que par an sept millions de morts sont causés par la pollution de l'air, trop chargé en particule fine. Ce sont les plus pauvres et les plus marginalisés qui en sont les plus affectés, renchérit le directeur général de l'OMS, Tedros Adhanon Ghebreysus. L'Afrique totalise près de 1 million de victimes, l'Asie du Sud-Est (dont l'Inde) et le Pacifique occidental (Chine comprise) sont impactés à hauteur de 2 millions de morts, le continent européen avec 500 000 morts et les États-Unis avec 300 000 victimes sont les moins touchés. La pollution de l'air est devenue un « facteur de risque majeur des maladies non transmissibles ». Les effets du changement climatique impactent aussi sur les ressources naturelles et leur répartition ; ce qui ne serait pas sans provoquer des guerres civiles avec en perspective un effondrement de bien des États : un auteur soutient que « le changement climatique peut constituer un grave défi pour la stabilité des États »[285]. le président du Conseil de sécurité des Nations unies, saisissant les enjeux sécuritaires liés à la préservation de l'environnement, fera la déclaration

[282]G. Girardi, Capitalisme, écocide, génocide : le cri des peuples indigènes, in, C. Apostolidis, G. Fritz, JC. Fritz, op.cit., p60.

[283] Ost, La nature hors la loi : l'écologie à l'épreuve du droit, La découverte, 1995, 346 p.

[284] Le Monde, 3 mai 2018, p9.

[285] C.E. Werrell, F. Fenia, Avec le changement climatique, la menace de nouveaux conflits, courrier de l'UNESCO, n° 2, avril-juin 2018.

suivante : « le Conseil de sécurité a conscience des effets néfastes des changements climatiques et écologiques, entre autres facteurs, sur la stabilité de l'Afrique de l'Ouest et de la région du Sahel, et notamment de la sécheresse, la désertification, la dégradation des sols et l'insécurité alimentaire, et souligne que face à ces facteurs , il importe que les gouvernements et les organismes des Nations unies adoptent des stratégies appropriées d'évaluation et de gestion des risques ».[286] Le droit de l'homme à un environnement sain et à la sécurité porte en elle la nécessité d'établir un lien entre commerce et protection de l'environnement, ce qui s'est illustré par la conclusion de quelques accords internationaux environnementaux (A) et ce qui par ailleurs ne pouvait manquer d'apostropher l'OMC (B).

A) Les Accords environnementaux multilatéraux[287]

L'utilisation de mesures commerciales par certains États en vue d'apporter des réponses aux problèmes environnementaux ne s'est pas faite sans crispation. Aussi, la solution a été en partie de recourir aux accords environnementaux de portée mondiale. Les émissions à l'échelle mondiale de certaines substances pouvant appauvrir et modifier la couche d'ozone avec le risque d'effets néfastes sur la santé et l'environnement ont conduit à l'édiction du *protocole de Montréal relatif aux substances qui appauvrissent la couche d'ozone,* en date du 16 septembre 1987. Il interdit le commerce de substances qui portent atteinte à la couche d'ozone, les chlorofluorocarbones par exemple. Cette prohibition est d'effet entre parties et non-parties à l'accord, la finalité étant bien entendu d'éviter un contournement des prescriptions énoncées à raison de délocalisation d'activités dans les pays non signataires.

L'accroissement du commerce mondial des produits dangereux avec son corollaire d'atteintes à la santé humaine et l'environnement devaient se traduire par l'édiction d'un code portant régulation de la gestion de ces déchets. Il en est résulté la *Convention de Bâle sur le contrôle des mouvements transfrontières de déchets dangereux et leur élimination*[288]. Il y est ainsi énoncé que « chaque partie prend les dispositions voulues pour veiller à ce que la production de déchets dangereux et d'autres déchets à l'intérieur du pays soit réduite au minimum, compte tenu des considérations sociales, techniques et économiques », conformément à l'article 4.2a) de

[286] Conseil de Sécurité, 30 janvier 2018, S/PRST/2018/3.

[287] W. Lang, les mesures commerciales au service de la protection de l'environnement, RGDIP, n° 3, 1995, p545-566.

[288] Elle a été adoptée le 22 mars 1989. Elle est entrée en vigueur le 5 mai 1992. E. Moïse, La Convention de Bâle sur les mouvements transfrontières de déchets dangereux, RGDIP, 1989, p899-906.

ladite convention. En outre, elle donne une liberté à chaque partie pour prohiber l'importation et l'exportation de déchets dangereux, même à destination d'États non partis[289]. Par ailleurs, l'expédition de déchets dangereux doit faire l'objet d'une notification préalable entre les signataires. Cette convention instaure en outre le principe de proximité en énonçant en son préambule que « les déchets dangereux ou autres déchets devraient dans toute la mesure où cela est compatible avec une gestion écologiquement rationnelle et efficace, être éliminés dans l'État où ils ont été produits ».

À la lumière de l'extinction de certaines espèces vivantes, une surexploitation commerciale y contribuant pour une bonne partie, la communauté internationale a été amenée à protéger certaines espèces de la faune et de la flore sauvage. C'est ainsi que le 3 mars 1973 à Washington fut adoptée la *Convention sur le commerce international des espèces de faune et de flore sauvages menacées d'extinction*. Elle est entrée en vigueur le 1er juillet 1975. Elle vise, par l'institutionnalisation d'un modèle de permis pour l'importation, l'exportation et la réexportation, à réglementer le commerce international des espèces dont le risque d'extinction est plus que probable. Toutefois, cette réglementation a fait l'objet d'une gradation, eu égard à la vulnérabilité différenciée des espèces à protéger. Ainsi, le commerce des espèces menacées d'extinction, éléphants et rhinocéros, est-il interdit. En revanche, le commerce des espèces menacées d'extinction dans un avenir proche est admis, mais à des conditions très restrictives ; une autorisation devant être consentie.

On retiendra que pour surmonter les contrariétés éventuelles entre les dispositions des accords environnementaux multilatéraux et le corpus juridique de l'Organisation mondiale du commerce, il a été admis que toutes les mesures commerciales prises en vertu de ces accords devaient être justifiées[290]. Le recours à des mesures commerciales pour protéger l'environnement n'est pas resté de la seule compétence des accords environnementaux multilatéraux, l'Institution s'en est aussi préoccupée.

---

289 Exprimant des doutes quant à l'effectivité de la protection offerte par ladite Convention, les pays africains adopteront à Bamako, Mali, le 30 janvier 1991, une *Convention sur l'interdiction d'importer des déchets dangereux et le contrôle de leurs mouvements transfrontières en Afrique*. Voir, F. Ouguergouz, La Convention de Bamako sur l'interdiction d'importer en Afrique des déchets dangereux et sur le contrôle des mouvements transfrontières et la gestion des déchets dangereux produits en Afrique, AFDI, 1992, p871-884.

290 OMC, Comité du commerce et de l'environnement, renforcement des synergies et de la complémentarité entre les AEM et l'OMC, Rapport de synthèse, contribution du PNUE, WT/CTE/W/213, 12 juin 2002.

B) L'OMC au prisme de la protection de l'environnement[291]

La nécessité de protéger l'environnement ne se reflète pas de manière absolue dans le droit de l'Institution. Les interactions entre protection de l'environnement et commerce international « *se trouvent bien au-delà des horizons envisagés par les responsables politiques, lors des négociations du GATT* », a pu soutenir un auteur[292] , tant il est vrai que les règles de l'Institution n'en tiennent compte qu'à la lumière de quelques exceptions. Plus précisément, la protection de l'environnement y prend la forme de mesures relatives à la protection de la santé et de la vie des personnes ou de la conservation des ressources naturelles épuisables, conformément aux articles XX. b et g de l'Accord général. Ces exceptions générales ne doivent pas être appliquées « de façon à constituer un moyen de discriminations arbitraires et injustifiées entre les pays où les mêmes conditions existent », elles ne doivent pas non plus être constitutives de « restrictions déguisées au commerce international ». Pour autant, il faudrait qu'il n'existe pas « d'autres mesures compatibles, ou moins incompatibles, avec l'Accord général que la partie contractante pouvait raisonnablement être censé employé pour atteindre les objectifs de sa politique de santé »[293].

Sans qu'il soit besoin de recourir aux exceptions de l'article XX de l'Accord général, un État peut édicter des règles protectrices de l'environnement en se fondant sur d'autres prescriptions issues du système commercial multilatéral. Le principe de non-discrimination n'interdit en rien par exemple d'édicter une écotaxe à la frontière, pourvu simplement que son montant corresponde à celui qui frappe le produit national similaire. Le respect des règles de concurrence permet à un État membre de recourir à des réglementations douanières et intérieures pour protéger l'environnement. Il en est ainsi de l'article XI de l'Accord général qui, tout en interdisant les restrictions quantitatives aux échanges, ne s'étend pas aux « prohibitions ou restrictions à l'importation ou à l'exportation, nécessaires pour l'application de normes ou réglementations concernant la classification, le contrôle de la qualité ou la mise en vente de produits destinés au commerce international », ceci conformément à son paragraphe 2.b).

---

[291] T. Bouangui, la protection de l'environnement et l'Organisation mondiale du Commerce : nature des rapports et perspectives d'harmonisation, thèse de droit, université de Reims, 2001.

[292] L. Boisson de Chazournes, R. Desgagné, C. Romano, Protection internationale de l'environnement, Recueil d'instruments juridiques, A. Pedone, 1998, p819.

[293] Rapport du Groupe Spécial « Thaïlande – Restrictions à l'importation et taxes intérieures touchant les cigarettes », 7 novembre 1990, IBDD, suppl., n° 37, p239, paragraphe 75.

On se souvient que l'Accord sur les subventions et les mesures compensatoires procède à une catégorisation des subventions de la manière suivante : les subventions prohibées (dite catégorie rouge), les subventions aux effets éventuellement défavorables (dites catégorie orange) et celles autorisées (catégorie verte), en raison de leur absence d'effets de restriction ou de distorsion. En se basant sur la dernière catégorie, « les aides visant à promouvoir l'adaptation d'installations existantes à de nouvelles prescriptions en faveur de l'environnement » sont admises : ces subventions doivent être « ponctuelles, non récurrentes, ne pas couvrir le coût du remplacement et de l'exploitation de l'investissement ayant bénéficié de l'aide, être directement liées et proportionnées à la réduction des nuisances et de la pollution prévue par l'entreprise tout en ne couvrant pas une économie qui pourrait être réalisée sur les coûts de fabrication et offertes à toutes les entreprises » ; ceci conformément à l'article 8, paragraphe 2c de l'accord précité. On se rappelle aussi que l'Accord sur l'agriculture, en son annexe 2, paragraphe 12, exempte de réduction les mesures de soutien interne au titre de programmes de protection de l'environnement. Une nouvelle fois, ces mesures ne doivent pas avoir d'effets de distorsions sur les échanges ou avoir un effet nul ou minime sur la production comme le postule le paragraphe 1 de ladite annexe 2. Le même souci de protection de l'environnement semble guider l'Accord sur l'application des mesures sanitaires et phytosanitaires. En effet, en son article 2, il dispose que « les membres de l'OMC feront en sorte qu'une mesure sanitaire et phytosanitaire ne soit appliquée que dans la mesure nécessaire pour protéger la santé et la vie des personnes et des animaux ou préserver les végétaux, qu'elle soit fondée sur les principes scientifiques et qu'elle ne soit pas maintenue sans preuve scientifique suffisante ». Tout ce mécanisme n'est valide que pour autant qu'il reste conforme au principe de non-discrimination et qu'il ne constitue pas « une restriction déguisée au commerce international », comme l'énonce le paragraphe 3 de l'article 2 dudit accord.

L'Accord sur les obstacles techniques au commerce (OTC), en son préambule et en son article 2, paragraphes 2 à 5 permettent à un membre de prendre des mesures nécessaires à la protection de la santé et de la vie des personnes et des animaux, à la préservation des végétaux, à la protection de l'environnement, en tenant compte des données scientifiques et techniques disponibles. Et cet accord de préciser que ces mesures ne doivent pas être appliquées « de façon à constituer un moyen de discrimination arbitraire ou injustifiable entre des pays où les mêmes conditions existent et elles ne doivent pas constituer une restriction déguisée au commerce international ». Pour ce qui est de l'Accord sur les aspects des droits de propriété intellectuelle qui touchent au commerce, en son article 8, il souscrit au même objectif en permettant aux membres « d'adopter des mesures nécessaires pour protéger la santé publique et la nutrition », à condition que ces mesures respectent le principe de non-discrimination. Enfin, l'accord OMC en son préambule stipule dans le même élan que « les rapports des membres dans le domaine commercial devraient être orientés vers l'accroissement de la production et du commerce des marchandises et des services tout en permettant l'utilisation optimale des ressources mondiales conformément à l'objectif de développement durable, en vue à la fois de protéger et préserver l'environnement et de renforcer les moyens d'y parvenir d'une manière qui soit compatible avec leurs besoins et soucis respectifs à différents niveaux de développement économique ». On rappellera que la décision sur le commerce des services et l'environnement adoptée, à Marrakech en avril 1994, avait considéré « qu'il ne devrait pas y avoir, et qu'il n'y a pas nécessairement, de contradictions sur le plan des politiques entre la préservation et la sauvegarde d'un système commercial multilatéral ouvert, non discriminatoire et équitable d'une part et les actions visant à protéger l'environnement et à promouvoir le développement durable d'autre part. ».

Environnement et politique commerciale ne sont plus antinomiques et l'OMC essaie d'en tenir compte. Le système commercial multilatéral doit aujourd'hui surmonter une autre difficulté, la création quasi exponentielle de groupements régionaux.

Chapitre 2 : droit du commerce multilatéral et intégrations économiques régionales[294]

Lors de la 73e Assemblée générale des Nations unies, le 25 septembre 2018, le président Emmanuel Macron a proposé de forger un nouveau modèle, un nouvel équilibre mondial, en fait un monde post-américain. Il entend y parvenir par le renforcement des coopérations régionales, tout en suggérant de « construire un nouvel humanisme contemporain » fondé sur le multilatéralisme, réponse aux maux de la mondialisation (inégalités, crise migratoire, terrorisme..). Il en venait en réalité à admettre que le paysage international oscillait entre mondialisation de l'économie et régionalisme. Ce dernier est si attractif que tous les membres de l'Institution sont parties prenantes à un accord commercial régional, qu'il s'agisse d'accords commerciaux bilatéraux, de vastes unions douanières ou d'accords commerciaux transnationaux. L'Union européenne peut en être un exemple emblématique. Le régionalisme européen s'est répandu au-delà des frontières européennes. Le 28 février 1975, elle initiait une politique qui allait permettre aux produits de quarante-six pays d'Afrique-Caraïbes-Pacifiques d'accéder préférentiellement et sans réciprocité à son espace. Le système de préférences commerciales de l'Union européenne vise par ailleurs l'espace méditerranéen ou celui de l'Europe centrale et orientale.

Pour ne s'en tenir qu'à l'Afrique, l'idée de création des groupements régionaux tire son origine du mythe des États-Unis d'Afrique, né avec les indépendances. À l'occasion de la première conférence des peuples noirs tenue à Accra en 1958, Kwamé Nkrumah, Premier ministre du Ghana, défendit le projet d'une unité immédiate du continent africain. Il allait proposer la mise en place d'un gouvernement central africain, avec pour objectif de mettre fin aux frontières héritées de la colonisation. Pour ce qui le concerne, les différences ethniques, de culture et de langue qui traversaient le continent n'étaient en définitive nullement fondamentales[295]. Soutenu par les représentants du Maroc, de la Tunisie, de l'Égypte, de la Libye, du Soudan-Khartoum et de l'Éthiopie, le Ghana entendait déjà initier une politique africaine commune. À Casablanca, du 3 au 7 janvier 1961, ce groupe de pays progressistes et maximalistes dans leur vision du devenir du continent, alimenté par la Guinée Conakry, le Mali et le gouvernement

---

[294] H. Gherari, Les accords commerciaux préférentiels, Larcier, 2013, 268 p ; S. Haddad, Les intégrations économiques régionales et le nouvel ordre mondial, Thèse de droit, Université de Paris V, 1 997 597 p ; OMC, Rapport sur le commerce mondial 2011 ; l'OMC et les Accords commerciaux préférentiels : de la coexistence à la cohérence, 256p.

[295] Kwamé Nkrumah, l'Afrique doit s'unir, Payot, 1961.

provisoire de la République algérienne, élaborait une charte politique. À Monrovia, du 08 au 12 mai 1961, quelques vingt États modérés faisaient valoir une autre vision en préférant une simple coopération interétatique à une intégration continentale immédiate. À ces deux visions de l'intégration continentale, les présidents Barthélemy Boganda de la République centrafricaine et l'abbé Fulbert Youlou du Congo opposaient leur propre conception : une intégration passant par les regroupements sous régionaux. Le premier était favorable à la création des États-Unis d'Afrique latine, le second pour les États-Unis d'Afrique centrale. Jaloux de leurs indépendances et de ce fait incapables de dégager un dénominateur commun sur les grandes questions, les plus réalistes avancèrent l'argument selon lequel la faiblesse des solidarités africaines n'ouvrait pas la voie à une quelconque délégation de compétences à un gouvernement continental.

À la lumière de ce diagnostic, l'Organisation de l'unité africaine fut créée en 1963 afin de lutter contre le colonialisme et de consolider l'espace étatique importé de l'occident[296]. L'incapacité de celle-ci à opposer un bouclier aux maux qui minaient déjà le continent conduisit à son remplacement par un nouvel ordre juridique, l'Union africaine, entrée en vigueur le 26 mai 2001 avec pour finalité l'intégration politique, sociale et économique[297]. L'approfondissement de l'intégration sur le continent africain a conduit, le 21 mars 2018, à Kigali, quarante-quatre pays africains à mettre en place une zone de libre-échange continentale (ZLEC), le Nigéria ne contractant pas. L'enjeu est de réduire la pauvreté en apportant des réponses aux quatre cents vingt millions d'Africains qui vivent dans l'extrême pauvreté, soit le tiers de la population du continent, pour cela en soutenant la croissance en raison entre autres de la promotion des échanges commerciaux interafricains qui ne représentent que 16 % du total des échanges commerciaux de l'Afrique contre 70 % pour l'Europe ou 54 % pour l'Amérique du Nord[298]. À côté de ces ingénieries gravitent des sous-ensembles régionaux africains qui se caractérisent aujourd'hui par leur diversité et, pour certains d'entre, par une « mise en sommeil ».

---

[296] JF. Bayart, L'Etat en Afrique, Fayard, 1989 ; B. Badie, L'État importé : essai sur l'occidentalisation de l'ordre politique, Fayard, 1992.

[297] B. Okiemy, approche comparative des constructions européenne et africaine, in Afrique et Europe : néocolonialisme ou partenariat, acte du colloque de la fondation Gabriel Péri, Dakar, 24-26 janvier 2008, p129-137 ; S. Dujardin, l'Union africaine : un ordre juridique panafricain refondé par des États en quête de nations, Thèse de droit, Paris I, 30 mars 2007.

[298] Sur les enseignements à tirer d'une intégration profonde en Afrique, voir OMC, Rapport sur le commerce mondial 2011, p151.

Les questions économiques et commerciales sont dorénavant au centre de toute formulation d'une quelconque politique étrangère et elles peuvent être à l'origine de biens des crispations entre les États, l'administration Trump en fait tous les jours la démonstration. Les groupements régionaux ne se détachent pas de cette vérité. Par l'institution d'un périmètre préférentiel d'échanges, ils peuvent aussi contribuer à la même crispation par leur propension à contrebalancer le multilatéralisme. Comment articuler de ce fait le régionalisme et le multilatéralisme des échanges ? La recherche d'une articulation symbiotique entre ces deux pôles, tels que deux aimants, n'a d'intérêt que parce que le multilatéralisme et le régionalisme recouvrent des réalités controversées (Section 1) qui, face à la volonté d'assurer le primat du multilatéralisme, nécessitent que l'on mette face à face les polarités adéquates, ce qui induit une approche prudente (Section 2).

Section 1 : Une réalité controversée

En parcellisant le commerce international, le régionalisme affaiblirait le multilatéralisme et, dans le même élan, en permettant plus facilement l'adoption de politiques plus larges et plus profondes, il offrirait peu de contrariété avec le système commercial multilatéral. Un auteur a ainsi pu soutenir que « les rapports entre le système commercial multilatéral incarné par l'OMC et son droit d'une part, et les accords commerciaux préférentiels d'autre part, ne sont pas simples à appréhender [299]». Avec cette amodiation à l'esprit, il semble que le multilatéralisme comme le régionalisme poursuivent le même objectif, celui de la libéralisation des échanges (Paragraphe 1). Cette convergence des objectifs visés se heurte à l'épreuve de la réalité qui fait jaillir l'idée d'une conciliation difficile entre multilatéralisme et régionalisme (Paragraphe 2).

Paragraphe 1 : Une convergence des objectifs

La libéralisation des échanges est inscrite au frontispice de l'Institution. Cette entreprise transparaît aussi au travers les objectifs visés par le régionalisme qui pour cela a élargi les domaines sous son emprise, tout en construisant un cadre institutionnel opérationnel répandant aux enjeux du commerce international (A). Cette entreprise de libéralisation des échanges s'est par ailleurs poursuivie par l'obligation imposée aux regroupements régionaux de se conformer au droit de l'OMC (B).

[299] H. Gherari, Les Accords commerciaux préférentiels, Larcier, 2013, p182.

A) Un élargissement du champ de compétences doublé d'un cadre institutionnel opérationnel

Les accords de Marrakech ont considérablement élargi les domaines qui dorénavant sont sous l'emprise des règles commerciales multilatérales. À la place d'un système exclusivement basé sur les échanges de marchandises, on a préféré un système à vocation universelle qui s'est emparé de nouveaux secteurs générateurs de croissance (services, services financiers, télécommunication, propriété intellectuelle, mesures d'investissements liées au commerce). Manifestement, les acteurs du commerce international souhaitaient éviter que la non-subordination de ces domaines aux règles commerciales multilatérales entrave la libre circulation des biens. Les groupements régionaux ont emprunté le même sentier, dans la mesure où ils ont accru le champ des domaines relevant de leur autorité. On constate ainsi « une propension à l'élargissement de leur domaine d'application. Il s'agit notamment d'aborder des questions commerciales non encadrées par l'OMC, mais aussi non commerciales »[300], qu'il s'agisse de la saisine du fait social, du commerce transfrontière des services, des télécommunications ou de l'agriculture par l'anciennement Accord de libre-échange nord-américain ou plus généralement de la protection de l'environnement par les groupements régionaux[301]. Pour sceller le marché intérieur, l'acte unique européen aura aboli les barrières non tarifaires, la finalité aura été d'assurer une libre circulation des services, des capitaux, des biens et des personnes. Par ailleurs, la lutte contre les obstacles structurels au commerce, abus de position dominante ou collusions[302], aura été prise en compte par les accords régionaux. Le droit européen de la concurrence est à cet égard emblématique de ce cheminement.

À l'image du système commercial multilatéral, les groupements régionaux se sont aussi dotés d'une assise institutionnelle, contribution à l'application effective des règles mutuellement convenues par tous. À titre d'exemple, on peut citer l'Union européenne où les obstacles aux échanges peuvent être déférés devant le juge communautaire, dans sa mission de gardienne des traités. Avec des dispositions institutionnelles et de règlement des différends, l'Accord de libre-échange nord-américain entendait, à l'image du système commercial multilatéral, assurer une plus grande

---

[300] H. Gherari, op.cit., p146.

[301] OCDE, L'environnement et les accords commerciaux régionaux, Paris, 2007.

[302] J. C. Gouga, Analyse économique des collusions : étude des critères de contrôle des collusions oligopolistiques, thèse de sciences économiques, Université de Reims, 1999.

prévisibilité et une large sécurité des échanges[303]. Au sein du forum de coopération économique de l'Asie-Pacifique (APEC), la volonté d'approfondir la libéralisation des échanges aura débouché sur la mise en place d'une structure opérationnelle, la réunion des ministres des Affaires étrangères et du Commerce (RMAEC). Le MERCOSUR est aussi servi par un cadre institutionnel. Les chefs d'État se réunissent lors de sommets. L'Institution est portée par un Conseil des ministres des États membres et par un organe exécutif, simple émanation des gouvernements des pays partenaires. La convergence des objectifs entre le multilatéralisme et le régionalisme s'apprécie par ailleurs à la lumière de la certification que devraient obligatoirement recevoir les groupements régionaux.

B) Une obligation de conformation au droit de l'OMC

Les accords préférentiels doivent répondre à quelques conditions pour être déclarés conformes au droit de l'OMC. En ce sens, la création d'une union douanière ou d'une zone de libre-échange doit « faciliter le commerce entre les territoires constitutifs et non opposer des obstacles au commerce avec d'autres parties contractantes », conformément à l'article XXIV, paragraphe 4, de l'Accord général. Il en résulte, à la lumière de l'article précité et en son paragraphe 5a et b, que les droits de douane et les réglementations commerciales appliqués lors de l'établissement d'une union douanière ou maintenus dans chaque territoire constitutif d'une zone de libre-échange ne doivent pas être « d'une incidence générale plus élevée » qu'avant la mise en place de ladite union. Le mémorandum d'accord sur l'interprétation de l'article XXIV de l'Accord général sur les tarifs douaniers et le commerce de 1994, en sa mission de clarification des critères et des procédures d'évaluation des accords préférentiels, précise en son paragraphe 2 que « l'évaluation de l'incidence générale des droits de douane et autres réglementations commerciales applicables avant et après l'établissement d'une union douanière se fera sur la base d'une évaluation globale des taux de droits moyens pondérés et des droits de douane perçus ». Cela dit, aux termes de l'article XXVIII de l'Accord général, modification des listes, si le regroupement régional procédait à une hausse de ses droits de douane consolidés, « toute autre partie à l'accord régional en sa qualité de principal fournisseur » serait en droit de revendiquer une réduction compensatoire des droits sur d'autres produits. À défaut d'obtenir gain de cause, sur le fondement de l'article précédent, les pays tiers pourraient recourir à des mesures de rétorsion en retirant leurs concessions tarifaires « substantiellement équivalentes négociées primitivement ». Ces accords

303 D. Turp, L'Accord de libre-échange nord-américain et sa procédure générale de règlement des différends, AFDI, 1992, p808-822.

préférentiels ne doivent pas pénaliser les pays tiers en procédant à un détournement des échanges, mais bien au contraire en créer[304]. En ce sens que de tels accords devraient avoir pour objet de faciliter le commerce et dans toute la mesure du possible éviter que des effets défavorables n'en résultent pour le commerce d'autres pays, conformément au préambule du mémorandum d'accord cité plus haut en son paragraphe 4.

Au terme du paragraphe 8.a) de l'article XXIV de l'Accord général, « les droits de douane et les autres réglementations commerciales restrictives doivent être éliminés pour l'essentiel des échanges commerciaux entre les parties prenantes à l'accord préférentiel, ou tout au moins pour l'essentiel des échanges commerciaux portant sur les produits originaires de ces territoires ». Pour cela, le Mémorandum d'accord sur l'interprétation de l'article XXVI de l'Accord général de 1994 dispose en son préambule que « l'expansion du commerce mondial serait plus grande si avec de tels accords l'élimination des droits de douane et des autres réglementations commerciales restrictives s'étend à tout le commerce en n'excluant pas un secteur majeur du commerce international ». Dans la mesure où cela serait nécessaire, il est possible de recourir à des restrictions au regard des articles XI (restrictions quantitatives), XII (restrictions destinées à protéger l'équilibre de la balance des paiements), XIII (application non discriminatoire des restrictions quantitatives), XIV (exceptions à la règle de non-discrimination), XV (dispositions en matière de change) et XX (exceptions générales du GATT).

Conformément au paragraphe 7 du Mémorandum d'accord sur l'interprétation de l'article XXIV du GATT 1994 et en écho au paragraphe 7 de l'article XXIV de l'Accord général, le projet d'établissement d'une Union douanière ou d'une zone de libre-échange doit être notifié au « Conseil du commerce des marchandises qui pourra adresser aux membres les recommandations qu'il jugera appropriées », le but étant de s'assurer de leur compatibilité avec le droit de l'OMC. Le passage à l'union douanière ou à la zone de libre-échange peut nécessiter un délai raisonnable. Il ne devrait pas, quoi qu'il en soit, excéder dix ans, ceci à la lumière du mémorandum d'accord précité en son paragraphe 3. Pour tenir compte de cette élasticité, il est préconisé de recourir aux accords provisoires « comprenant un plan et un programme », ceci à l'aune de l'article XXIV, paragraphe 5c de l'Accord général. Ces accords provisoires peuvent donner lieu à des recommandations, s'ils ne sont pas « de nature à conduire à l'établissement

---

[304] Analysant les incidences économiques des accords commerciaux préférentiels, les travaux de Jacob Viner, dès 1950, avaient déjà relevé ce double effet. Voir OMC, Rapport sur le commerce mondial 2011, l'OMC et les accords commerciaux préférentiels : de la coexistence à la cohérence, p100.

d'une union douanière ou d'une zone de libre-échange dans les délais envisagés », conformément à l'article XXIV, paragraphe 7 b) de l'Accord général. Dans le cas contraire, ces accords provisoires bénéficient d'une présomption de validité. Il convient de rappeler que ces recommandations sont adoptées à la majorité des votes, en concordance avec l'article XXV, paragraphe 4 de l'Accord général. Toutefois, il est possible « par une décision prise à la majorité des deux tiers d'approuver les accords préférentiels qui ne seraient pas entièrement conformes aux conditions susmentionnées et qui conduiraient finalement à la réalisation d'une union douanière ou d'une zone de libre-échange », ceci à la lumière de l'article XXIV, paragraphes 10 de l'Accord général.

Le 14 décembre 2006, le Conseil général a établi un nouveau mécanisme pour la transparence des accords commerciaux régionaux. Lors de la dixième Conférence ministérielle de l'OMC tenue à Nairobi en 2015, les membres de l'Institution se sont accordés pour en faire un mécanisme permanent. Il porte en lui deux dimensions. *La première prévoit une annonce préalable.* Les membres qui envisagent d'engager des négociations relatives à la conclusion d'un accord commercial régional (ACR) sont conviés à en informer le secrétariat de l'OMC. Les membres qui viennent de conclure un nouvel accord commercial régional devraient aussi en faire état au secrétariat de l'Institution, en prenant soin d'indiquer son intitulé officiel, sa portée, la date de sa signature, le calendrier prévu pour son entrée en vigueur ou son application provisoire, tous les renseignements non confidentiels. *La seconde dimension porte sur la notification des accords commerciaux régionaux (ACR)* à l'OMC. Cette notification devrait intervenir le plus rapidement possible, il est conseillé de le faire immédiatement après la ratification de l'accord commercial régional par les parties prenantes. Par ailleurs, la notification doit indiquer le lien de rattachement juridique de l'accord commercial régional avec les accords OMC. Les parties prenantes doivent enfin communiquer le texte intégral de l'accord à l'Institution. À la suite de cette notification, l'accord commercial régional sera examiné par les membres de l'Institution, dans un délai d'un an à compter de ladite notification. En outre, toutes les modifications ayant impacté la mise en œuvre ou le fonctionnement d'un accord préférentiel devront être adressées à l'OMC. À la fin de la période de mise en œuvre d'un accord commercial régional, les parties prenantes sont invitées à soumettre à l'Institution un rapport écrit sur la réalisation des engagements de libéralisation énoncés dans l'accord commercial régional.

S'il est tentant, avec ce qui précède, d'affirmer que le multilatéralisme et le régionalisme partagent le même objectif, il faut bien reconnaître qu'ils peuvent aussi se révéler antagonistes.

Paragraphe 2 : Une divergence des réalités

La relation multilatéralisme / régionalisme est polyforme et de ce fait difficile à saisir. Il n'en est pas moins vrai qu'à l'épreuve des faits, on assisterait à une certaine régionalisation du commerce international, le régionalisme agissant comme un facteur contrariant le multilatéralisme (A). En même temps, ce dernier se nourrirait du régionalisme qui représenterait le sentier adéquat vers la sanctification du multilatéralisme (B).

A) « Le régionalisme, ancrage de la mondialisation commerciale »

On assisterait à une régionalisation du commerce international[305]. Il a été souvent soutenu que les groupements économiques régionaux étaient susceptibles de créer des détournements d'échanges aux profits des parties prenantes, sous la forme d'une réduction des exportations à destination du périmètre préférentiel ; alors même que paradoxalement les entreprises sont aujourd'hui dans l'obligation d'adopter une stratégie mondiale pour produire à de faibles coûts. Le commerce intrarégional représentait 50 % des échanges mondiaux en 1993. En Europe occidentale, il représentait 70 % des échanges, alors que ce chiffre n'était que de 53 % en 1958. Les autres régions ont connu une hausse de la part du commerce intrarégional, toutefois dans une moindre mesure. La mondialisation des échanges prendrait le plus souvent la forme d'une régionalisation, comme en témoigne ce qui suit[306]. La région Afrique–Moyen-Orient a moins développé ses échanges intrarégionaux, ils se limitent à 12 % du commerce total de la zone. En Asie-Océanie, ce pourcentage est de 55 %, quand il est de 48 % en Amérique. Les échanges à l'intérieur de la région Europe-CEI représentaient 29 % du commerce mondial en 2011. Les échanges au sein de la région Asie-Océanie auront progressé pour atteindre 17 % du commerce mondial en 2011. Les échanges au sein de la région Afrique-Moyen Orient demeurent faibles et représentent 1 % du commerce mondial. Les échanges interrégionaux croissent dès lors que l'Asie-Océanie est impliquée. On notera que le poids du commerce entre l'Amérique et l'Europe-CEI a été divisé par deux, 7 % en 2011 contre 14 % en 1967.

Les règles d'origine édictées par les groupements économiques régionaux pourraient, peut-être, expliquer cette régionalisation du commerce international. Elles portent en elles l'obligation de fabriquer localement et de respecter les règles sur la provenance des produits. Le respect de ces

---

305 T. De Monbrial, P. Jacquet, Ramsès (97), Synthèse annuelle de l'évolution du monde, IFRI, 1998, p240-245.

306 D. Ünal, la géographie du commerce mondial : 1967-2011, Panorama du CEPPII, n° 2014-A-01, janvier 2014, 12 p.

conditions détermine la libre circulation des marchandises au sein du périmètre préférentiel, sans droits de douane. Cet ancrage régional s'expliquerait en outre par le fait que les accords commerciaux régionaux donneraient naissance à une communauté régionale d'intérêts qui à son tour fortifierait les courants économiques intra régionaux. L'équilibre des relations internationales en viendrait à être remodelé ; d'où un cheminement possible vers une logique de rivalités économiques, ce qui interpelle sur la capacité de l'OMC à régler les conflits. Dans un monde où la mondialisation est par ailleurs quasi-synonyme de fragilités et de déséquilibres, les intégrations régionales seraient la voie vers une recherche d'autonomie collective et une sécurité collective que peut-être ne propose pas le multilatéralisme, rangé par les tentatives de repli. Le régionalisme réduirait l'insécurité juridique et l'imprévisibilité qui président quelque peu à l'échange international, en témoigne le rôle joué par le droit de la concurrence communautaire en matière de facilitation d'accès aux marchés. Le risque existe donc qu'une préférence accordée au régionalisme conduise à faire douter de la capacité de l'OMC à réguler le commerce international[307]. Les rapports entre multilatéralisme et régionalisme ne sont pas que divergents, les accords préférentiels peuvent aussi être ces « laboratoires d'expérimentations » du multilatéralisme.

B) Le régionalisme, cercle d'initiation au multilatéralisme

Les accords commerciaux régionaux seraient l'antichambre du multilatéralisme, un terrain d'expérimentation sur ce qui est attendu à une plus grande échelle. Ils ouvriraient la voie à une libéralisation des échanges au plan mondial. L'objectif des parties prenantes à un accord commercial régional est de s'en servir comme un levier de croissance. Elles entendent se servir des dotations factorielles de la zone pour renforcer leur compétitivité et donc y vendre à un meilleur taux de profitabilité, y compris à l'extérieure du périmètre préférentiel. À raison d'une insertion réussie dans la nouvelle division internationale du travail, elles n'imaginent donc pas renier leur participation à la libéralisation des échanges au niveau mondial.

Les accords commerciaux régionaux feraient prendre conscience des enjeux de l'interdépendance, ce qui amènerait les parties prenantes à moins de résistance pour approfondir les relations économiques internationales. Ces accords seraient en fait le lieu même où les différents partenaires s'initieraient au multilatéralisme. Les politiques de libéralisation des échanges menées au niveau régional seraient ainsi plus facilement

[307] I. Bernier, le nouveau visage de l'intégration économique en Amérique : vers une régionalisation du GATT ? In, SFDI, op.cit., p123-140.

transposées sur le plan multilatéral, un dénominateur commun s'étant déjà dégagé auparavant. Le champ de compétence de certains accords régionaux est beaucoup plus large que celui de l'OMC ; renouvelant au passage la problématique de l'universalité matérielle de l'Institution.

L'interaction multilatéralisme / régionalisme balance entre convergence et divergence, alors quel canal pourrait emprunter cette relation pour préserver le primat du multilatéralisme ?

Section 2 : Une approche prudente

L'approfondissement de la mondialisation tempérerait l'intérêt porté au régionalisme. De là, l'idée que le multilatéralisme resterait encore la meilleure option pour accroître le bien-être des populations. Il offrirait les meilleures garanties en termes d'accès aux marchés extérieurs et le meilleur contrepoids aux rapports de force que cherchent à imposer les grandes puissances dans les relations internationales. Il en est ainsi, comme l'avait soutenu Emmanuel Macron lors de son discours à l'Assemblée générale des Nations unies le 19 septembre 2017, « parce que le multilatéralisme, c'est la règle de droit, c'est l'échange entre les peuples, c'est l'égalité de chacune et de chacun d'entre nous, c'est ce qui permet de construire la paix et de relever chacun de nos défis ». Le primat du multilatéralisme ainsi posé incite à s'interroger sur la pertinence des accords régionaux à l'ère de l'OMC (Paragraphe 1). De la réponse qui suivra, on verra que le système commercial multilatéral offre un cadre juridique qui répond aux inquiétudes ayant présidé à la création de ces ensembles ; autant dire que l'Institution porte en elle un corpus juridique qui peut organiser cette convergence (Paragraphe 2).

Paragraphe 1 : Les contours discutés d'une tension vers le régionalisme

Les accords commerciaux régionaux répondent à de nombreux objectifs. Les préoccupations d'ordre politique, le désir de réciprocité et la recherche d'une plus grande sécurité juridique paraissent les plus essentiels[308]. Ces motivations qui pouvaient se justifier avant la refonte du système commercial multilatéral, du fait d'une application différenciée et contestée des règles du commerce international, sont aujourd'hui quelque peu discutées. De là, on se demandera si le facteur politique et le désir de réciprocité ayant présidé à la création des groupements économiques sont

[308] OMC, Rapport sur le commerce mondial, 2003, p51.

encore d'actualité (A) et si face à la juridicisation du système commercial multilatéral, on peut encore y arguer de l'absence de sécurité juridique (B).

A) La réponse à des considérations politiques et économiques[309]

Le recours à un accord commercial régional peut se fonder sur des considérations politiques. Il peut alors s'agir de vouloir consolider la paix et de renforcer la sécurité régionale. La première idée serait alors d'enraciner les options démocratiques choisies par les uns et les autres. La seconde idée serait, par le biais du renforcement des liens économiques, de rendre la guerre improbable entre les partenaires. La construction communautaire peut en être un exemple caractéristique. L'acte institutif de l'association des nations d'Asie du Sud-Est (ANASE), intervenu à Bangkok le 8 août 1967 autour de l'Indonésie, de la Malaisie, des Philippines, de Singapour et de la Thaïlande, avait avant tout pour objectif le maintien de la stabilité politique de ses partenaires face à la hantise d'une menace communiste incarnée alors par Hanoi et ses soutiens, Moscou et Pékin[310]. C'est bien « ce péril communiste » qui aura été le dénominateur commun de ce regroupement régional, il aura été à l'origine de la formation de cette identité régionale. Les parties prenantes étaient hantées par l'idée que l'effondrement du Vietnam, suivant la théorie des dominos, conduirait automatiquement à la chute du Cambodge, du Laos et de la Thaïlande.

En se basant sur l'analyse économique, deux raisons peuvent présider à la création des ensembles régionaux. La première raison est fondée sur la « théorie de l'optimum de second rang » qui repose sur la nécessité d'accroître le bien-être national et mondial, en levant pour cela les obstacles au commerce ; ce qui est plus facile à réaliser sur le plan régional que sur le plan multilatéral. Il s'agit alors, avec l'abaissement de ces obstacles au commerce, de tirer profit de l'accroissement des échanges dans le périmètre préférentiel ; ce que n'offrirait pas un abaissement limité des obstacles au commerce dans un cadre multilatéral. La seconde raison serait de maintenir une compétitivité « défaillante » des parties prenantes à l'accord régional face à des concurrents plus efficaces et vendant à un meilleur taux de profitabilité au plan international, le regroupement régional venant d'une certaine manière ériger des obstacles à l'entrée de produits tiers plus concurrentiels. Plus spécifiquement, pour les pays en développement, la participation à un accord commercial régional serait un moyen de défense commercial avec l'objectif de ne pas être tenu à l'écart des gains que peut générer un marché attractif, la perspective réelle étant de sortir du sous-développement.

---

[309] OMC, Rapport sur le commerce mondial 2011, p94.

[310] Politique étrangère, ASEAN : 50 ans d'une expérience singulière, n° 2, 2017.

Les relations internationales économiques oscillent entre conflit et coopération, la recherche d'une position dominante étant une clé de voûte ; le recours aux accords préférentiels procède alors du souci de s'assurer cette clé de voûte.

B) La réponse à des considérations de sécurité juridique[311]

La certitude d'accéder à un marché, sans qu'il vous soit opposé subitement un quelconque obstacle, est un facteur incitatif pour les investissements et, le cas échéant, cela permet à un pays de se mettre sur le sentier portant création de richesses. Le groupement régional offrirait cette assurance. Il mettrait les parties prenantes à l'abri des tentations de remise en cause des résultats mutuellement négociés au niveau multilatéral, avec en perspective des restrictions en termes d'accès à un marché. La refondation du système commercial multilatéral s'est aussi basée sur des considérations de sécurité juridique. On le sait, l'Institution porte en elle une procédure contraignante et automatique de règlement des différends, qui assure la force obligatoire des règles régissant l'accès au marché mondial. Il est énoncé à l'article 3, paragraphe 2 du Mémorandum d'accord sur les règles et procédures régissant le règlement des différends que ce système est un élément essentiel pour garantir la sécurité et la prévisibilité du système commercial multilatéral. Et le Mémorandum d'ajouter qu'il a pour objet de préserver les droits et les obligations des membres et de clarifier les dispositions des accords OMC, conformément aux règles coutumières d'interprétation du droit international public. La procédure de règlement des différends de l'OMC entend rendre les politiques commerciales et économiques plus transparentes et plus prévisibles. C'est la raison pour laquelle, en cas de différend entre membres, ceux-ci doivent engager entre deux des consultations dans le but de parvenir à un compromis. Il est donc admis que l'on puisse saisir l'organe de règlement des différends sur la compatibilité d'un accord commercial régional avec l'article XXIV de l'accord général, c'est bien ce qui ressort de l'affaire *Turquie-Textile*[312].

Par ailleurs, le mécanisme d'examen des politiques commerciales répond aussi à cette recherche de sécurité. Il a pour objet, soutient l'Institution, « de contribuer à ce que tous les membres respectent davantage les règles, disciplines et engagements définis dans les accords commerciaux multilatéraux et, le cas échéant, dans les accords commerciaux plurilatéraux, et donc à faciliter le fonctionnement du système commercial multilatéral, en permettant une

---

311 A. Dunkel, Le rôle essentiel, mais souvent oublié du GATT : promouvoir des politiques prévisibles et l'ajustement interne des économies, in Mélange offert à Henri Rieben, 1991, p139-147.

312 OMC, Rapport de l'organe d'appel, Turquie-Restrictions à l'importation de produits textiles et de vêtements, 22/10/1999, WT/DS34/AB/R, paragraphe 58.

transparence accrue et une meilleure compréhension des politiques et pratiques commerciales des membres. En conséquence, le mécanisme d'examen permet d'apprécier et d'évaluer collectivement, d'une manière régulière, toute la gamme des politiques et pratiques commerciales des divers membres et leur incidence sur le fonctionnement du système commercial multilatéral. Il n'est toutefois pas destiné à servir de base pour assurer le respect d'obligations spécifiques découlant des accords ni pour des procédures de règlement des différends ni à imposer aux membres de nouveaux engagements en matière de politique ». L'information sur les politiques commerciales menées par les membres de l'OMC devient in fine un facteur de lisibilité et de transparence du système commercial multilatéral. L'Institution définit plus précisément la transparence comme la « mesure dans laquelle les politiques et pratiques commerciales, ainsi que le processus qui conduit à leur mise en place, sont ouverts et prévisibles[313] ». Cette transparence est un gage essentiel de sécurité et en conséquence un facteur d'affirmation du multilatéralisme. Ce mécanisme devient d'autant plus essentiel que la prolifération des accords commerciaux régionaux et ce faisant leur chevauchement pourraient porter atteinte à la transparence des règles commerciales.

La transparence assurée par ce mécanisme porte sur quatre éléments essentiels de l'élaboration des politiques économiques[314] : description claire de la nature des politiques et des mesures, justification ou objectifs de ces politiques et mesures, dépenses engagées ou recettes fiscales sacrifiées pour leur mise en œuvre et enfin évaluation économique de leur efficacité par rapport à d'autres solutions viables dans la réalisation des objectifs visés. Les examens des politiques commerciales nationales sont du ressort de l'organe d'examen des politiques commerciales (OEPC), qui a le même rang que le Conseil général. Cet examen se fait sur la base de deux documents : un exposé de la politique générale établi par le gouvernement intéressé et un rapport détaillé préparé par le secrétariat de l'OMC. Ces deux rapports et le compte rendu des débats de l'OEPC font ensuite l'objet d'une publication.

L'OMC apparaît ainsi habitée par une mission essentielle : garantir la sécurité économique internationale en contrôlant les politiques menées par les États membres et en sanctionnant les atteintes à son corpus juridique. Par ailleurs, sur d'autres plans, l'Institution semble ouvrir la voie à une plus grande convergence entre multilatéralisme et régionalisme.

---

[313] A. de Nanteuil, La transparence en droit international : réflexions sur une exigence encore incertaine, AFDI, 2015, p822.
[314] OMC, Rapport sur le commerce mondial, 2007, p177.

Paragraphe 2 : Les contours d'une convergence entre multilatéralisme et régionalisme

Le multilatéralisme et le régionalisme sont habités par le même songe, celui d'un commerce international délesté de ses contraintes et créateur de richesses. Il est vrai que la libéralisation des échanges sur un plan régional n'aura pas été outre mesure un obstacle à l'ouverture des marchés sur un plan multilatéral. On considère même que le régionalisme a été un facteur d'accélération de la libéralisation des échanges. Le régionalisme doit donc rester ouvert et ne pas être une cause de détournement d'échanges, il ne doit pas ériger des obstacles non nécessaires au commerce en demeurant en convergence avec le droit de l'OMC (A). Cette quête d'harmonie invite les accords commerciaux régionaux à l'image des Accords de partenariat économique (APE) [487] à être un facteur d'intégration des parties prenantes dans le système commercial multilatéral (B).

A) Des Accords commerciaux préférentiels compatibles avec le droit commun de l'OMC

L'interprétation et l'application des prescriptions de l'article XXIV de l'Accord général n'auront pas permis d'assurer la compatibilité de certains accords commerciaux régionaux avec le droit commun de l'OMC. L'Institution pouvait ainsi observer que « plus d'une cinquantaine de groupes de travail réunis antérieurement pour examiner différentes unions douanières ou zone de libre-échange n'avaient pas été en mesure d'adopter à l'unanimité des conclusions sur la compatibilité des accords en question avec l'Accord général. D'un autre côté, aucun de ces accords n'avait été expressément désapprouvé ». Et l'Institution d'observer une nouvelle fois que « les efforts accomplis pour parvenir à une certaine précision et pour obtenir que les arrangements futurs soient coulés dans le moule de l'article XXIV se sont révélés être ... un échec, voire un fiasco. Les accords d'intégration régionale dont le GATT a été saisi ne satisfaisaient pas aux critères énoncés à l'article XXIV et, face au conflit, c'est le GATT qui a cédé et non les groupements régionaux ». À titre d'exemple, il n'y a jamais eu d'accord sur la compatibilité du traité de Rome avec l'article XXIV de l'Accord général. Il est vrai que cette certification aura été quasi exceptionnelle : à titre d'illustration, on citera l'accord d'union douanière entre l'Union sud-africaine et la Rhodésie du Sud ou l'Union douanière entre la République slovaque et la République tchèque.

---

[487] J.F Sempéré, les Accords de partenariat économique : un chemin critique vers l'intégration régionale et la libéralisation des échanges, Note de l'IFRI, novembre 2008.

Pour améliorer la cohérence entre les accords commerciaux régionaux et le multilatéralisme, plusieurs solutions ont été préconisées : accélération de l'ouverture multilatérale du commerce, correction des lacunes du cadre juridique de l'OMC, adoption d'une approche plus souple en complément du cadre juridique existant et la multilatéralisation du régionalisme[315]. Pour l'instant, la réalité est tout autre, cette obligation de compatibilité aura été, par exemple, battue en brèche par les préférences commerciales de la Convention de Cotonou. En effet, elles n'étaient pas réciproques et n'entraient pas dans le cadre des dérogations prévues à l'article XXIV de l'Accord général. De plus, elles ne s'étendaient pas à l'ensemble des pays en développement et elles étaient de ce fait discriminatoires. Les préférences commerciales de la Convention de Cotonou n'étaient en fait admises que sur le fondement d'une dérogation, obtenue lors de la Conférence ministérielle de l'OMC tenue à Doha en 2001. La dérogation courait jusqu'au 31/12/2007, en se basant sur le principe que cet accord visait à améliorer le niveau de vie des États ACP[316].

En somme, cette précarité juridique aura plaidé pour la reformulation des relations commerciales entre l'Union européenne et les pays ACP ; d'où l'élaboration au sein de l'Accord de Cotonou d'un cadre commercial plus large, plus ambitieux et en adéquation avec le droit de l'Organisation mondiale du commerce qui a pris la forme d'Accords de partenariat économique (APE) entre l'Union européenne et des sous-ensembles régionaux des pays ACP.

B) Des Accords commerciaux préférentiels incitant à l'intégration dans l'économie mondiale : le cas des APE[317]

La politique européenne de coopération au développement est inséparable de la naissance de la Communauté économique européenne avec le traité de Rome de 1957[318]. La France allait conditionner pour partie son adhésion à la communauté à l'établissement de liens commerciaux préférentiels entre cette

---

315 OMC, Rapport sur le commerce mondial 2011 : l'OMC et les Accords commerciaux préférentiels, de la coexistence à la cohérence, p188-192.

316 Voir, décision sur l'Accord de partenariat ACP-UE, adoptée le 14 novembre 2001, WT/MIN (01) 15, 14 novembre 2001.

317 H. Gherari, Les accords de partenariat économique conclu par l'Union européenne, in M. Benlolo, U. Candas, E. Cujo, op. cit. p505-518 ; J. Lebullenger, S. Perrin, Accords de partenariat économique : mise en perspective des relations commerciales de l'UE avec les États ACP, In C. Flaesh-Mougin, J. Lebullenger, Regards croisées sur les intégrations régionales : Europe, Amérique, Afrique, Bruylant, 2010, p437-474. H. Gaymard, J.C Fruteau, les Accords de partenariat économique entre l'Union européenne et les pays d'Afrique, des Caraïbes, et du pacifique, rapport d'information, AN, 2 décembre 2009.

318 Le régime d'association des pays et territoires d'outre-mer (PTOM) était inscrit dans la partie IV du traité de Rome.

dernière et les quelques dépendances européennes encore en vigueur. L'accession des pays colonisés à la souveraineté internationale n'allait pas rompre ce cordon ombilical. Au début des années 60, dans leur grande majorité, ils décidaient de « conserver leurs liens privilégiés d'association avec la Communauté », en négociant la première Convention de Yaoundé en 1964. La poursuite de cette politique de coopération allait se matérialiser avec la conclusion de la seconde Convention de Yaoundé en 1969, avec 19 États africains et malgaches.

Pour tout un courant mondialiste, Allemagne ou Pays-Bas, il fallait élargir ces avantages préférentiels à d'autres régions du monde, avec l'idée à peine dissimulée que « cette approche était porteuse de relents néocoloniaux »[319]. L'adhésion de la Grande-Bretagne à la Communauté européenne en 1973, avec en arrière-plan son intention de faire bénéficier les pays du Commonwealth de ce régime préférentiel, ne facilitait pas la défense des positions françaises. Un modus vivendi émergeait de cet antagonisme : le volet régional de la coopération communautaire contesté n'allait pas succomber aux assauts de ses contempteurs, il sera bien au contraire étendu à d'autres régions du monde. Il n'en était pas moins vrai que l'Afrique subsaharienne occupait une place centrale dans les préoccupations communautaires. Il en découlait la conclusion en 1974 de la première Convention de Lomé, renouvelée en 1979, 1984 et 1989, qui s'adressait aux pays d'Afrique, des Caraïbes et du Pacifique. Le 23 juin 2000 était signé l'accord de Cotonou (2000-2020)[320] qui prenait la suite de tous les accords conclus dans le cadre des conventions de Lomé. L'accord de Cotonou portait redéfinition des relations entre l'Union européenne et les pays d'Afrique, des Caraïbes et du Pacifique (ACP) sur plusieurs aspects : coopération, commerce et dialogue politique.

Les conventions de Yaoundé, de Lomé et de Cotonou visaient une intégration réussie des pays ACP dans le système commercial multilatéral, en tenant compte de leur différentiel de développement à l'aune de leurs dotations factorielles. Le système de préférences mis en place n'aura pas permis aux pays ACP de s'insérer de la manière la plus efficace dans la nouvelle division internationale du travail. Ils représentent 1 % des échanges mondiaux et 10,2 % de la population mondiale. En 1976, 6,7 % des importations communautaires étaient en provenance des pays ACP contre 3 % en 2002. Or, 97 % des exportations ACP entraient dans l'Union européenne en franchise de douane, ceci à l'aune des préférences tarifaires de l'Accord de Cotonou. Les avantages

---

[319] C. Balleix, L'aide européenne au développement, la documentation française, 2010, p18.

[320] Cet Accord a été révisé au Luxembourg le 25 juin 2005 et le 22 juin 2010 à Ouagadougou au Burkina Faso. Voir A. Diallo, la dimension politique du partenariat UE/ACP depuis l'accord de Cotonou, thèse de droit, université de Reims, 2008.

concédés aux pays ACP n'ont jamais favorisé une quelconque expansion commerciale. La diversification de ces économies est encore au stade d'un simple vœu et le commerce inter-ACP reste dérisoire[321], il n'excède pas 10 % des échanges. Si pour la plupart des partenaires la participation au commerce international aura été un facteur de développement, cet axiome ne se vérifie pas pour les pays ACP. À titre d'exemple, un auteur relate qu'il y a un peu plus de 40 ans, la Corée du Sud était moins riche que le Ghana, aujourd'hui le PIB par habitant de la Corée (24 000 dollars) est près de 10 fois plus élevé que celui du Ghana (2800 dollars)[322]. Il faudrait tempérer et lire ce qui précède à la lumière de « l'impact de la colonisation sur les trajectoires de croissance des États »[323]. Les Accords de partenariat économique entendent impulser une dynamique commerciale et économique nouvelle qui leur permette d'inverser cette spirale d'échec. Ces accords feront donc disparaître le volet commercial de l'Accord de Cotonou, l'idée étant de mettre en place un nouveau cadre commercial et économique plus opérant et favorisant le développement économique des sous-ensembles ACP.

Les accords de partenariat économique seraient des « instruments de développement visant à encourager une intégration graduelle et harmonieuse de tous les États ACP à l'économie mondiale »[324]. La libéralisation des échanges résultant de la mise en place de ces accords de partenariat économique devrait déboucher sur le développement, l'éradication de la pauvreté ou à une meilleure insertion dans le système commercial multilatéral ; en se fondant pour cela sur les dotations factorielles dont dispose la zone de libre-échange. Ces accords se nourrissent de l'idée que « le commerce international doit apporter des gains d'efficacité dans la production, la consommation et l'accès à une plus grande variété de marchandises et de services »[325]. Il est à noter, au titre des tempéraments à ces espérances, que les pays ACP n'ont eu de cesse d'abaisser leurs barrières tarifaires et cela n'a pas pour autant initié un quelconque décollage économique. Les pays les moins avancés qui représentent la plus grande partie des pays ACP ne pourraient faire valoir une quelconque compétitivité à même de les prémunir contre la concurrence de produits européens. Comment alors prétendre tirer profit de ces accords ? Et un auteur de soutenir en conséquence qu'il faudrait mettre en place une *réciprocité différenciée* favorisant l'accès de leurs produits au marché européen[326]. Et le même auteur de soutenir, dans le même souffle, que la disparition en perspective

[321] C. Balleix, op.cit., p26.
[322] J.F Sempère, op.cit., p14.
[323] P. Askenazy, D. Cohen, 27 questions d'économie contemporaine, Albin Michel, 2008, p446.
[324] Article 36, paragraphe 2, Convention de Cotonou.
[325] P. Askenazy, D. Cohen, op. cit., p425.
[326] J.F. Sempère, op.cit., p12 et 19.

de la préférence communautaire[327] dont bénéficient les pays ACP vis-à-vis de l'Union européenne viendrait lester leurs politiques de sécurisation économique. Avec les accords de partenariat économique, l'intégration à l'économie mondiale apparaît simplement comme une ode sans musique, c'est-à-dire sans une stratégie de développement ; ceci est d'autant plus vrai que les accords de partenariat économique sont des accords réciproques et asymétriques entre chaque sous-région ACP et l'Union européenne : les pays ACP sont commercialement dépendants de l'Union européenne, 30 % de leurs exportations sont à destinations de l'UE et 28 % de leurs importations en proviennent[328].

L'intégration à l'économie mondiale, pour la plupart des États, aura été le résultat d'une stratégie, innervée de quelques règles protectrices, avec une focalisation des investissements dans les secteurs stratégiques comme l'éducation, la santé ou l'habitat. Or avec les accords de partenariat économique, soutient un auteur[329], on assistera à une baisse des rentrées fiscales en raison de la suppression des barrières douanières qui représentent 50 à 70 % de certains budgets nationaux. À cela, ajoute encore le même auteur, il conviendrait d'ajouter une concentration de richesses spécialement dans certains pays, en raison de dotations factorielles qu'ils détiendraient abondamment par comparaison à d'autres pays moins bien lotis. Comment alors financer des secteurs stratégiques qui permettent aux États de faire sens et puissance dans le système international ? Pour cela, un autre auteur avance l'idée selon laquelle il faudrait augmenter les allocations financières additionnelles en direction des ACP, pour tenir compte de l'impact de la libéralisation des échanges imposée aux ACP[330].

La difficile conciliation entre régionalisme et multilatéralisme nourrit l'idée selon laquelle l'Institution éprouverait encore des difficultés à être une réelle enceinte d'harmonisation des comportements des États membres. La non-soumission des droits de l'homme au travail, pour ne s'en tenir qu'à elle maintenant, nous invite au même constat.

---

[327] Il se décline de la manière suivante : à qualité égale et à prix identique, le produit communautaire doit être préféré aux importations.

[328] La lettre du CEPII, Accord de partenariat économique : l'impact de la libéralisation commerciale, n° 276, mars 2008.

[329] J.F. Sempéré, op.cit., p19-20.

[330] H. Ghérari, R. Chemain, Les Accords de partenariat économique, entre réalisme et solidarité, RMC-UE, n° 512, octobre-novembre 2007, p585-590.

Chapitre 3 : Droit du Commerce multilatéral et normes de travail[331]

C'est finalement le triomphe de l'ordre international libéral et en quelque sorte la contraction de l'espace et du temps qui ont fait apparaître au grand jour des secteurs encore marqués par de graves atteintes aux normes internationales du travail. Elles régissent la manière dont les travailleurs sont traités. L'expression porte sur des questions très variées : le travail des enfants, le travail forcé, le droit de créer des syndicats ou le droit de grève. Une application peu rigoureuse de ces normes faciliterait les exportations des pays peu regardant en ces domaines, ce qui s'apparenterait à un avantage déloyal. Pour s'y opposer, une idée aura fait surface : le système commercial multilatéral devrait permettre aux pays « lésés » de prendre des mesures commerciales en retour pour imposer aux récalcitrants le respect des règles multilatérales. Et une question surgit alors : les mesures commerciales peuvent-elles servir à imposer l'observation des normes de travail ? En fait, il ne s'agit pour les États que de se soumettre à des standards minima et de respecter les règles protectrices des travailleurs les plus essentielles[332]. La question est ici incontournable, le système commercial multilatéral ne devrait-il pas se doter d'une dimension sociale (Section 1) ? Si le respect des droits de l'homme au travail devenait une réalité, on devrait s'interroger sur les moyens qui permettraient éventuellement d'en assurer une promotion universelle (Section 2).

Section 1 : Une dimension sociale dans le commerce international ?

La question n'est pas nouvelle : elle avait déjà fait l'objet de débats dans les pays en voie d'industrialisation. On se souvient encore des propositions de Robert Owen, chef d'entreprise anglais, et de Jérôme Blanqui, économiste libéral français[333]. Avec la création du Bureau international du Travail en 1919, puis de l'Organisation internationale du Travail en 1946, les États membres s'engageront à mener des politiques visant à harmoniser commerce international et politique sociale. Cette préoccupation n'avait pas été ignorée

[331] R. Moumne, la clause sociale entre impératifs économiques et considérations juridiques, Thèse de droit, Panthéon-Assas, juillet 2006.

[332] Y. Daudet, le développement social international, nouveau concept pour un nouveau droit ? In Y. Daudet, Les Nations-Unies et le développement social international, A. Pedone, 1996, p26.

[333] G. Besse, Mondialisation des échanges et droits fondamentaux de l'homme au travail : quels progrès possibles aujourd'hui? Droit social, n° 11, novembre 1994, p841.

de la charte de la Havane en son article 7, paragraphe 1. On pouvait ainsi y lire : « les États membres reconnaissent que les mesures relatives à l'emploi doivent pleinement tenir compte des droits qui sont reconnus aux travailleurs par des déclarations, des conventions et des accords intergouvernementaux. Ils reconnaissent que tous les pays ont un intérêt commun à la réalisation et au maintien de normes équitables de travail en rapport avec la productivité de la main-d'œuvre et, de ce fait, aux conditions de rémunération et de travail meilleures que cette productivité rend possibles. Les États membres reconnaissent que l'existence de conditions de travail non équitables, particulièrement dans les secteurs de la production travaillant pour l'exportation, crée des difficultés aux échanges internationaux. En conséquence, chaque État membre prendra toutes les mesures appropriées et pratiquement réalisables en vue de faire disparaître ces conditions sur son territoire ». Et le paragraphe 2 dudit article d'ajouter, en vue d'assurer une coordination internationale, d'ajouter, que « les États membres qui font également partie de l'Organisation internationale du Travail collaboreront avec cette organisation, afin de mettre cet engagement à exécution ». Avec l'effondrement de l'empire soviétique et le fait que la Chine soit devenue l'usine du monde, le débat a été en quelque sorte réactivé. D'un côté, à la lumière de l'urgence sociale internationale, la communauté internationale a semblé prendre franchement le parti de la promotion des droits de l'homme au travail (Paragraphe 1) ; mais de l'autre côté, cette option a ravivé les désaccords Nord / Sud (paragraphe 2).

Paragraphe 1 : Le cheminement vers la promotion des droits sociaux fondamentaux

En dépit d'un triomphe du libéralisme qui dans les années 80 pouvait paraître sans partage, c'était l'époque du reaganisme et du thatchérisme, les préoccupations sociales occupent de nouveau le devant de la scène. Il est vrai que l'ordre international libéral qui s'est institutionnalisé après le second conflit mondial[334] est aujourd'hui traversé par un certain nombre de crises[335] : délocalisations fracturant le pacte social, flux migratoires en difficulté d'assimilation par diverses sociétés, croissance des inégalités ou par exemple depuis les années 1980, les revenus des 1 % des ménages américains les plus riches ont progressé de 275 %[336]. Il est vrai, par ailleurs, que cet ordre international libéral est mis sous tension par la politique

---

[334] G.J. Ikenberry, The illusion of geopolitics : the enduring power of the liberal order, Foreign Affairs, mai-juin 2014

[335] J. lind, sauver l'ordre libéral de lui-même, politique étrangère, n° 4, 2017, p75-87.

[336] S.J. Markovitch, The income inequality debate, Council on foreign relations, 3 février 2014.

insaisissable menée par Donald Trump[337]. Et, si la situation sociale actuelle conduit à un état des lieux peu enviable (A), cela n'empêche pas aujourd'hui de voir les gouvernements élever le critère social au rang d'une priorité primordiale (B).

A) Un panorama de la situation sociale internationale

En 1976, Mario Bettati soulignait déjà l'échec de la problématique sociale dans l'ordre économique internationale, avec des différences entre le Nord et le Sud[338]. Cette quête d'un bien-être collectif avait déjà donné lieu à des plaidoyers en faveur d'un nouvel ordre économique international comme condition du développement social. L'approfondissement de la mondialisation de l'économie n'aurait en rien inversé son diagnostic. Au contraire, il aurait provoqué un véritable éclatement du social[339]. Les chefs d'États et de gouvernements réunis à Copenhague en 1995 lors du sommet mondial pour le développement social allaient, bien des années plus tard, confirmer ce diagnostic en constatant « que beaucoup trop de personnes, notamment les femmes et les enfants, sont vulnérables aux tensions et aux privations. La pauvreté, le chômage et la désintégration sociale entraînent trop souvent l'isolement, la marginalisation et la violence. L'incertitude à laquelle sont confrontées de nombreuses personnes, notamment parmi les groupes vulnérables quant à leur avenir, le leur et celui de leurs enfants, s'intensifie[340]». Dans le monde en développement, la pauvreté et son corollaire principal, l'exploitation de l'homme sous des formes variées se serait accrue. Quant aux pays développés, le déclassement, la naissance de phénomènes d'exclusions sociales et d'une sous-classe confirmeraient ce phénomène d'accroissement des inégalités.

La courbe exponentielle des fragilités sociales dans le monde se traduirait par un nombre très conséquent d'enfants au travail. Les estimations mondiales du travail des enfants dressées par l'OIT permettent de brosser le

---

[337] P. Vimont, L'ordre international face à l'Amérique de Trump, Politique étrangère, n° 4, 2017, p65-74.

[338] M. Bettati, Rapport général sur les travaux du colloque mondial sur les implications sociales d'un nouvel ordre économique international, Travail et société, n° 1, juillet 1976, p8-10.

[339] BIT, Des valeurs à défendre, des changements à entreprendre, la justice sociale dans une économie qui se mondialise : un projet pour l'OIT, 1994, p18-24 ; I. Cogliati, l'élimination du travail des enfants à l'heure de la mondialisation : l'édifice normatif érigé par l'Organisation internationale du Travail (OIT), thèse de droit, université de Reims, 2002.

[340] Déclaration de Copenhague, Documents d'actualité internationale. N° 12,15 juin 1995, p371.

tableau suivant[341] : près de 264 millions d'enfants de 5 à 17 ans dans le monde exerçaient une activité économique en 2012. Ce chiffre est de 42 millions de moins qu'en 2008. Les garçons demeurent les plus exposés à l'occupation économique par comparaison aux filles. 168 millions d'enfants âgés de 5 à 17 ans étaient concernés par le travail des enfants à abolir en 2012. Ce chiffre était de 215 millions en 2008, soit 47 millions de moins. On notera, au passage, que le travail des enfants à abolir exclut tous les enfants qui travaillent légalement conformément aux conventions n° 138 et 182 de l'Organisation internationale du Travail. Le nombre d'enfants subissant les pires formes de travail des enfants était de 85,3 millions en 2012. Les garçons étaient au nombre de 55 millions et les filles représentaient 30,3 millions. Le nombre d'enfants effectuant des travaux dangereux était passé de 115,3 millions en 2008 à 85,3 millions en 2012, soit une baisse de 30 millions.

En Asie-Pacifique, dans la tranche d'âge de 5 à 17 ans, ils étaient 77,7 millions d'enfants à effectuer des travaux à abolir. Ce chiffre était de 59 millions en Afrique subsaharienne et de 12,5 millions en Amérique latine et aux Caraïbes. Pour ce qui concerne, les travaux dangereux : le plus grand nombre d'enfants dans cette pire forme de travail des enfants se situe dans la région Asie-Pacifique, soit 33,9 millions. En Afrique subsaharienne, ils sont 28,8 millions. Il y'en avait 9,6 millions en Amérique latine et dans les Caraïbes et 5,2 millions dans la région Moyen-Orient et Afrique du Nord. La région Afrique subsaharienne à la plus grande incidence d'enfants effectuant des travaux dangereux, soit un enfant sur dix.

---

[341] Y. Diallo, A. Étienne, F. Mehran, Tendances mondiales du travail des enfants de 2008 à 2012, Bureau international du Travail, 2013.

ESTIMATIONS RÉGIONALES DES DIVERSES FORMES DE TRAVAIL DES ENFANTS, 5-14 ANS, 2008 et 2012 (OIT)

	Enfants	Enfants occupés économiquement		Travail des enfants		Travaux dangereux	
	(milliers)	(milliers)	%	(milliers)	%	(milliers)	%
Monde							
2008	1 216 854	176 452	14,5	152 850	12,6	52 895	4,3
2012	1 221 071	144 066	11,8	120 453	9,9	37 841	3,1
Asie et Pacifique							
2008	651 815	96 397	14,8	81 443	12,5	–	–
2012	637 579	64 419	10,1	52 702	8,3	–	–
Amérique latine et Caraïbes							
2008	110 566	10 002	9,0	9 722	8,8	–	–
2012	110 035	8 986	8,2	7 924	7,2	–	–
Afrique subsaharienne							
2008	205 319	58 212	28,4	52 229	25,4	–	–
2012	220 077	57 623	26,2	47 735	21,7	–	–
Autres régions							
2008	249 154	10 700	4,3	9 456	3,8	–	–
2012	253 380	13 038	5,1	12 091	4,8	–	–
Dont MOAN 2012	86 117	7 076	8,2	6 396	7,4	–	–

ESTIMATIONS DES DIVERSES FORMES DE TRAVAIL DES ENFANTS, 5-17 ANS, 2008 et 2012 (OIT)

	Enfants	Enfants occupés économiquement		Travail des enfants		Travaux dangereux	
	(milliers)	(milliers)	%	(milliers)	%	(milliers)	%
Monde							
2008	1 586 288	305 669	19,3	215 269	13,6	115 314	7,3
2012	1 585 566	264 427	16,8	167 956	10,6	85 344	5,4
Garçons							
2008	819 891	175 777	21,4	127 761	15,6	74 019	9,0
2012	819 877	148 327	18,1	99 766	12,2	55 048	6,7
Filles							
2008	766 397	129 892	16,9	87 508	11,4	41 296	5,4
2012	765 690	116 100	15,2	68 190	8,9	30 296	4,0
5-14 ans							
2008	1 216 854	176 452	14,5	152 850	12,6	52 895	4,3
2012	1 221 071	144 066	11,8	120 453	9,9	37 841	3,1
15-17 ans							
2008	369 433	129 217	35,0	62 419	16,9	62 419	16,9
2012	364 495	120 362	33,0	47 503	13,0	47 503	13,0

Le pourcentage élevé d'enfants astreints à travailler se fonde sur une idée très enracinée : ils seraient des vecteurs de croissance économique. Selon, les estimations par pays, la proportion des enfants forcés et contraints d'exercer une activité économique fait ressortir le tableau suivant : en 2013, en Côte d'Ivoire, 28,2 % des enfants âgés de 5 à 17 ans étaient impliqués dans les activités économiques, soit 1 424 996 filles et garçons[342]. Parmi ces enfants, ceux ayant moins de 14 ans étaient au nombre de 1 082 929. L'activité économique se répandrait au fur et à mesure de l'accroissement de l'âge. En ce sens que si le phénomène concerne 20,9 % des enfants âgés de 5 à 13 ans, son ampleur atteint 48,1 % entre 14 et 17 ans. La proportion des filles est largement plus importante que celle des garçons. Pour ce qui concerne, le Cap-Vert[343], et toujours au titre de l'année 2012-2013, les enfants occupés à travailler se retrouvent dans les catégories d'âge de 15-17 et de 12-14 ans,

---

342 Programme international pour l'abolition du travail des enfants (IPEC), Côte d'Ivoire : enquête nationale sur la situation de l'emploi et du travail des enfants, 1er août 2015.

343 OIT, le travail des enfants au Cape Verde : enquête multiobjective continue de 2013, 15 juin 2015, 87 p.

avec respectivement 16,2 % et 10 % d'entre eux astreints au travail. Les proportions d'enfants non occupés baissent avec l'âge. En effet, parmi les enfants qui ne sont pas occupés à travailler, environ la moitié, 52,3 %, est âgée de 5-11 ans, le restant étant réparti entre les deux autres groupes d'âge : 23,2 % pour les enfants âgés de 12-14ans et 24,4 % pour ceux de 16-17ans. Les pays industrialisés et les pays d'Europe de l'Est ne sont pas non plus épargnés par ce fléau, même s'il est encore sans commune comparaison avec la situation qui prévaut dans les aires géographiques précitées. Pour affiner ce tableau, notons que dans le monde, parmi les enfants de 5 à 17 ans, dont le travail est à abolir, 58,6 % sont engagés dans le secteur agricole, 7,2 % sont employés dans l'industrie et 32,3 % dans les services. La majorité des enfants dont le travail est à abolir sont des travailleurs familiaux, soit 68,4 %, ils sont 22,5 % à avoir un emploi rémunéré et 8,1 % sont des travailleurs indépendants.

Il n'est pas que le travail des enfants qui caractérise cet éclatement du social, la méconnaissance des droits de l'homme au travail se manifestant aussi par une forte répression syndicale. Enfin, la discrimination selon le sexe, la race ou la religion est encore d'une vigueur insoupçonnée. Aussi, après des décennies de croyance en la capacité du libre-échange à être le moteur du progrès social, le système international, sans pour autant en remettre en cause le socle , ce qui pour certains serait extrêmement risqué[344], tend aujourd'hui à replacer la condition humaine au centre de sa dynamique.

B) Une élévation du social au rang de priorité primordiale

Le progrès économique et le progrès social seraient étroitement liés. Sur le fondement de ce postulat, il a été établi un *socle européen des droits sociaux*, proclamé à Göteborg, le 17 novembre 2017. Il vise à construire un modèle de croissance européen plus inclusif et durable sur le fondement d'un cadre de principes et de droits essentiels. Il s'agit d'une liste de vingt principes déclinée autour de plusieurs thèmes : l'égalité des chances et l'accès au marché du travail, des conditions de travail équitables et la protection et l'inclusion sociale. C'est bien entendu la lutte contre le dumping social qui en a été le moteur.

[344] M. Ezrati, globalization can be good for america's workers, The National Review, 7 août 2017.

La nécessité de s'accorder sur « un nouveau contrat social planétaire [345]» avait déjà retenu l'attention des travaux du sommet mondial pour le développement social tenu à Copenhague, du 06 au 12 mars 1995. On y avait reconnu l'importance du développement social et de l'amélioration de la condition humaine[346]. On y avait par ailleurs admis que le libre-échange ne garantissait pas en soi le progrès social et qu'il fallait en corriger les lacunes afin d'assurer « *la primauté des besoins humains sur les lois économiques* ». Autrement dit, comme le soutenait Robert Charvin, la déclaration de Copenhague « relègue les politiques économiques au rang de simple technique de promotion humaine. Les politiques sociales ne sont pas des politiques d'accompagnement, mais des actes stratégiques ». Aussi, à Copenhague, les chefs d'État et de gouvernement s'étaient engagés à :

1. Créer un environnement économique, politique, social, culturel et juridique qui permette aux populations de parvenir au développement social.

2. Travailler à l'élimination de la pauvreté dans le monde grâce à des actions nationales menées avec détermination et à la coopération internationale, considérant qu'il s'agit pour l'humanité d'un impératif éthique, social, politique et économique.

3. Favoriser la réalisation de l'objectif du plein emploi en en faisant l'une des priorités de bases de leurs politiques économiques et sociales, et donner à tous, hommes et femmes, la possibilité de s'assurer des moyens de subsistance sûrs et durables grâce à un emploi librement choisi et à un travail productif.

4. Promouvoir l'intégration sociale en encourageant l'édification de sociétés stables, sûres et justes, fondées sur le respect et la défense de tous les droits de l'homme ainsi que sur la non-discrimination, la tolérance, le respect de la diversité, l'égalité des chances, la solidarité, la sécurité et la participation de tous, y compris des groupes et des individus défavorisés et vulnérables.

5. Promouvoir le respect intégral de la dignité de la personne humaine, instaurer l'équité et l'égalité entre les hommes et les femmes, et reconnaître et renforcer la participation et le rôle de

[345] B. Boutros-Ghali, Discours d'ouverture du sommet de Copenhague, Documents d'actualité internationale, n° 8, 15 avril 1995. p230.

[346] R. Charvin, la déclaration de Copenhague sur le développement social, évaluation et suivi, RGDIP, n° 3, 1997, p635-650.

ces dernières dans la vie politique, civile, économique et culturelle, et dans le développement.

6. Promouvoir l'accès universel et d'une manière équitable à un enseignement de qualité et atteindre les objectifs fixés en la matière ainsi qu'assurer le plus haut niveau possible de santé physique et mentale et l'accès de tous aux soins de santé primaires, en veillant particulièrement à corriger les inégalités de conditions sociales, sans distinction aucune de race, d'origine nationale, de sexe, d'âge ou pour des raisons d'incapacité, respecter et promouvoir leurs cultures communes et particulières, renforcer le rôle de la culture dans le processus de développement, préserver les fondements essentiels d'un développement durable axé sur l'homme et contribuer à une mise en valeur optimale des ressources humaines et au développement social. L'objectif de ces activités est d'éliminer la pauvreté, de promouvoir le plein emploi et l'emploi productif et de favoriser l'intégration sociale.

7. Accélérer le développement économique et social et la mise en valeur des ressources humaines de l'Afrique et des pays les moins avancés.

8. Faire en sorte que les programmes d'ajustement structurel qui pourraient être adoptés comportent des objectifs de développement social, en particulier l'élimination de la pauvreté, la promotion du plein emploi et de l'emploi productif, et l'amélioration de l'insertion sociale.

9. Accroître sensiblement et utiliser plus efficacement les ressources affectées au développement social, en vue d'atteindre les objectifs du sommet grâce à une action nationale et à la coopération régionale et internationale.

10. Améliorer et renforcer par l'intermédiaire de l'ONU et d'autres institutions multilatérales, le cadre de la coopération internationale, régionale et sous régionale aux fins du développement social, dans un esprit de partenariat.

L'insertion d'une clause sociale dans le système commercial multilatéral avait été évoquée à Copenhague, mais les parties prenantes n'avaient pas jugé nécessaire de la faire figurer dans la déclaration des chefs d'États et de gouvernement. Quoi qu'il en soit, ces dix engagements énonçaient un cadre d'obligations en matière de développement social, au profit des États.

Toujours dans la perspective réelle d'élever au rang d'obligation la justice sociale comme élément clé de préservation de la paix, le 18 juin 1998, l'Organisation internationale du Travail adoptait une *déclaration relative aux principes et droits fondamentaux au travail et son suivi*[347]. Elle entendait y apporter une réponse sociale aux défis de la mondialisation de l'économie. Elle partait d'un constat souvent réitéré : la croissance économique ne pourrait pas à elle seule à assurer l'équité, le progrès social et éradiquer la pauvreté ; d'où l'obligation de promouvoir des politiques sociales volontaristes, la justice et les institutions démocratiques. La matérialisation de ces objectifs nécessitait la mise en place d'une action symbiotique entre croissance économique et progrès social. Dans ce but, l'OIT faisait remarquer « qu'il fallait garantir les principes et les droits fondamentaux au travail en permettant aux intéressés de revendiquer librement leur juste participation aux richesses qu'ils ont contribué à créer ». La déclaration du 18 juin 1998 entendait donc protéger et promouvoir les droits fondamentaux des travailleurs : les États parties aux conventions correspondantes de l'OIT étaient appelés à s'en tenir au principe *pacta sunt servanda* et les autres étaient conviés à s'y conformer, du seul fait de leur appartenance à l'Institution. Cette déclaration repose sur quatre piliers :

* La liberté d'association et la reconnaissance effective du droit de négociation collective ;
* L'élimination de toute forme de travail forcé ou obligatoire ;
* L'abolition effective du travail des enfants ;
* L'élimination de la discrimination en matière d'emploi et de profession.

En s'inspirant de la déclaration relative aux principes et droits fondamentaux au travail et son suivi, le 10 juin 2008, l'Organisation internationale du Travail adoptait la *déclaration sur la justice sociale pour une mondialisation équitable.* L'Institution en appelait à la mise en œuvre de programmes destinés à matérialiser les objectifs de plein emploi et d'élévation des niveaux de vie, de formalisation d'un salaire minimum vital et d'extension des mesures de sécurité sociale en vue d'assurer un revenu de base à tous ceux qui en ont besoin. Pour atteindre ces objectifs, tous les membres doivent mettre en œuvre des politiques basées sur des objectifs stratégiques tels que formulés de manière suivante par l'Institution :

I- Promouvoir l'emploi en créant un environnement institutionnel et économique durable de telle sorte que :

[347] F. Maupain, 1998, 2008 : deux déclarations pour adapter l'OIT sans amender sa constitution, In E. Lagrange, J-M Sorel droit des organisations internationales, LGDJ, 2014, p246-256.

- Les individus puissent acquérir et actualiser les capacités et les compétences nécessaires leur permettant de travailler de manière productive pour leur épanouissement personnel et le bien-être collectif ;
- L'ensemble des entreprises, qu'elles soient publiques ou privées, soient durables, afin de favoriser la croissance et de créer davantage de possibilités et de perspectives d'emploi et de revenu pour tous ;
- Les sociétés puissent réaliser leurs objectifs de développement économique et de progrès social, et atteindre un bon niveau de vie ;

II- Prendre et renforcer des mesures de protection sociale-sécurité sociale et protection des travailleurs durables et adaptées aux circonstances nationales, en particulier :

- L'extension de la sécurité sociale à tous, y compris les mesures visant à assurer un revenu de base à tous ceux qui ont besoin d'une telle protection, et l'adaptation de son champ d'application ainsi que sa portée afin de répondre aux incertitudes et besoins nouveaux engendrés par la rapidité des changements techniques, sociétaux, démographiques et économiques ;
- Des conditions de travail qui préservent la santé et la sécurité des travailleurs ;
- La possibilité pour tous d'une participation équitable aux fruits du progrès en matière de salaires et de gains, de durée du travail et autres conditions de travail, et un salaire minimum vital pour tous ceux qui ont un emploi et ont besoin d'une telle protection ;

III- Promouvoir le dialogue social et le tripartisme en tant que méthodes les plus aptes à :

- Adapter la mise en œuvre des objectifs stratégiques aux besoins et circonstances de chaque pays ;
- Traduire le développement économique en progrès social et le progrès social en développement économique ;
- Faciliter la formation d'un consensus sur les politiques nationales et internationales pertinentes ayant une incidence sur les stratégies et programmes d'emploi et de travail décent ;
- Rendre effectives la législation et les institutions du travail, en ce qui concerne notamment la reconnaissance de la relation de travail, la promotion de bonnes relations

professionnelles et la mise en place de systèmes d'inspection du travail efficaces ;

IV- Respecter, promouvoir et mettre en œuvre les principes et droits fondamentaux au travail, qui revêtent une importance particulière en tant que droits et conditions nécessaires à la pleine réalisation des objectifs stratégiques, en notant :

- Que la liberté syndicale et la reconnaissance effective du droit de négociation collective sont particulièrement importantes pour permettre la réalisation de ces quatre objectifs stratégiques ;
- Que la violation des principes et droits fondamentaux au travail ne saurait être invoquée ni utilisée en tant qu'avantage comparatif légitime, et que les normes du travail ne sauraient servir à des fins commerciales protectionnistes.

Et l'Institution d'ajouter que ces quatre objectifs stratégiques sont *indissociables, interdépendants et se renforcent mutuellement.*

Par ailleurs, on se souvient que le 20 novembre 1989, l'Assemblée générale des Nations unies adoptait la Convention internationale relative aux droits de l'enfant. Élaborant un véritable statut juridique de l'enfant, cette convention qui comporte de nombreuses dispositions protectrices entendait épargner ses destinataires de l'exploitation économique (article 32), leur garantir le droit à la liberté d'expression (article 13) ou encore préserver leur santé (article 24). Ce corpus juridique qui reconnaissait la qualité de sujet de droit à l'enfant, si pertinent qu'il était, ne pouvait se révéler efficace en l'absence d'organe de contrôles. Aussi, fut-elle dotée d'une autonomie fonctionnelle et financière, l'objectif demeurant le contrôle de l'application de la convention par les États signataires. Parallèlement, il avait été institué un mécanisme de contrôle amiable qui invitait les États parties à la convention à soumettre des rapports sur son application[348]. On se souvient par ailleurs que la Conférence internationale sur le travail des enfants, tenue du 27 au 30 octobre 1997 à Oslo, en reconnaissant que le travail des enfants représente un fléau, avait adopté un programme d'action destiné à éliminer d'une manière effective l'exploitation économique de l'enfant[349]. Sans qu'il

---

[348] J. Lang, L'enfant dans la société internationale, Assemblée nationale n° 297, 7-10-1997, 344 p , M. Dejardin, A. Quin, L'application de la Convention des Nations-Unies relative aux droits de l'enfant, Droit prospectif, n° 1, 1996, p193-208 ; C. Chabert, L'applicabilité directe de la Convention de New York sur les droits de l'enfant : une question en voie de réexamen ? Droit prospectif, n° 2, 1997, p615-650.

[349] Documents d'Actualité internationale, n° 24, 15 décembre 1997, p848-852.

soit besoin d'énumérer les mesures prises dans ce but, on peut constater que les parties prenantes y avaient décidé d'encourager la ratification des conventions pertinentes, de fournir une aide aux pays prenant une part active à l'élimination du travail des enfants ou, par des programmes d'aide, soutenir la croissance économique afin qu'elle contribue à l'accession des plus pauvres aux emplois productifs, à l'éducation et aux soins. On se souvient aussi que la lutte contre l'exploitation de l'enfance s'est enrichie d'un nouveau dispositif : la Convention concernant l'interdiction des pires formes de travail des enfants et l'action immédiate en vue de leur élimination, en date du 17 juin 1999[350]. En son article 7, paragraphe 2, elle dispose que tout signataire doit :

a) empêcher que des enfants ne s'engagent dans les pires formes de travail ;
b) prévoir de l'aide directe nécessaire et appropriée pour les soustraire au travail et assurer leur réinsertion sociale, entre autres, par l'accès à l'éducation de base gratuite ;
c) identifier les enfants exposés à des risques particuliers, entrer en contact direct avec eux, et tenir compte de la situation particulière des filles.

La situation sociale internationale telle qu'elle a été décrite et la prise de conscience collective d'une réalité affligeante appelaient des solutions fortes qui auront fait naître un débat quelque peu récurrent.

Paragraphe 2 : Le cheminement vers l'insertion d'une clause sociale dans le système commercial multilatéral

La question est récurrente : la compétitivité des produits importés des pays en développement est-elle obtenue au détriment des conditions de vie de leur main-d'œuvre ? Il n'a été généralement observé aucune relation entre les normes de travail et la capacité de certains pays de vendre à un meilleur taux de profitabilité. Citant les travaux d'un économiste, le rapport sur le commerce mondial 2007[351] « en conclut que la déficience des normes fondamentales du travail réduit généralement la compétitivité à l'exportation au lieu de l'améliorer ». Et d'ajouter que « l'application des normes fondamentales du travail accroît la productivité des travailleurs et abaisse les coûts réels, plutôt que le contraire ». On peut aussi y lire, en guise de conclusion, que « les inquiétudes concernant les effets défavorables que des niveaux limités en matière de salaires, d'emploi et de normes du travail dans

---

[350] Document d'Actualité internationale, n° 17, 1 septembre 1999, p701-703.
[351] OMC, Rapport sur le commerce mondial, 2007, p388.

les pays en développement pourraient avoir sur les pays industriels sont en grande partie mal placées, à une exception près : l'exploitation du travail des enfants, qui accroît l'offre de main d'œuvre, peut accroître les exportations dans les secteurs à forte intensité de main d'œuvre ». Cette étude apporte un démenti aux analyses selon lesquelles une faible protection des travailleurs conférerait un avantage commercial décisif. Toutefois, si cela était le cas, cette compétitivité acquise par déloyauté s'étiolerait à long terme en raison de l'accroissement des salaires. En fait, une plus grande efficacité du travail s'obtiendrait par le biais d'un investissement dans le capital humain. En somme, *ceteris paribus*, le respect des droits de l'homme au travail devrait se traduire par des gains de croissance et de compétitivité.

Quoi qu'il en soit, le débat ouvert au sein de l'Organisation mondiale du commerce et relatif à l'insertion d'une clause sociale dans le système commercial multilatéral est fonction d'une réalité trop longtemps occultée : qu'on le veuille ou non les conditions de production restent différentes entre le Nord et le Sud et vouloir imposer les normes qui prévalent au Nord à l'ensemble de la planète ruinerait l'avantage comparatif sur lequel les pays du Sud fondent leurs espérances de développement. Le débat ouvert au sein de l'Institution n'a pu recevoir de réponses catégoriques et n'a pu que faire l'objet de compromis (B). Cette situation d'équilibre ne se comprend qu'au regard des objectifs pluriels qui animent les divers protagonistes (A).

A) Les lignes de démarcation entre les pays du Nord et du Sud

Pour les partisans de cette « *clause sociale* », la majeure partie des pays au Nord, les normes fondamentales du travail sont des biens publics dont la valorisation ne peut résulter des lois du marché. Ils en appelaient pour cela à la mise en place d'une coordination internationale. L'urgence leur paraissait d'autant plus grande que la méconnaissance des droits sociaux fondamentaux au Sud serait un facteur d'abaissement de leur coût de production, ayant pour corollaire un accroissement de leur productivité. A contrario, les législations sociales protectrices occidentales seraient la source de l'inefficacité internationale de leurs entreprises[352]. Par un effet de vases communicants, les pays du sud vendraient alors à des prix très attractifs sur les marchés internationaux, il s'agirait là ni plus ni moins que d'une *dévaluation sociale compétitive.* Ce dumping social[353] précariserait l'emploi

[352] P. Warin, Protection sociale et compétitivité, Politique internationale, n° 63, Automne 1995, p18.

[353] Le GATT et son successeur l'OMC ne donnent aucune définition du dumping social. Toutefois, au regard de l'article VI de l'Accord général, le dumping est « l'introduction des produits d'un pays sur le marché d'un autre à un prix inférieur à leur valeur normale et si cela cause ou menace de causer un dommage important à

dans les pays industriels[354], en étant à l'origine de nombreuses délocalisations. Pour les pays du Nord, l'insertion d'une clause sociale dans le système commercial multilatéral serait aussi un moyen d'universaliser les droits de l'homme.

Les pays du Sud n'étaient pas sur la même longueur d'onde, une telle initiative ne conduirait qu'à instituer des obstacles à la libre circulation de leurs produits plus compétitifs. Ils y voyaient des relents protectionnistes, un frein à tout progrès social dans leurs espaces géographiques. Ils soutiennent, en ce sens, que le faible coût de leur main-d'œuvre représenterait leur seul avantage comparatif, y renoncer entraverait leur développement économique. À ce propos, un juge à la Cour suprême du Sri Lanka constatait que « le principal avantage que possèdent dans bien des cas les producteurs du tiers-monde est celui qu'ils doivent à un long passé de pauvreté : de la main-d'œuvre bon marché [355]». Pour ce qui les concerne, seule la croissance économique pourrait conduire à un relèvement des normes de travail. La déclaration ministérielle de Singapour de 1996 allait dans ce sens en estimant que « la croissance économique et le développement favorisés par une augmentation des échanges commerciaux et une libéralisation plus poussée du commerce contribuent à la promotion de ces normes ». L'idée serait la suivante : la croissance économique induirait une baisse du chômage, puis une hausse des revenus qui à la fin des fins mènerait au respect des normes de travail. Toutefois, si on devait insérer une clause sociale dans le droit international économique, les pays du Sud estiment qu'il faudrait alors leur accorder une compensation. Et les pays du Sud d'alléguer que cette volonté de mondialiser la justice sociale[356] aurait un arrière-goût d'ingérence, porterait atteinte à leur souveraineté nationale et ferait prospérer l'idée qu'ils seraient des obstacles à l'amélioration des conditions de travail de leurs concitoyens. La promotion des droits de l'homme au travail relèverait, à leurs dires, de la compétence de chaque État. En ce sens, un auteur a pu écrire « qu'il appartient à chaque pays de procéder

---

une branche de production ou si cela retarde de façon importante la création d'une branche de production nationale ». Or la valeur normale correspond à la valeur du produit sur le marché interne. Est-il possible alors de mettre à l'index un pays au motif qu'il a vendu à l'étranger un produit à une valeur égale à son coût social interne ?

[354] B. Cassen, La clause sociale, Un moyen de mondialiser la justice, Le monde diplomatique, n° 503, février 1996, p18 ; R. Robert, Enjeux et ambiguïtés du concept de clause sociale ou les rapports entre les normes de travail et le commerce international, RBDI, 1996, p147.

[355] Vers la justice sociale internationale, in BIT, Regards sur l'avenir de la justice sociale : Mélange à l'occasion du 75e anniversaire de l'OIT, 1994, p102.

[356] F. Maupain, L'OIT, la justice sociale et la mondialisation, RCADI, 2000, p205-396.

librement, et si possible sur une base tripartite, aux arbitrages nécessaires[357]». Enfin, ces États font remarquer que la question qui nous occupe n'aurait pas sa place dans le cadre de l'OMC, le principe de spécialité des organisations internationales étant appelé en renfort de leur argumentaire.

Au-delà des arguments avancés par les uns et les autres en faveur ou à l'encontre de l'insertion d'une clause sociale dans le droit international économique, les différents acteurs du commerce international sont parvenus à un compromis.

B) Le compromis

Ce débat relatif à l'insertion ou non d'une « *clause sociale* » dans le droit international économique a fait l'objet d'un double compromis.

Le premier compromis a été scellé à Genève le 7 avril 1994. Il en ressortait que la constitution de l'OMC ne se référait pas aux droits de l'homme au travail, même si elle énonçait en son préambule que les rapports entre les membres « dans le domaine commercial et économique devraient être orientés vers le relèvement des niveaux de vie, la réalisation du plein emploi et d'un niveau élevé et toujours croissant du revenu réel et de la demande effective... ». Dans le même temps, les parties à cet accord n'avaient pas fermé la porte à toute discussion future sur ce sujet. Lors de la Conférence ministérielle de Singapour, en 1996, les membres de l'Institution allaient renouveler « leurs engagements d'observer les normes fondamentales du travail internationalement reconnues ». Et d'ajouter que ces normes ne devaient pas être utilisées à « des fins protectionnistes et que l'avantage comparatif des pays en développement à bas salaire ne doit en aucune façon être remis en question ». Cette question sera une nouvelle fois soulevée à la Conférence ministérielle de Seattle en 1999, mais sans pour autant qu'un accord soit trouvé. En 2001, la Conférence ministérielle de Doha réaffirmait la déclaration de Singapour sur le travail, sans consacrer un débat spécifique à cette problématique. L'incompétence de l'OMC en la matière était ainsi de fait et d'ordre constitutionnel. Les accords OMC ne traitent pas des normes du travail à proprement parler, la capture juridique du fait social demeure le fait de l'article XXe qui dispose que « sous réserve que ces mesures ne soient pas appliquées de façon à constituer soit un moyen de discrimination arbitraire ou injustifié entre les pays où les mêmes conditions existent, soit une restriction déguisée au commerce international, rien dans le présent accord ne sera interprétée comme empêchant l'adoption ou

---

[357] M. Hansenne, Libéralisation du commerce mondial dans la perspective de la réunion ministérielle de Singapour, BIT, 6 mars, 1996.

l'application par toute partie contractante des mesures …se rapportant aux articles fabriqués dans les prisons ». Cela dit, il existe dans le droit du GATT / OMC des outils juridiques qui auraient pu permettre de lier commerce et normes de travail ?

La liaison entre commerce et normes de travail aurait pu se faire par l'élargissement du champ d'application de l'article XX du GATT. La difficulté à émerger du fait que cet article viserait un ordre public interne alors que les droits fondamentaux porteraient sur un ordre public international[358]. Cette même difficulté aurait pu être absorbée, si on avait recouru à l'article XIX, mesures d'urgence, qui stipule que lorsqu' « un produit est importé sur le territoire d'une Partie contractante en quantités tellement accrues et à des conditions telles qu'il porte ou menace de porter préjudice grave aux producteurs nationaux de produits similaires ou de produits directement concurrents, cette partie contractante pour réparer le préjudice pourra suspendre l'engagement en totalité ou en parti, retirer ou modifier la concession ».

La capture du fait social aurait pu aussi se faire par le biais de l'article VI de l'Accord général, droits antidumping et droits compensateurs, qui dispose que dans le cas où « l'introduction des produits d'un pays sur le marché d'un autre pays à un prix inférieur à leur valeur normale cause ou menace de causer un dommage important à une branche de production établie d'une partie contractante ou s'il retarde de façon importante la création d'une branche de production nationale », la partie contractante ainsi lésée peut appliquer des droits compensateurs. Malheureusement, il s'est révélé que cet article n'était applicable qu'au dumping commercial, excluant le dumping social[359]. On aurait par ailleurs pu recourir à l'article XVI du GATT sur les subventions ou l'Accord sur les subventions et les mesures compensatoires de 1994, simplement parce que pour certains États les faiblesses des législations sociales de certains s'apparentent aux subventions à l'exportation. Cette lecture ne l'aura pas emporté, car dans sa définition de la subvention, l'article précité ne fait pas allusion aux normes internationales du travail. Cet article précise que la subvention est entendue comme « toute forme de protection des revenus ou de soutiens des prix, qui a directement ou indirectement pour effet d'accroître les exportations d'un produit du territoire de ladite Partie contractante ou de réduire les importations de ce produit sur son territoire ». Même au titre de l'accord OMC sur les subventions et les mesures compensatoires, en son article 1.1a) 1), il n'était pas possible d'établir ce lien, simplement parce qu'une subvention n'y est

[358] BIT, La dimension sociale de libéralisation du commerce international, document GB.261/WP/SLD/1, 261e session, novembre 1994, p12.
[359] T. Flory, Chronique de droit international économique, AFDI, 1997, p661.

rien d'autre qu'une contribution financière des pouvoirs publics ou de tout organisme public du ressort territorial d'un membre. À la lumière de cet article, il s'agit plus précisément d'une pratique des pouvoirs publics qui comporte un transfert direct de fonds (prêt et participation au capital social) ou des transferts directs potentiels de fonds ou de passifs (garantie de prêt). Il s'agit aussi de recettes publiques normalement exigibles qui sont abandonnées ou ne sont pas perçues. Il s'agit par ailleurs du fait que les pouvoirs publics fournissent des biens ou des services autres qu'une infrastructure générale ou achètent des biens. Il s'agit du fait que des pouvoirs publics fassent des versements à un mécanisme de financement ou chargent un organisme privé d'exécuter une ou plusieurs fonctions qui sont normalement de leur ressort. Il s'agit enfin d'une forme quelconque de soutien des revenus ou des prix au sens de l'article XVI du GATT 1994 et si un avantage est conféré. Et donc à aucun moment, cet accord ne donne une définition de la subvention qui tienne compte des droits de l'homme au travail.

On aurait pu, par ailleurs, introduire une disposition supplémentaire dans le droit de l'OMC où on aurait lié la qualité de membre au respect des conventions pertinentes de l'organisation internationale du travail. Une telle possibilité d'amendement est prévue à l'article X, paragraphe 3 de l'accord OMC qui dispose qu'il faut pour cela une majorité de 2/3 des membres. Un tel amendement de nature à modifier les droits et obligations des membres n'aurait d'effet qu'à l'égard des membres qui auraient bien voulu engager leurs volontés. On sait par ailleurs que la Conférence ministérielle à une majorité des ¾ des membres peut décider « qu'un amendement ayant pris effet est d'une nature telle que tout membre qui ne l'aura pas accepté, dans un délai fixé par elle, pourra se retirer de l'Institution ou continuer à en être membre avec son consentement ».

Cette absence de créativité de l'OMC en matière sociale rompt avec l'idée selon laquelle sa création serait la continuation d'une œuvre inachevée, celle de l'Organisation internationale du commerce. Or l'article 7 de la charte de La Havane intitulé « *normes de travail équitables* » entendait déjà établir ce lien entre la libéralisation des échanges et droits de l'homme au travail. Cet article s'énonçait comme suit :

1. « Les États membres reconnaissent que les mesures relatives à l'emploi doivent pleinement tenir compte des droits qui sont reconnus aux travailleurs par des déclarations, des conventions et des Accords intergouvernementaux. Ils reconnaissent que tous les pays ont un intérêt commun à la réalisation et au maintien de normes équitables de travail en rapport avec la productivité de la main-d'œuvre et, de ce fait, aux conditions de rémunération et de travail

meilleures que cette productivité rend possibles. Les États membres reconnaissent que l'existence de conditions de travail non équitables, particulièrement dans les secteurs de la production travaillant pour l'exportation, crée des difficultés aux échanges internationaux. En conséquence, chaque État membre prendra toutes les mesures appropriées et pratiquement réalisables en vue de faire disparaître ces conditions sur son territoire.

2. Les États membres qui font également partie de l'Organisation internationale du Travail collaboreront avec cette organisation, afin de mettre cet engagement à exécution.

3. Pour toutes les questions relatives aux normes de travail, qui pourraient lui être soumises conformément aux dispositions de l'article 94 ou de l'article 95, l'organisation consultera l'Organisation internationale du Travail et collaborera avec elle. »

Le second compromis porte sur la reconnaissance d'un noyau dure de normes internationales du travail qui ne peut souffrir d'aucune dérogation. Il se fonde sur certaines conventions de l'OIT à portée universelle proclamée lors du sommet social de Copenhague et sur la « *déclaration de l'OIT relative aux principes et droits fondamentaux au travail* »[360]. Il s'agit de la convention n° 87 de 1948 relative à la liberté syndicale et à la protection du droit syndical qui stipule que les travailleurs peuvent librement s'organiser et élire leurs représentants, sans aucune condition préalable. Il s'agit de la convention n° 98 de 1949 sur le droit d'organisation et de négociation collective qui prohibe toute discrimination en raison de la participation à une organisation syndicale et qui appelle à une protection adéquate des organisations syndicales. Il s'agit des conventions n° 29 de 1930 et n° 105 de 1957 qui entendent respectivement réglementer le travail forcé et l'abolir, le travail des détenus condamnés n'étant pas interdit à condition d'avoir lieu sous l'autorité de la puissance publique. Il s'agit des conventions n° 100 de 1951 et n° 111 de 1958 qui portent respectivement sur l'égalité de rémunération et la discrimination en matière d'emploi et de profession. Il s'agit enfin de la convention n° 138 relative à l'âge minimum d'emploi qui entend protéger les enfants. À cet effet, le travail régulier des enfants est interdit avant l'âge de 15 ans dans les pays développés et avant l'âge de 14 ans dans les pays en développement. Quant au travail occasionnel, il est interdit avant 13 ans dans les pays développés et avant 12 ans dans les pays

[360] H. Kellerson, la déclaration de 1998 de l'OIT sur les principes fondamentaux : un défi pour l'avenir, Actes de la Conférence de l'OIT du 18 juin 1998, RIT, n° 2, 1998, p243-247.

en développement. Le travail dangereux pour sa part est prohibé sur la planète avant l'âge de 18 ans.

L'absence d'établissement de rapports entre commerce et normes de travail n'interdit en rien de s'interroger sur les mécanismes qui permettraient éventuellement d'en assurer la promotion.

Section 2 : Les mécanismes portant promotion de la justice sociale

La promotion de la justice sociale est une question cruciale et difficile. Elle est difficile précisément parce qu'il s'agit pour les différents partenaires de vendre leurs produits sur les marchés internationaux à un meilleur taux de profitabilité. À cela s'ajoute le fait que ce sont souvent des firmes multinationales qui emploient directement ou indirectement des travailleurs dans les pays en développement, ignorant le plus souvent les droits de l'homme au travail. Il devient alors évident qu'il faille les associer à toute ingénierie relative à la promotion de la justice sociale. Elle est cruciale parce qu'il s'agit d'universaliser les droits de l'homme. Le problème appelle donc des solutions rapides qui, pour autant, ne devront pas remettre en cause la capacité des uns et des autres à vendre à un meilleur prix. Sans prétendre égaliser d'un coup de baguette magique les conditions de travail et de rémunération, utopie qui se révélerait certainement très destructrice, il est indispensable que l'on évolue vers l'institution d'un droit d'ingérence sociale international (Paragraphe 1) que les États eux-mêmes peuvent commencer à mettre en œuvre, avec à terme la nécessaire harmonisation des règles du commerce et des règles sociales internationales (Paragraphe 2).

Paragraphe 1 : Vers un droit d'ingérence sociale internationale

La mise à jour des conditions de travail qui se pratiquent sur la planète a conduit de nombreux partenaires à militer en faveur d'une action éthique. À titre d'exemple, on peut citer le socle européen des droits sociaux, adopté à Göteborg, le 17 novembre 2017, lors du sommet social européen. Il énonçait en son préambule que l'Union européenne et les États membres ont pour objectifs la promotion de l'emploi, l'amélioration des conditions de vie et de travail permettant leur égalisation dans le progrès, une protection sociale adéquate, le dialogue social, le développement des ressources humaines permettant un niveau d'emploi élevé et durable et la lutte contre les exclusions. Ainsi, « *un niveau élevé de protection sociale pour tous les travailleurs* » est-il considéré « *comme un objectif réalisable et moralement justifié. »*[361]. Dans ce but, les États-Unis comme l'Union européenne ont introduit une « *clause négative* », la subordination de leur aide au respect de normes de travail, et une « *clause incitative* », accorder un degré plus élevé de préférence aux pays qui se conformeraient aux conventions de base de l'OIT, dans le cadre de leurs Systèmes de préférences généralisées (SPG) (A). Par ailleurs, pour que l'action éthique fasse entièrement partie du management des entreprises, particulièrement celles qui ont délocalisé leurs activités dans les pays à main-d'œuvre bon marché, l'idée a été avancée d'instituer des codes de conduites, informations sur les conditions sociales de fabrication d'un produit (B).

A) Le recours à des initiatives unilatérales

Le Système des préférences généralisées (SPG) américain prend corps le 1er janvier 1976. Il établissait une relation entre commerce et normes de travail sur le fondement du droit d'association, à la liberté syndicale et de négociation collective, aux droits des enfants au travail, à la nécessaire édiction d'un salaire minimum, au respect des règles de santé ou de sécurité au travail. Dans le but de faire respecter ces normes, il mettait sur pied une « *clause sociale* » répressive ouvrant la voie à l'exclusion de de leur schéma à l'encontre de pays qui ne se conformaient pas aux normes sociales précédemment citées, lesquelles prenaient d'ailleurs appui sur les conventions de l'OIT. On est mis à l'écart de ce schéma à la suite d'une décision prononcée par un sous-comité, innervé de divers organismes qui concourent à l'expression de la politique commerciale américaine. Il émet ses sentences sur la base des informations fournies par toute personne intéressée, le Bureau international du Travail ou les rapports de l'ambassade des États-Unis dans le pays concerné.

La politique commerciale commune de l'Union européenne est d'une certaine manière inséparable d'une volonté visant à ce que les pays en développement tirent profit de la libéralisation des échanges par un accroissement de leurs recettes d'exportation combiné à une diversification de leur économie. Cet objectif s'est traduit, au sens le plus fort, par la promotion du développement durable dans sa relation commerciale avec les pays en développement. Le système de préférences généralisées de l'Union européenne s'inscrit dans cette perspective réelle[362]. Il est entré en vigueur le 1er juillet 1971. Il propose des réductions tarifaires ou un accès au marché communautaire en franchise de droits aux produits originaires d'un pays

---

[361] R. Siegfried, Pour une Europe protégée, mais solidaire, Le Monde, le 22 février 1994.

[362] J. Sorriaux, Le système de préférences généralisées de l'Union européenne : le droit douanier facteur de développement, thèse de droit, Université Paris-Est, 2014.

bénéficiaire. Le volume de ces préférences est fonction du régime applicable. Un pays en développement peut solliciter son éligibilité au régime général, au régime spécial d'encouragement à la protection de l'environnement, au régime spécial en faveur des pays les moins avancés, au régime spécial de lutte contre la production et le trafic de drogues ou au régime spécial d'encouragement à la protection des droits des travailleurs. Dans ce dernier cas de figure, la clause sociale ainsi mise en place relève d'un régime spécial d'encouragement. Il prévoit la mise à disposition de préférences tarifaires additionnelles pour les produits industriels et agricoles, au profit de pays qui respectent les normes fondamentales de travail suivantes : la liberté syndicale, les droits de négociation collective et les droits des enfants au travail. Ces préférences additionnelles ne deviennent effectives qu'à la suite d'un contrôle de la matérialité des faits qui prend la forme de certificat d'origine. L'éligibilité à ce régime spécial suppose par ailleurs que le pays bénéficiaire ait pris l'engagement de « surveiller son application et d'assurer une coopération administrative nécessaire » pour contrôler le respect des critères définis.

La Commission européenne est le gestionnaire du système de préférences généralisées de l'Union européenne. À ce titre, elle peut à tout moment en exclure un bénéficiaire qui viendrait à violer certaines normes fondamentales du travail édictées par l'Organisation internationale du travail. Le déclenchement de la procédure en suspension de ces préférences généralisées peut simplement se fonder sur l'évocation de doutes raisonnables. La Commission européenne est l'autorité compétente pour instruire ce « procès » en manquement aux obligations librement consenties. Le pays mis à l'index a la possibilité de contester la matérialité des faits qui lui sont reprochés. Et c'est elle qui prend la décision définitive de suspendre ou pas les préférences octroyées.

Avec ce qui précède, il est de plus en plus avancé l'idée selon laquelle le respect des normes fondamentales de travail nécessiterait l'édiction d'une obligation de comportement responsable, information sur l'origine du produit et condition de son achat.

B) Le recours à une obligation de comportement responsable

En contrepartie des bénéfices qu'elles tirent de la mondialisation, les entreprises devraient avoir un comportement responsable ; même s'il est vrai que le contenu de cette obligation reste pour l'instant évanescent. Quoi qu'il en soit, pour lutter contre l'exploitation de l'homme au travail, il est proposé de recourir aux labels sociaux qui fournissent aux consommateurs des informations relatives à la fabrication d'un produit. Ils se veulent un témoignage du respect des normes de travail[363]. Ils se focaliseraient sur le travail contraint, le travail des enfants, les horaires de travail, la rémunération et le cadre de travail raisonnable. Ces informations seraient un appel à l'achat de ces produits. Les entreprises semblent avoir saisi cette demande de comportement responsable. Dans le but d'honorer leurs engagements et donc montrer au public qu'elles se conforment à ces normes éthiques, certaines entreprises ont mis en place de véritables codes de conduites[364]. La volonté de donner au système commercial multilatéral une dimension humaine et citoyenne ne serait plus un simple hymne orphique, un poème à la gloire des dieux. À titre d'exemple, on retiendra l'arrivée sur le marché français de produits éthiquement corrects[365]. Il est reproché à ces labels sociaux de constituer éventuellement des obstacles non tarifaires au commerce international, en ayant un arrière-goût de nationalisme économique. Toutefois, ces craintes ne seraient pas complètement fondées, peu de produits étant impactés par cette démarche qui ne serait en réalité opérante que vis-à-vis des produits exportés et achetés directement par les consommateurs.

Pour certains, le relèvement des normes sociales dans le système international devrait conduire à l'institution de « *droits compensateurs* » sur les produits importés par ceux qui respectent les normes sociales, au motif qu'il faut compenser la compétitivité gagnée du fait de la méconnaissance des droits de l'homme au travail. Il s'agirait de facto d'une arme antidumping social. Ce droit compensateur serait pris en charge par le pays exportateur et viendrait y financer les investissements publics ou les prestations sociales. Il faut néanmoins reconnaître que cette proposition, aussi intéressante soit-elle, se discute, car elle ne ferait qu'initier un cercle vicieux de contre réactions qui ruinerait à la fin des fins les avantages attendus de la libéralisation des échanges. Si les labels sociaux et les droits compensateurs entendent orienter activement l'action des différents partenaires du commerce international vers une perception morale de l'échange international, d'autres normes internationales plus incitatives que coercitives ou contraignantes veulent aussi en faire autant. Il en est ainsi de la déclaration de principes tripartite de l'OIT sur les entreprises multinationales et la politique sociale[366] qui appelait déjà au respect des

---

[363] J. Hilowitz, Label social et lutte contre le travail des enfants : quelques réflexions, RIT, n° 2, 1997, p232-234.

[364] R. Family, la responsabilité sociétale de l'entreprise : du concept à la norme, Recueil Dalloz, 2013, chronique, p1558.

[365] V. Cauhapé, La belle histoire du label Max Havelaar, Le Monde, 13 novembre 1998, p24.

[366] BIT, Déclaration de principes tripartite sur les entreprises multinationales et la politique sociale, 1977.

normes fondamentales du travail. Les principes directeurs de l'OCDE à l'intention des entreprises multinationales [367]en consacrant un volet à l'emploi et aux relations personnelles s'inscrivaient dans la même perspective. L'Organisation des Nations unies avec l'énonciation du pacte mondial élève aussi au rang de comportement le principe de responsabilité sociale des entreprises[368].

Même si certaines mesures évoquées plus haut veulent répondre à une urgence que l'on ne saurait encore et encore repousser la prise en compte, il faut reconnaître qu'en institutionnalisant la coercition unilatérale avec son corollaire d'injustice et d'arbitraire, ces mesures sont contraires à l'esprit du multilatéralisme. Alors, comment rendre éventuellement multilatérale cette coercition ?

Paragraphe 2 : La recherche d'un cadre multilatéral

Pour des raisons d'équité et de justice, le respect des normes fondamentales du travail devrait ressortir d'une volonté multilatérale. En sa qualité de régulateur des distorsions commerciales internationales, la compétence de l'OMC paraissait se dessiner. L'Organisation internationale du Travail ne voulait pas s'en laisser compter et entendait aussi articuler une dimension sociale sur son propre corpus juridique. À la première Conférence ministérielle de l'OMC, à Singapour, en décembre 1996, il fut décidé qu'elle serait « l'organe compétent pour établir les normes fondamentales du travail et s'en occuper. »(A). Cette reconnaissance de la dimension sociale de la libéralisation des échanges dans le cadre de l'action de l'OIT n'en soulevait pas moins un autre problème, celui du contrôle et de l'autorité des normes fondamentales du travail, dans la mesure où le respect des conventions de l'OIT n'est pas fondé sur des procédures contraignantes (B).

A) De la compétence sociale réaffirmée de l'OIT

La lutte contre l'exploitation de l'homme au travail a conduit l'OIT à édicter une véritable « *Charte fondamentale des droits de l'homme dans le domaine du travail* ». Dès le départ, il s'est agi pour l'organisation de garantir la justice sociale, d'éviter que l'augmentation des marges bénéficiaires des entreprises ait lieu au détriment des droits de l'homme au

---

[367] OCDE, Principes directeurs de l'OCDE à l'intention des entreprises multinationales : déclarations faites à l'occasion de l'adoption du réexamen 2000, voir www.OECD.org/daf/investment/.

[368] K.Martin-Chenut, R. de Quenaudon, La responsabilité sociétale des entreprises saisie par le droit, A. Pedone, 2016, 717 p.

travail et à la fin des fins de consolider la paix[369]. Ce lien entre libéralisation du commerce et justice sociale transpire dans le préambule de sa Constitution qui énonce que « la non-adoption par une nation quelconque d'un régime de travail réellement humain fait obstacle aux efforts des autres nations désireuses d'améliorer le sort des travailleurs dans leurs propres pays ». Ce lien transpire encore dans la section IV de la déclaration de Philadelphie, intitulée : « déclaration concernant les buts et objectifs de l'Organisation internationale du Travail », adoptée dans la ville de Philadelphie en 1944 lors de sa Conférence générale. Elle précise « qu'une utilisation plus complète et plus large des ressources productives du monde… peut être assurée par une action efficace sur le plan international et national, et notamment par des mesures tendant à promouvoir l'expansion de la production et de la consommation, à éviter des fluctuations économiques graves, à réaliser l'avancement économique et social des régions dont la mise en valeur est peu avancée, à assurer une plus grande stabilité des prix mondiaux des matières premières et denrées, et à promouvoir un commerce international d'un volume élevé et constant ». Enfin, cette même déclaration en sa section III, paragraphe d) dispose que l'OIT a une obligation visant à seconder la mise en œuvre, parmi les différentes nations du monde, de programmes propres à réaliser, entre autres, « la possibilité pour tous, d'une participation équitable aux fruits du progrès, en matière de salaire et de gains, durée du travail et autres conditions de travail, et un salaire minimum vital pour tous ceux qui ont un emploi et ont besoin d'une telle protection ».

L'OMC pouvait revendiquer le droit de se saisir des droits de l'homme au travail, mais nulle part en sa constitution elle n'aura reçu la mission de promouvoir les conditions de travail les meilleures sur la planète. Il paraissait plus simple de s'en tenir aux engagements de volontés formulées dans le cadre de l'OIT par les membres de l'OMC, en vue de faire respecter les droits de l'homme au travail. Dans la mesure où le primat de l'OIT a été « *sacralisé* » sur ce sujet, il devenait intéressant d'interroger les mécanismes portant accomplissement des missions de l'organisation.

B) De quelques procédures de contrôle portant accomplissement de la mission de l'OIT[370]

La démarche de l'OIT portant promotion de la justice sociale repose avant tout sur la coopération. Elle exclut la coercition pour ne pas dissuader les ratifications des conventions ou l'adhésion à l'Organisation. Cette absence de coercition ne porte pas en elle une quelconque incapacité à faire

[369] N. Valticos, Les Conventions de l'Organisation internationale du Travail à la croisée des anniversaires, RGDIP, n° 2, 1998, p8.
[370] J.M. Servais, Droit international du travail, Larcier, 2015, 484 p.

appliquer les obligations nées de la qualité de membre. En effet, l'article 19, paragraphe 5, de sa constitution somme chaque membre de prendre des mesures nécessaires visant à matérialiser les obligations librement contractées au sein de l'Institution. Les États n'ayant pas ratifié les conventions de l'OIT ne sont pas pour autant exonérés d'en respecter le corpus juridique.

Au titre des procédures de contrôle portant application des normes internationales du travail, on retiendra la procédure de contrôle ordinaire[371], qui invite les États ayant ratifié différentes conventions à produire des rapports sur leur respect. Ces rapports font ensuite l'objet d'observations de la part des organisations des employeurs et des salariés les plus représentatives de l'État dont les mécanismes sont interrogés. Ensuite, il est de la compétence de la *commission d'experts pour l'application des conventions et recommandations* de se prononcer sur le respect des dites normes et, en cas de méconnaissance, de proposer des solutions à l'État fautif pour s'y conformer[372]. Cette exégèse donne lieu à un rapport à destination de la commission tripartite de l'application des conventions et recommandations de la Conférence internationale du travail[373]. À la lumière du rapport, elle pourra demander, au gouvernement mis à l'index, de s'expliquer sur sa faiblesse à appliquer les dispositions des conventions pertinentes et sur ses propositions visant à surmonter les méconnaissances constatées. Cette procédure se soldera par un rapport en direction de la Conférence internationale du travail, réunie en séance plénière.

Il est une seconde procédure qui vise à contrôler l'application des normes internationales du travail : la procédure d'examen des plaintes [374]et des réclamations[375]. *Dans le premier cas*, le Conseil d'administration du Bureau international du Travail (BIT), le secrétaire permanent de l'OIT, un délégué à la Conférence internationale du travail ou un État ayant ratifié une convention peut porter plainte contre un État ayant engagé sa volonté et qui en viendrait à l'ignorer. Ces plaintes débouchent sur la constitution d'une commission d'enquête indépendante, sur initiative du Conseil d'administration du BIT. Il est de la compétence de ce dernier de formuler

---

[371] N. Valticos, Un système de contrôle international : la mise en œuvre des conventions internationales du travail, RCADI, 1968-I, Tome 123, p333-337.
[372] N. Valticos, Les conventions de l'Organisation internationale du Travail à la croisée des anniversaires, RGDIP, n° 2, 1998, p18.
[373] La Conférence internationale du travail est l'assemblée générale des États membres, elle discute et vote les conventions et les recommandations qu'elle élabore.
[374] Articles 26 à 34 de la Constitution de l'OIT.
[375] Articles 24 et 25 de la Constitution de l'OIT.

des recommandations qui permettraient d'assurer l'autorité des normes de l'OIT. L'État mis à l'index peut s'y conformer. Il peut aussi saisir la Cour Internationale de Justice qui statuera en dernier ressort. *Dans le second cas,* les organisations des employeurs ou des travailleurs sont en droit de porter des réclamations à l'encontre d'un État signataire des conventions de l'OIT, pour peu que pèse sur lui des soupçons de non-respect des normes internationales du travail. Ces réclamations sont examinées par un comité tripartite constitué par le Conseil d'administration du BIT.

Il est une procédure moins formelle, la procédure de réclamation relative à la liberté syndicale[376]. Cette procédure autorise les organisations internationales des travailleurs et d'employeurs, si l'un des leurs est en cause directement ou si elles sont simplement intéressées, au même titre que les organisations internationales d'employeurs et de travailleurs, dotées du statut consultatif auprès de l'OIT, à porter plainte pour atteinte au principe de la liberté syndicale et au droit d'association contre un État ayant ou non ratifié les conventions pertinentes. Il en est ainsi parce que la déclaration de Philadelphie aura élevé la liberté syndicale au rang de principe directeur de l'OIT et, de ce fait, oblige tous les États membres. La plainte est instruite par *le comité de la liberté syndicale,* organe tripartite, mais présidé par une personnalité indépendante[377].

Enfin, il est deux procédures qui concourent au respect des normes du travail : il s'agit de contacts directs[378] et l'assistance technique. Dès lors que l'application d'une quelconque convention internationale du travail connaît des balbutiements, le premier mécanisme permet à un représentant du BIT, en accord avec le pays concerné, de se rendre dans ledit pays afin d'y rencontrer le gouvernement et les organisations syndicales dans le but de surmonter les difficultés rencontrées. Le second mécanisme consiste « à aider les gouvernements à orienter leur action dans le sens de l'amélioration des conditions sociales »[379]. Le système de contrôle des normes de l'OIT, comme le soulignait jadis Nicolas Valticos[380], se caractérise par son aspect « *évolutif* », « *cohérent* », « *complémentaire* » et donne une grande place à la

[376] N. Valticos, Les méthodes de la protection internationale de la liberté syndicale, RCADI, 1975-I, Tome 144, 1976, p104-107.
[377] G. Von Potobsky, La protection des droits syndicaux : l'œuvre accomplie en vingt ans par le comité de la liberté syndicale, RIT, n° 1, janvier 1972, p77-91.
[378] N. Valticos, Une nouvelle forme d'action internationale : « *les contacts directs* » de l'OIT en matière d'application des conventions et de libertés syndicales, AFDI, 1981, p477-489.
[379] N. Valticos, les conventions de l'Organisation internationale du Travail à la croisée des anniversaires, RGDIP, n° 2, 1998, p12.
[380] N. Valticos, Un système de contrôle international : la mise en œuvre des conventions internationales du Travail, RCADI, 1968-I, 1969, p383-388.

« publicité », l'idée étant de contribuer à leur pleine effectivité. L'absence de coercition n'enlève rien à la portée de ces conventions. Bien au contraire, par la coopération ou la conciliation, les États, peut-être alors moins jaloux de leurs souverainetés, seraient davantage enclins à respecter les normes internationales du travail.

CONCLUSION

Le XXe siècle aura vu le triomphe de l'État. De même qu'au XIXe siècle, l'État-nation s'était imposé en Europe, cette forme politique s'est imposée cette fois à l'ensemble du monde. La décolonisation semblait annoncer un univers partagé, un monde fini, selon l'expression de Paul Valéry, une coexistence définitive de souverainetés irréductibles les unes aux autres. Aujourd'hui, en revanche, il semble bien qu'en maintes régions du monde, l'État ne remplisse plus la mission qui est la sienne. De l'Afrique centrale aux Balkans, du Caucase jusqu'en Asie, les revendications identitaires ont mis à nu l'incurie de bien des États à assurer leur rôle régulateur, ne serait-ce qu'en matière de sécurité ; l'impuissance de la puissance étatique l'oblige désormais à coexister avec d'autres acteurs qui parfois le dominent, reformulant au passage la problématique de la souveraineté ; même s'il est vrai que l'État ne saurait être réductible à sa posture de victime et même si paradoxalement il y a une réelle demande d'État. Cette fragilité de l'État en fait souvent désormais « une machine à fabriquer au mieux des États ethniques, au pire des Bantoustans parcourus par des mafias et des sectes »[381]. À l'aune de ces crispations identitaires, on est tenté de poser la question suivante : l'État peut-il encore assurer la concorde ? La question se révèle d'autant plus pertinente que la mondialisation de l'économie conduit à effacer les frontières entre l'interne et l'externe et que la richesse des nations semble dépendre avant tout de leur intégration dans des ensembles plus vastes, même s'il est vrai que des voix discordantes entendent contester cette démarche, sans pour autant proposer de réelles voies alternatives. Pour reprendre une expression de Serge Sur, « la société internationale oscille de nos jours entre l'éclatement et la mondialisation ».

Face à la situation peu enviable de l'État[382], l'OMC, première organisation internationale à vocation universelle de l'après-guerre froide, se voit attribuer un rôle cardinal : codifier les règles du droit international économique et faire respecter les règles communément convenues, le but étant d'asseoir une gouvernance collégiale. Comment ? En élevant la coopération au rang d'impératif catégorique, seule à même de prendre en compte la réalité plurielle du monde et d'apporter une réponse appropriée aux terribles maux dont souffre aujourd'hui la plus grande partie de l'humanité. Mais en réalité, le but de l'OMC n'est finalement, à bien des égards, que de s'assurer du respect des obligations contractuelles que les États membres ont librement souscrites. Elle n'est à la fin des fins qu'un organe de régulation du système commercial international porté par un

---

381 S. Sur, l'État entre éclatement et mondialisation, RBDI, n° 1, 1997, p10.
382 S. Sur, Danser avec les États, Politique étrangère, n° 1, printemps 2018, p11-23.

processus collectif de négociation et de prise de décisions, le multilatéralisme. Pourquoi ?

Avec le Président Emmanuel Macron, en son discours du 20 septembre 2017 devant la 72e Assemblée générale des Nations unies, on est tenté de répondre « parce que le multilatéralisme, c'est la règle de droit, c'est l'échange entre les peuples, c'est l'égalité de chacune et chacun d'entre nous, c'est ce qui permet de construire la paix et de relever chacun de nos défis. Parce que tous nos défis sont mondiaux : le terrorisme, les migrations, le réchauffement climatique, la régulation numérique. À chaque fois que nous acceptons que ce ne soit pas le multilatéralisme, alors nous laissons la loi du plus fort l'emporter ». De la sorte, les règles du nouvel organe régulateur du système commercial multilatéral n'ont de perspectives réelles que la promotion des intérêts de l'humanité, avec la recherche de l'accroissement de la richesse pour les différents partenaires. On retiendra aussi une autre dimension qui n'émerge que parce que le système international est profondément inégalitaire : la sécurité humaine. Pour cela, il devient alors nécessaire pour l'Institution de construire une mondialisation « solidariste » qui ferait obstacle à la fragmentation à l'œuvre dans le système international. Cette volonté d'assurer un développement durable, au sens le plus fort du terme, n'est rien d'autre que la matérialisation d'un projet plus général encore visant à trouver des remèdes à la fragilité des nations et d'asseoir la paix sur des bases plus solides. Déjà Emmanuel Kant avait traité des germes bénéfiques de la relation entre commerce et paix[383]. Montesquieu popularisera cette thèse avec l'idée que « l'effet du commerce est de porter à la paix »[384]. Cette position était largement partagée tout au long du XIXe. Si on se souvient de John Stuart Mill pour qui « le commerce rend rapidement la guerre obsolète en renforçant et multipliant les intérêts personnels qui lui sont opposés », on n'oubliera pas non plus le son discordant de l'économiste allemand Friedrich List[385], théoricien du protectionnisme éducateur. Aujourd'hui, les normes de l'OMC, prise de décision par consensus, mécanisme de règlement des différends contraignants, obligation de transparence soutenue par un mécanisme

---

[383] E. Kant, Projet de paix perpétuelle, Hatier, Collection profil, janvier 1988, p52-79. Pour souligner le caractère salutaire de la relation entre le commerce et la paix, le 12 avril 1947, dans la perspective de la signature de l'Accord du GATT, Léon Blum déclarait : « introduire dans le commerce capitaliste des règles de concorde, d'égalité et de probité, soumettre les souverainetés nationales à l'observation loyale de ces conventions, c'est donc sans contredit possible , travailler pour la paix, concourir à la paix » In, Le populaire, les bases économiques et sociales de la paix, 12 avril 1947.

[384] Montesquieu, l'esprit des lois (1748), Flammarion, 1979, tome 2, p10.

[385] F. List, Système national d'économie politique (1841), Gallimard, 1998.

d'examen des politiques commerciales… devraient être un bouclier contre la fragmentation qui se manifeste parfois dans la société internationale. Ce sont les bénéfices tirés de la capacité à vendre à un meilleur taux de profitabilité et leur redistribution « au plus juste » qui sont de nature à faire obstacle à un apartheid planétaire.

La matérialisation de cet objectif est conditionnelle. En effet, le système commercial multilatéral ne peut remédier aux crises ou les prévenir que si plusieurs éléments sont réunis. Il est nécessaire que les membres de l'Institution, particulièrement les principaux acteurs du commerce international, n'en fassent pas une caisse de résonance de leurs conflits, sous peine de fragiliser son pouvoir régulateur. On le sait, à la fin des fins le respect de la constitution de l'OMC ne tient qu'à la bonne volonté des États membres, à leur sentiment d'obligation juridique. Il est par ailleurs nécessaire que son universalité géographique et matérielle soit la plus absolue possible. Or la capacité de l'Institution à s'élever réellement au rang d'organisation de régulation paraît tempérée par le défaut de soumission à ses règles de secteurs clés de l'économie internationale. Sa compétence sociale fait défaut, les règles du droit international économique ne saisissant pas catégoriquement la question des droits de l'homme au travail, et la protection de l'environnement n'est à bien des égards qu'effleurée. Que dire de l'absence d'un droit international de la concurrence! Cette absence d'universalité des compétences de l'OMC n'est pas faite pour assurer la sécurité économique internationale qui serait inscrite au frontispice de sa constitution. En effet, la capacité à vendre à un meilleur taux de profitabilité que certains pays tirent de l'inobservation des règles protectrices des salariés ou de l'imaginaire d'un pouvoir illimité sur la nature pourrait amener des tensions au sein du système commercial multilatéral. Que dire du fait régional qui a tendance à susciter davantage d'allégeance que le multilatéralisme. Quant à l'universalité géographique de l'Institution, elle est en vue, son attractivité étant promue par l'idée que, pour la plupart des partenaires, la participation au commerce international aura généré croissance et prospérité.

L'approfondissement des relations entre les nations interdit dorénavant toute politique économique autonome et milite en faveur de la plus grande stabilité des règles du commerce international, même si cet horizon paraît de plus en plus s'éloigner avec le bilatéralisme et l'unilatéralisme inscrits au frontispice de la politique étrangère de l'administration Trump. En dépit de cette tension dans le fonctionnement du système commercial multilatéral, l'Institution apparaît aujourd'hui encore comme le cadre propice à une gouvernance collégiale et à la prise en compte des nécessités nouvelles, d'autant plus impérieuses qu'elles seront dans l'avenir la condition de la paix et de la survie. À ce titre, l'Institution à un avenir infiniment plus important encore que ne le pensent ses contempteurs. Malgré l'importante contribution du cycle de l'Uruguay round à la réforme du système commercial multilatéral et face au désenchantement résultant du cycle de Doha, il devient évident qu'il faille faire preuve d'une nouvelle créativité. Les cycles de négociations à venir devront être ceux de l'adaptation de l'Institution aux enjeux du troisième millénaire. C'est en ce sens qu'Emmanuel Macron, lors de la 73e Assemblée générale des Nations unies, le 25 septembre 2018, a pu dire : « nous devons changer de méthode et d'échelle. D'abord, revoir nos règles en matière commerciale comme en matière sociale, nous devons, plutôt que poursuivre le protectionnisme, œuvrer tous ensemble pour revoir en profondeur les règles de l'OMC. Nous devons restaurer la capacité de l'OMC à résoudre les conflits, à édicter des règles pour traiter les pratiques commerciales déloyales, le non-respect de la propriété intellectuelle, les transferts de technologies forcés qui ne permettent plus de lutter à armes égales ». Il s'agira donc de réinventer une nouvelle ingénierie juridique et commerciale adaptée aux réalités du XXIe siècle.

ANNEXE

ACCORD INSTITUANT L'ORGANISATION MONDIALE DU COMMERCE

Les parties au présent accord,

Reconnaissant que leurs rapports dans le domaine commercial et économique devraient être orientés vers le relèvement des niveaux de vie, la réalisation du plein emploi et d'un niveau élevé et toujours croissant du revenu réel et de la demande effective, et l'accroissement de la production et du commerce de marchandises et de services, tout en permettant l'utilisation optimale des ressources mondiales conformément à l'objectif de développement durable, en vue à la fois de protéger et préserver l'environnement et de renforcer les moyens d'y parvenir d'une manière qui soit compatible avec leurs besoins et soucis respectifs à différents niveaux de développement économique,

Reconnaissant en outre qu'il est nécessaire de faire des efforts positifs pour que les pays en développement, et en particulier les moins avancés d'entre eux, s'assurent une part de la croissance du commerce international qui corresponde aux nécessités de leur développement économique,

Désireuses de contribuer à la réalisation de ces objectifs par la conclusion d'Accords visant, sur une base de réciprocité et d'avantages mutuels, à la réduction substantielle des tarifs douaniers et des autres obstacles au commerce et à l'élimination des discriminations dans les relations commerciales internationales,

Résolues, par conséquent, à mettre en place un système commercial multilatéral intégré, plus viable et durable, englobant l'Accord général sur les tarifs douaniers et le commerce, les résultats des efforts de libéralisation du commerce entrepris dans le passé, et tous les résultats des Négociations commerciales multilatérales du Cycle d'Uruguay,

Déterminées à préserver les principes fondamentaux et à favoriser la réalisation des objectifs qui sous-tendent ce système commercial multilatéral,

Conviennent de ce qui suit :

Article I

Institution de l'Organisation

L'Organisation mondiale du commerce (ci-après dénommée l'« OMC ») est instituée par le présent accord.

Article II

Champ d'action de l'OMC

1. L'OMC servira de cadre institutionnel commun pour la conduite des relations commerciales entre ses membres en ce qui concerne les questions

liées aux Accords et instruments juridiques connexes repris dans les annexes du présent accord.
2. Les Accords et instruments juridiques connexes repris dans les annexes 1, 2 et 3 (ci-après dénommés les « Accords commerciaux multilatéraux ») font partie intégrante du présent Accord et sont contraignants pour tous les membres.
3. Les Accords et instruments juridiques connexes repris dans l'annexe 4 (ci-après dénommés les « Accords commerciaux plurilatéraux ») font également partie du présent Accord pour les membres qui les ont acceptés et sont contraignants pour ces membres. Les Accords commerciaux plurilatéraux ne créent ni obligations ni droits pour les membres qui ne les ont pas acceptés.
4. L'Accord général sur les tarifs douaniers et le commerce de 1994 tel qu'il est spécifié à l'annexe 1A (ci-après dénommé le « GATT de 1994 ») est juridiquement distinct de l'Accord général sur les tarifs douaniers et le commerce, en date du 30 octobre 1947, annexé à l'Acte final adopté à la clôture de la deuxième session de la Commission préparatoire de la Conférence des Nations unies sur le commerce et l'emploi, tel qu'il a été rectifié, amendé ou modifié par la suite (ci-après dénommé le « GATT de 1947 »).

Article III

Fonctions de l'OMC

1. L'OMC facilitera la mise en œuvre, l'administration et le fonctionnement du présent Accord et des Accords commerciaux multilatéraux et favorisera la réalisation de leurs objectifs, et servira aussi de cadre pour la mise en œuvre, l'administration et le fonctionnement des Accords commerciaux plurilatéraux.
2. L'OMC sera l'enceinte pour les négociations entre ses membres au sujet de leurs relations commerciales multilatérales concernant des questions visées par les Accords figurant dans les annexes du présent accord. L'OMC pourra aussi servir d'enceinte pour d'autres négociations entre ses membres au sujet de leurs relations commerciales multilatérales, et de cadre pour la mise en œuvre des résultats de ces négociations, selon ce que la Conférence ministérielle pourra décider.
3. L'OMC administrera le Mémorandum d'accord sur les règles et procédures régissant le règlement des différends (ci-après dénommé le « Mémorandum d'accord sur le règlement des différends ») qui figure à l'annexe 2 du présent accord.
4. L'OMC administrera le mécanisme d'examen des politiques commerciales (ci-après dénommé le « MEPC ») prévu à l'annexe 3 du présent accord.
5. En vue de rendre plus cohérente l'élaboration des politiques économiques au niveau mondial, l'OMC coopérera, selon qu'il sera approprié, avec le

Fonds monétaire international et avec la Banque internationale pour la reconstruction et le développement et ses institutions affiliées.

Article IV
Structure de l'OMC

1. Il sera établi une Conférence ministérielle composée de représentants de tous les
membres, qui se réunira au moins une fois tous les deux ans. La Conférence ministérielle exercera les fonctions de l'OMC, et prendra les mesures nécessaires à cet effet. La Conférence ministérielle sera habilitée à prendre des décisions sur toutes les questions relevant de tout Accord commercial multilatéral, si un membre en fait la demande, conformément aux prescriptions spécifiques concernant la prise de décisions qui sont énoncées dans le présent Accord et dans l'Accord commercial multilatéral correspondant.

2. Il sera établi un Conseil général composé de représentants de tous les membres, qui se réunira selon qu'il sera approprié. Dans l'intervalle entre les réunions de la Conférence ministérielle, les fonctions de celle-ci seront exercées par le Conseil général. Le Conseil général exercera aussi les fonctions qui lui sont assignées par le présent accord. Il établira son règlement intérieur et approuvera le règlement intérieur des Comités prévus au paragraphe 7.

3. Le Conseil Général se réunira, selon qu'il sera approprié, pour s'acquitter des fonctions de l'Organe de règlement des différends prévu dans le Mémorandum d'accord sur le règlement des différends. L'Organe de règlement des différends pourra avoir son propre président et établira le règlement intérieur qu'il jugera nécessaire pour s'acquitter de ces fonctions.

4. Le Conseil Général se réunira, selon qu'il sera approprié, pour s'acquitter des fonctions de l'Organe d'examen des politiques commerciales prévu dans le MEPC. L'Organe d'examen des politiques commerciales pourra avoir son propre président et établira le règlement intérieur qu'il jugera nécessaire pour s'acquitter de ces fonctions.

5. Il sera établi un Conseil du commerce des marchandises, un Conseil du commerce des services et un Conseil des aspects des droits de propriété intellectuelle qui touchent au commerce (ci-après dénommé le « Conseil des ADPIC »), qui agiront sous la conduite générale du Conseil Général. Le Conseil du commerce des marchandises supervisera le fonctionnement des Accords commerciaux multilatéraux figurant à l'annexe 1 A. Le Conseil du commerce des services supervisera le fonctionnement de l'Accord général sur le Commerce des Services (ci-après dénommé l'« AGCS »). Le Conseil des ADPIC supervisera le fonctionnement de l'Accord sur les aspects des droits de propriété intellectuelle qui touchent au commerce (ci-après dénommé l'« Accord sur les ADPIC »). Ces Conseils exerceront les fonctions qui leur sont assignées par les Accords respectifs et par le Conseil

Général. Ils établiront leurs règlements intérieurs respectifs sous réserve de l'approbation du Conseil Général. Les représentants de tous les membres pourront participer à ces Conseils. Ces Conseils se réuniront selon qu'il sera nécessaire pour s'acquitter de leurs fonctions.
6. Le Conseil du commerce des marchandises, le Conseil du commerce des services et le Conseil des ADPIC établiront des organes subsidiaires selon les besoins. Ces organes subsidiaires établiront leurs règlements intérieurs respectifs sous réserve de l'approbation des Conseils respectifs.
7. La Conférence ministérielle établira un Comité du commerce et du développement, un Comité des restrictions appliquées à des fins de balance des paiements et un Comité du budget, des finances et de l'administration, qui exerceront les fonctions qui leur sont assignées par le présent Accord ainsi que par les Accords commerciaux multilatéraux, et toutes fonctions additionnelles qui leur seront assignées par le Conseil Général, et pourra établir des comités additionnels auxquels elle confiera les fonctions qu'elle pourra juger appropriées. Dans le cadre de ses fonctions, le Comité du commerce et du développement examinera périodiquement les dispositions spéciales des Accords commerciaux multilatéraux en faveur des pays les moins avancés membres et fera rapport au Conseil Général pour que celui-ci prenne les mesures appropriées. Les représentants de tous les membres pourront participer à ces Comités.
8. Les organes prévus dans les Accords commerciaux plurilatéraux exerceront les fonctions qui leur sont assignées en vertu de ces Accords et agiront dans le cadre institutionnel de l'OMC. Ils tiendront le Conseil Général régulièrement informé de leurs activités.

Article V
Relations avec d'autres organisations

1. Le Conseil Général conclura des arrangements appropriés pour assurer une coopération efficace avec les autres organisations intergouvernementales qui ont des fonctions en rapport avec celles de l'OMC.
2. Le Conseil Général pourra conclure des arrangements appropriés aux fins de consultation et de coopération avec les organisations non gouvernementales s'occupant de questions en rapport avec celles dont l'OMC traite.

Article VI
Secrétariat

1. Il sera établi un secrétariat de l'OMC (ci-après dénommé le « secrétariat ») dirigé par un directeur général.
2. La Conférence ministérielle nommera le directeur général et adoptera des règles énonçant les pouvoirs, les attributions, les conditions d'emploi et la durée du mandat du directeur général.

3. Le directeur général nommera les membres du personnel du secrétariat et déterminera leurs attributions et leurs conditions d'emploi conformément aux règles adoptées par la Conférence ministérielle.
4. Les fonctions du directeur général et du personnel du secrétariat auront un caractère exclusivement international. Dans l'accomplissement de leurs tâches, le directeur général et le personnel du secrétariat ne solliciteront ni n'accepteront d'instructions d'aucun gouvernement ni d'aucune autorité extérieure à l'OMC. Ils s'abstiendront de tout acte incompatible avec leur situation de fonctionnaires internationaux. Les membres de l'OMC respecteront le caractère international des fonctions du directeur général et du personnel du secrétariat et ne chercheront pas à influencer ceux-ci dans l'accomplissement de leurs tâches.

Article VII
Budget et contributions
1. Le directeur général présentera au Comité du budget, des finances et de l'administration le projet de budget et le rapport financier annuels de l'OMC. Le Comité du budget, des finances et de l'administration examinera le projet de budget et le rapport financier annuel présentés par le directeur général et fera des recommandations à leur sujet au Conseil Général. Le projet de budget annuel sera soumis à l'approbation du Conseil Général.
2. Le Comité du budget, des finances et de l'administration proposera au Conseil Général un règlement financier qui inclura des dispositions indiquant :

a) le barème des contributions répartissant les dépenses de l'OMC entre ses membres ;

b) les mesures à prendre en ce qui concerne les membres ayant des arriérés de contributions.

Le règlement financier sera fondé, pour autant que cela sera réalisable, sur les règles et pratiques du GATT de 1947.
3. Le Conseil Général adoptera le règlement financier et le projet de budget annuel à une majorité des deux tiers comprenant plus de la moitié des membres de l'OMC.
4. Chaque membre versera à l'OMC, dans les moindres délais, la contribution correspondant à sa part des dépenses de l'OMC conformément au règlement financier adopté par le Conseil Général.

Article VIII
Statut de l'OMC
1. L'OMC aura la personnalité juridique et se verra accorder, par chacun de ses membres, la capacité juridique qui pourra être nécessaire à l'exercice de ses fonctions.
2. L'OMC se verra accorder, par chacun de ses membres, les privilèges et immunités qui seront nécessaires à l'exercice de ses fonctions.

3. Les fonctionnaires de l'OMC et les représentants des membres se verront semblablement accorder par chacun des membres les privilèges et immunités qui leur seront nécessaires pour exercer en toute indépendance leurs fonctions en relation avec l'OMC.
4. Les privilèges et immunités qui seront accordés par un membre à l'OMC, à ses fonctionnaires et aux représentants de ses membres seront analogues aux privilèges et immunités qui figurent dans la Convention sur les privilèges et immunités des institutions spécialisées, approuvée par l'Assemblée générale des Nations unies le 21 novembre 1947.
5. L'OMC pourra conclure un Accord de siège.

Article IX
Prise de décisions
1. L'OMC conservera la pratique de prise de décisions par consensus suivie en vertu du GATT de 1947. Sauf disposition contraire, dans les cas où il ne sera pas possible d'arriver à une décision par consensus, la décision sur la question à l'examen sera prise aux voix. Aux réunions de la Conférence ministérielle et du Conseil général, chaque membre de l'OMC disposera d'une voix. Dans les cas où les Communautés européennes exerceront leur droit de vote, elles disposeront d'un nombre de voix égal au nombre de leurs États membres qui sont membres de l'OMC. Les décisions de la Conférence ministérielle et du Conseil général seront prises à la majorité des votes émis, à moins que le présent Accord ou l'Accord commercial multilatéral correspondant n'en dispose autrement.
2. La Conférence ministérielle et le Conseil général auront le pouvoir exclusif d'adopter des interprétations du présent Accord et des Accords commerciaux multilatéraux. S'agissant d'une interprétation d'un Accord commercial multilatéral figurant à l'annexe 1, ils exerceront leur pouvoir en se fondant sur une recommandation du Conseil qui supervise le fonctionnement dudit accord. La décision d'adopter une interprétation sera prise à une majorité des trois quarts des membres. Le présent paragraphe ne sera pas utilisé d'une manière susceptible d'éroder les dispositions relatives aux amendements de l'article X.
3. Dans des circonstances exceptionnelles, la Conférence ministérielle pourra décider d'accorder à un membre une dérogation à une des obligations qui lui sont imposées par le présent Accord ou par l'un des Accords commerciaux multilatéraux, à la condition qu'une telle décision soit prise par les trois quarts des membres, exception faite de ce qui est prévu dans le présent paragraphe.

a) Une demande de dérogation concernant le présent Accord sera présentée à la Conférence ministérielle pour examen conformément à la pratique de prise de décisions par consensus. La Conférence ministérielle établira un délai, qui ne dépassera pas 90 jours, pour examiner la demande.

S'il n'y a pas de consensus dans ce délai, toute décision d'accorder une dérogation sera prise par les trois quarts des membres.

b) Une demande de dérogation concernant les Accords commerciaux multilatéraux figurant aux annexes 1A, 1B ou 1C et leurs annexes seront présentées initialement au Conseil du commerce des marchandises, au Conseil du commerce des services ou au Conseil des ADPIC, respectivement, pour examen dans un délai qui ne dépassera pas 90 jours. À la fin de ce délai, le Conseil saisi présentera un rapport à la Conférence ministérielle.

1 L'organe concerné sera réputé avoir pris une décision par consensus sur une question dont il a été saisi si aucun membre, présent à la réunion au cours de laquelle la décision est prise, ne s'oppose formellement à la décision proposée.

2 Le nombre de voix des Communautés européennes et de leurs États membres ne dépassera en aucun cas le nombre des États membres des Communautés européennes.

3 Les décisions du Conseil Général lorsque celui-ci se réunira en tant qu'Organe de règlement des différends ne seront prises que conformément aux dispositions du paragraphe 4 de l'article 2 du Mémorandum d'accord sur le règlement des différends.

4 Une décision d'accorder une dérogation pour ce qui est de toute obligation soumise à une période de transition ou à un délai pour une mise en oeuvre échelonnée dont le membre requérant ne se sera pas acquitté à la fin de la période ou du délai en question sera prise uniquement par consensus.

4. Une décision prise par la Conférence ministérielle à l'effet d'accorder une dérogation indiquera les circonstances exceptionnelles qui justifient la décision, les modalités et conditions régissant l'application de la dérogation et la date à laquelle celle-ci prendra fin. Toute dérogation accordée pour une période de plus d'une année sera réexaminée par la Conférence ministérielle une année au plus après qu'elle aura été accordée, puis chaque année jusqu'à ce qu'elle prenne fin. À chaque réexamen, la Conférence ministérielle déterminera si les circonstances exceptionnelles qui avaient justifié la dérogation existent encore et si les modalités et conditions attachées à la dérogation ont été respectées. Sur la base du réexamen annuel, la Conférence ministérielle pourra proroger, modifier ou abroger la dérogation.

5. Les décisions au titre d'un Accord commercial plurilatéral, y compris toutes décisions concernant des interprétations et des dérogations, seront régies par les dispositions dudit accord.

Article X

Amendements

1. Tout membre de l'OMC pourra prendre l'initiative d'une proposition d'amendement des dispositions du présent Accord ou des Accords

commerciaux multilatéraux figurant à l'annexe 1 en présentant ladite proposition à la Conférence ministérielle. Les Conseils énumérés au paragraphe 5 de l'article IV pourront également présenter à la Conférence ministérielle des propositions d'amendement des dispositions des Accords commerciaux multilatéraux correspondants figurant à l'annexe 1 dont ils supervisent le fonctionnement. À moins que la Conférence ministérielle ne décide d'une période plus longue, pendant une période de 90 jours après que la proposition aura été présentée formellement à la Conférence ministérielle, toute décision de la Conférence ministérielle de présenter aux membres, pour acceptation, l'amendement proposé sera prise par consensus. À moins que les dispositions des paragraphes 2, 5 ou 6 ne soient applicables, cette décision précisera si les dispositions des paragraphes 3 ou 4 seront d'application. S'il y a consensus, la Conférence ministérielle présentera immédiatement aux membres, pour acceptation, l'amendement proposé. S'il n'y a pas consensus à une réunion de la Conférence ministérielle pendant la période établie, la Conférence ministérielle décidera, à une majorité des deux tiers des membres, de présenter ou non aux membres, pour acceptation, l'amendement proposé. Sous réserve des dispositions des paragraphes 2, 5 et 6, les dispositions du paragraphe 3 seront applicables à l'amendement proposé, à moins que la Conférence ministérielle ne décide, à une majorité des trois quarts des membres, que les dispositions du paragraphe 4 seront d'application.

2. Les amendements aux dispositions du présent article et aux dispositions des articles ci-après ne prendront effet que lorsqu'ils auront été acceptés par tous les membres :

Article IX du présent accord ; Articles premier et II du GATT de 1994 ; Article II:1 de l'AGCS ; Article 4 de l'Accord sur les ADPIC.

3. Les amendements aux dispositions du présent accord, ou des Accords commerciaux multilatéraux figurant aux annexes 1A et 1C, autres que celles qui sont énumérées aux paragraphes 2 et 6, de nature à modifier les droits et obligations des membres, prendront effet à l'égard des membres qui les auront acceptés dès qu'ils auront été acceptés par les deux tiers des membres et, ensuite, à l'égard de tout autre membre, dès que celui-ci les aura acceptés. La Conférence ministérielle pourra décider, à une majorité des trois quarts des membres, qu'un amendement ayant pris effet en vertu du présent paragraphe est d'une nature telle que tout membre qui ne l'aura pas accepté dans un délai fixé par la Conférence ministérielle dans chaque cas pourra se retirer de l'OMC ou continuer à en être membre avec le consentement de la Conférence ministérielle.

4. Les amendements aux dispositions du présent Accord ou des Accords commerciaux multilatéraux figurant aux annexes 1A et 1C, autres que celles qui sont énumérées aux paragraphes 2 et 6, d'une nature qui ne modifierait pas les droits et obligations des membres, prendront effet à l'égard de tous les membres dès qu'ils auront été acceptés par les deux tiers des membres.

5. Sous réserve des dispositions du paragraphe 2 ci-dessus, les amendements aux parties I, II et III de l'AGCS et aux annexes respectives prendront effet à l'égard des membres qui les auront acceptés dès qu'ils auront été acceptés par les deux tiers des membres et, ensuite, à l'égard de chaque membre, dès que celui-ci les aura acceptés. La Conférence ministérielle pourra décider, à une majorité des trois quarts des membres, qu'un amendement ayant pris effet en vertu de la disposition précédente est d'une nature telle que tout membre qui ne l'aura pas accepté dans un délai fixé par la Conférence ministérielle dans chaque cas pourra se retirer de l'OMC ou continuer à en être membre avec le consentement de la Conférence ministérielle. Les amendements aux parties IV, V et VI de l'AGCS et aux annexes respectives prendront effet à l'égard de tous les membres dès qu'ils auront été acceptés par les deux tiers des membres.
6. Nonobstant les autres dispositions du présent article, les amendements à l'Accord sur les ADPIC qui répondent aux prescriptions du paragraphe 2 de l'article 71 dudit Accord pourront être adoptés par la Conférence ministérielle sans autre processus d'acceptation formel.
7. Tout membre qui acceptera un amendement au présent Accord ou à un Accord commercial multilatéral figurant à l'annexe 1 déposera un instrument d'acceptation auprès du directeur général de l'OMC dans le délai fixé par la Conférence ministérielle pour l'acceptation.
8. Tout membre de l'OMC pourra prendre l'initiative d'une proposition d'amendement des dispositions des Accords commerciaux multilatéraux figurant aux annexes 2 et 3 en présentant ladite proposition à la Conférence ministérielle. La décision d'approuver des amendements à l'Accord commercial multilatéral figurant à l'annexe 2 sera prise uniquement par consensus et lesdits amendements prendront effet à l'égard de tous les membres dès qu'ils auront été approuvés par la Conférence ministérielle. Les décisions d'approuver des amendements à l'Accord commercial multilatéral figurant à l'annexe 3 prendront effet à l'égard de tous les membres dès qu'ils auront été approuvés par la Conférence ministérielle.
9. La Conférence ministérielle, à la demande des membres parties à un Accord commercial, pourra décider exclusivement par consensus d'ajouter cet Accord à l'annexe 4. La Conférence ministérielle, à la demande des membres parties à un Accord commercial plurilatéral, pourra décider de supprimer ledit Accord de l'annexe 4.
10. Les amendements à un Accord commercial plurilatéral seront régis par les dispositions dudit accord.

Article XI
Membres originels

1. Les parties contractantes au GATT de 1947 à la date d'entrée en vigueur du présent accord, et les Communautés européennes, qui acceptent le présent Accord et les Accords commerciaux multilatéraux et pour lesquelles des

listes de concessions et d'engagements sont annexées au GATT de 1994 et pour lesquelles des listes d'engagements spécifiques sont annexées à l'AGCS, deviendront membres originels de l'OMC.
2. Les pays les moins avancés reconnus comme tels par les Nations unies ne seront tenus de contracter des engagements et de faire des concessions que dans la mesure compatible avec les besoins du développement, des finances et du commerce de chacun d'entre eux ou avec.

Article XII
Accession
1. Tout État ou territoire douanier distinct jouissant d'une entière autonomie dans la conduite de ses relations commerciales extérieures et pour les autres questions traitées dans le présent Accord et dans les Accords commerciaux multilatéraux pourra accéder au présent Accord à des conditions à convenir entre lui et l'OMC. Cette accession vaudra pour le présent Accord et pour les Accords commerciaux multilatéraux qui y sont annexés.
2. Les décisions relatives à l'accession seront prises par la Conférence ministérielle. La Conférence ministérielle approuvera l'Accord concernant les modalités d'accession à une majorité des deux tiers des membres de l'OMC.
3. L'accession à un Accord commercial plurilatéral sera régie par les dispositions dudit accord.

Article XIII
Non-application des Accords commerciaux multilatéraux entre des membres
1. Le présent Accord et les Accords commerciaux multilatéraux figurant aux annexes 1 et 2 ne s'appliqueront pas entre un membre et tout autre membre si l'un des deux, au moment où il devient membre, ne consent pas à cette application.
2. Le paragraphe 1 ne pourra être invoqué entre des membres originels de l'OMC qui étaient parties contractantes au GATT de 1947 que dans les cas où l'article XXXV dudit Accord avait été invoqué précédemment et était en vigueur entre ces parties contractantes au moment de l'entrée en vigueur pour elles du présent accord.
3. Le paragraphe 1 ne s'appliquera entre un membre et un autre membre qui a accédé au titre de l'article XII que si le membre ne consentant pas à l'application l'a notifié à la Conférence ministérielle avant que celle-ci n'ait approuvé l'Accord concernant les modalités d'accession.
4. À la demande d'un membre, la Conférence ministérielle pourra examiner le fonctionnement du présent article dans des cas particuliers et faire des recommandations appropriées.
5. La non-application d'un Accord commercial plurilatéral entre parties audit Accord sera régie par les dispositions dudit accord.

Article XIV
Acceptation, entrée en vigueur et dépôt

1. Le présent Accord sera ouvert à l'acceptation, par voie de signature ou autrement, des parties contractantes au GATT de 1947, et des Communautés européennes, qui sont admises à devenir membres originels de l'OMC conformément à l'article XI du présent accord.

Cette acceptation vaudra pour le présent Accord et pour les Accords commerciaux multilatéraux qui y sont annexés. Le présent Accord et les Accords commerciaux multilatéraux qui y sont annexés entreront en vigueur à la date fixée par les ministres conformément au paragraphe 3 de l'Acte final reprenant les résultats des négociations commerciales multilatérales du Cycle d'Uruguay et resteront ouverts à l'acceptation pendant une période de deux ans suivant cette date à moins que les ministres n'en décident autrement. Une acceptation intervenant après l'entrée en vigueur du présent Accord entrera en vigueur le 30e jour qui suivra la date de ladite acceptation.

2. Un membre qui acceptera le présent Accord après son entrée en vigueur mettra en œuvre les concessions et obligations prévues dans les Accords commerciaux multilatéraux qui doivent être mises en œuvre sur une période commençant à l'entrée en vigueur du présent Accord comme s'il avait accepté le présent Accord à la date de son entrée en vigueur.

3. Jusqu'à l'entrée en vigueur du présent accord, le texte du présent Accord et des Accords commerciaux multilatéraux sera déposé auprès du directeur général des PARTIES CONTRACTANTES du GATT de 1947. Le directeur général remettra dans les moindres délais une copie certifiée conforme du présent Accord et des Accords commerciaux multilatéraux et une notification de chaque acceptation à chaque gouvernement et aux communautés européennes ayant accepté le présent accord. Le présent Accord et les Accords commerciaux multilatéraux, ainsi que tous amendements qui y auront été apportés, seront, à l'entrée en vigueur du présent accord, déposés auprès du directeur général de l'OMC.

4. L'acceptation et l'entrée en vigueur d'un Accord commercial plurilatéral seront régies par les dispositions dudit accord. Les Accords de ce type seront déposés auprès du directeur général des PARTIES CONTRACTANTES du GATT de 1947. À l'entrée en vigueur du présent accord, ces Accords seront déposés auprès du directeur général de l'OMC.

Article XV
Retrait

1. Tout membre pourra se retirer du présent accord. Ce retrait vaudra à la fois pour le présent Accord et pour les Accords commerciaux multilatéraux et prendra effet à l'expiration d'un délai de six mois à compter de la date à laquelle le directeur général de l'OMC en aura reçu notification par écrit.

2. Le retrait d'un Accord commercial plurilatéral sera régi par les dispositions dudit accord.

Article XVI
Dispositions diverses

1. Sauf disposition contraire du présent Accord ou des Accords commerciaux multilatéraux, l'OMC sera guidée par les décisions, les procédures et les pratiques habituelles des PARTIES CONTRACTANTES du GATT de 1947 et des organes établis dans le cadre du GATT de 1947.
2. Dans la mesure où cela sera réalisable, le secrétariat du GATT de 1947 deviendra le secrétariat de l'OMC et, jusqu'à ce que la Conférence ministérielle ait nommé un directeur général conformément au paragraphe 2 de l'article VI du présent accord, le directeur général des PARTIES CONTRACTANTES du GATT de 1947 exercera les fonctions de directeur général de l'OMC.
3. En cas de conflit entre une disposition du présent Accord et une disposition de l'un des Accords commerciaux multilatéraux, la disposition du présent Accord prévaudra dans la limite du conflit.
4. Chaque membre assurera la conformité de ses lois, réglementations et procédures administratives avec ses obligations telles qu'elles sont énoncées dans les Accords figurant en annexe.
5. Il ne pourra pas être formulé de réserves en ce qui concerne une disposition du présent accord. Il ne pourra être formulé de réserves en ce qui concerne des dispositions des Accords commerciaux multilatéraux que dans la mesure prévue dans lesdits accords. Les réserves concernant une disposition d'un Accord commercial plurilatéral seront régies par les dispositions dudit accord.
6. Le présent Accord sera enregistré conformément aux dispositions de l'article 102 de la Charte des Nations unies.

FAIT à Marrakech le quinze avril mille neuf cent quatre-vingt-quatorze, en un seul exemplaire, en langues française, anglaise et espagnole, les trois textes faisant foi.

Notes explicatives :

Le terme « pays » tel qu'il est utilisé dans le présent Accord et dans les Accords commerciaux multilatéraux doit être interprété comme incluant tout territoire douanier distinct membre de l'OMC.

S'agissant d'un territoire douanier distinct membre de l'OMC, dans les cas où le qualificatif « national » accompagnera une expression utilisée dans le présent Accord et dans les Accords commerciaux multilatéraux, cette expression s'interprétera, sauf indication contraire, comme se rapportant à ce territoire douanier.

LISTE DES annexes

annexe 1

annexe 1A : Accords multilatéraux sur le commerce des marchandises

Accord général sur les tarifs douaniers et le commerce de 1994 Accord sur l'agriculture Accord sur l'application des mesures sanitaires et phytosanitaires Accord sur les textiles et les vêtements Accord sur les obstacles techniques au commerce Accord sur les mesures concernant les investissements et liées au commerce Accord sur la mise en œuvre de l'article VI de l'Accord général sur les tarifs douaniers et le commerce de 1994 Accord sur la mise en œuvre de l'article VII de l'Accord général sur les tarifs douaniers et le commerce de 1994 Accord sur l'inspection avant expédition Accord sur les règles d'origine Accord sur les procédures de licences d'importation Accord sur les subventions et les mesures compensatoires Accord sur les sauvegardes

Annexe 1B : Accord général sur le Commerce des Services et annexes

Annexe 1C : Accord sur les aspects des droits de propriété intellectuelle qui touchent au commerce

Annexe 2

Mémorandum d'accord sur les règles et procédures régissant le règlement des différends

Annexe 3

Mécanisme d'examen des politiques commerciales

Annexe 4

Accords commerciaux plurilatéraux

Accord sur le commerce des aéronefs civils Accord sur les marchés publics Accord international sur le secteur laitier Accord international sur la viande bovine

TABLE DES MATIÈRES

DROIT

AUX ÉDITIONS L'HARMATTAN

Dernières parutions

L'EXPLOITANT DE BANQUE ET LE DROIT AU TCHAD

Thomas Dingamgoto

De toutes les activités entrepreneuriales, le secteur bancaire est de celles qui font l'objet d'un encadrement législatif scrupuleux et d'une veille règlementaire permanente. Si l'histoire du droit bancaire tchadien est étroitement liée à celle du droit bancaire français, les textes législatifs et règlementaires des activités bancaires au Tchad ont connu des évolutions internes notables. Pour l'exploitant de banque comme pour l'ensemble des acteurs de la chaîne économique et financière, ces mutations rendent indispensables l'appropriation de ces normes nouvelles.

(Coll. Études Eurafricaines, 674 p., 49 euros)

ISBN : 978-2-343-16034-4, EAN EBOOK : 9782140104879

L'ÉGALITÉ DE L'HOMME ET DE LA FEMME DANS LE MARIAGE

Etude comparée des droits du Bénin, du Burkina Faso et du Mali

Aïssata DABO

Des États africains ont rénové leurs législations sur le mariage dans l'idée de les conformer au dispositif juridique international, qui place désormais l'égalité homme-femme au centre des débats. Toutefois, l'objectif est largement dévié par le pluralisme juridique qui demeure, en droit et en fait, un frein pour l'indifférenciation des droits des sexes. Cet ouvrage se propose de rechercher la mesure de l'égalité, en matière de mariage, réellement promue par les droits béninois, burkinabè et malien.

(Coll. Études africaines, 614 p., 49 euros)

ISBN : 978-2-343-15377-3, EAN EBOOK : 9782140105197

LA NATIONALITÉ ET L'APATRIDIE EN AFRIQUE

Charles Lasserre Yakite

Le droit à la nationalité est un droit humain fondamental reconnu par le droit international. Les apatrides ne peuvent se prévaloir de la protection de la nationalité et sont donc vulnérables à la privation de leurs droits. Les États africains doivent élaborer des cadres législatifs et mettre en place des politiques nationales pour lutter contre l'apatridie. Cet ouvrage vise à faire des recommandations à l'Union africaine et aux organisations internationales intéressées pour résoudre l'épineux problème de nationalité et de l'apatridie.

(Coll. Études africaines, 156 p., 17 euros)

ISBN : 978-2-343-15353-7, EAN EBOOK : 9782140104725

LE CONTENTIEUX DE L'ANNULATION AU CONGO

Lovane Lhakhy-Tsamby

Dans ce livre, l'auteur examine la question relative au contentieux de l'annulation, au Congo. Lorsqu'un acte administratif est entaché d'illégalité, il est susceptible d'annulation. Au Congo, l'annulation d'un acte administratif illégal relève de la compétence exclusive de la chambre administrative de la Cour suprême. La Cour constitutionnelle est exceptionnellement compétente pour annuler un acte administratif entaché d'illégalité lorsqu'il est pris dans le domaine électoral. Elle n'est pas juge de la légalité des actes administratifs au même titre que le juge administratif ordinaire.

(Coll. Harmattan Congo-Brazzaville, 120 p., 14 euros)

ISBN : 978-2-343-15430-5, EAN EBOOK : 9782140104305

PROTECTION DE LA QUALITÉ DES EAUX DOUCES AU CANADA ET DANS L'UNION EUROPÉENNE

Le partage des compétences

Claire Joachim

Cet ouvrage analyse l'organisation des rapports entre les ordres juridiques par le droit constitutionnel canadien et le droit de l'Union européenne. Cette étude est innovante car : la grille d'analyse du droit constitutionnel canadien a été appliquée à l'Union européenne. Ce qui met en évidence des mécanismes similaires dans le partage des compétences. Le domaine de la protection de la qualité des eaux douces a été choisi pour révéler les enjeux de ces relations dans une perspective globale. Ce travail fait ressortir que l'intégration européenne est accentuée par une centralisation des compétences. Ainsi, la sphère du pouvoir des états membres se vide progressivement de sa substance. Le droit entrerait donc en mutation à l'aune de la protection de l'environnement.

(Coll. Le Droit aujourd'hui, 546 p., 49 euros)

ISBN : 978-2-343-10974-9, EAN EBOOK : 9782140104541

LE BIEN-ÊTRE ANIMAL : DE LA SCIENCE AU DROIT

Sous la direction de Sophie Hild et Louis Schweitzer

Chercheurs, experts, membres de la Commission européenne ou du ministère de l'Agriculture se sont succédé pour répondre à plusieurs questions du plus haut intérêt : quelle définition scientifique donner au bien-être de l'animal ? Sur quels critères l'évaluer ? Quels droits nationaux ou internationaux le prennent-ils en compte ? Quels animaux sont concernés ? Quels obstacles s'opposent au souci d'assurer le bien-être animal ? Les réponses données conforteront les démarches à conduire en faveur de dispositions réglementaires nouvelles.

(Coll. Colloques et rencontres, 364 p., 37 euros)

ISBN : 978-2-343-15918-8, EAN EBOOK : 9782140104329

DROITS FONCIERS DES FEMMES ET DES CADETS SOCIAUX EN CÔTE D'IVOIRE

Cellule de Suivi et d'Analyse de la Mise en Oeuvre de la Loi sur le Foncier Rural

Le séminaire-atelier "Sécurisation des droits fonciers des femmes et cadets sociaux en milieu rural" tenu à Grand-Bassam en 2017 avait pour objectif d'identifier les dispositions, existantes ou à adopter, pour améliorer la sécurisation des droits fonciers des femmes et des cadets sociaux en milieu rural. Comment comprendre la nature des obstacles qui y nuisent, identifier et clarifier les dispositions qui existent dans le cadre juridique et institutionnel de la Côte d'ivoire ? les services centraux et décentralisés de l'Administration, Chambre des Chefs et Rois Traditionnels de Côte d'Ivoire, partenaires internationaux de développement, organisations professionnelles agricoles, notaires, juristes, géomètres, chercheurs, ONG, presse etc, tous sont concernés par cette problématique.

(Coll. Harmattan Côte-d'Ivoire, 192 p., 22 euros)

ISBN : 978-2-343-15394-0, EAN EBOOK : 9782140103728

L'UNIVERS CARCÉRAL, LA MÈRE DÉTENUE ET SON ENFANT

Elaine Mangin

Sur les 80 893 personnes écrouées en France au 1er février 2018, on dénombre 3103 femmes. 2482 sont détenues au sein d'un établissement pénitentiaire, exécutant une peine privative de liberté. Parmi elles, des mères de famille qui ont souvent la charge exclusive des enfants restés en milieu libre, mais aussi des femmes incarcérées avec leur bébé. Mais les efforts du droit positif et de la pratique pénitentiaire pour leur assurer le respect de la vie familiale et veiller au maintien d'un lien mère-enfant sain, des difficultés juridiques et psychologiques subsistent.

(Coll. Bibliothèques de droit, 158 p., 17,5 euros)

ISBN : 978-2-343-15834-1, EAN EBOOK : 9782140103681

CONSTITUTIONNALISME ET MÉTISSAGE CULTUREL AU-DELÀ DES DROITS DE L'HOMME

Salvatore Bonfiglio

Les sociétés multiculturelles demandent une réinterprétation des principes constitutionnels, capable de favoriser la cohésion sociale, notamment par l'extension des droits fondamentaux aux « non-citoyens ». Il s'agit de reconnaître à l'individu en tant que tel un statut de droits fondamentaux, pour affirmer ainsi le caractère à la fois moral et juridique de la dignité de la personne.

(Coll. Harmattan Italia, 208 p., 26 euros)

ISBN : 978-2-336-31233-0, EAN EBOOK : 9782140103193

LA PROCÉDURE

Sous la direction de Joanna Genovese et Giovanna Debernardi

La procédure est souvent perçue par les parties comme une source de difficultés supplémentaires dans la résolution d'un conflit. Elle est en réalité protectrice des droits des individus. Il n'existe pas qu'une procédure mais une pluralité. Il est question de procédure civile, de procédure collective, de procédure pénale... La procédure s'adapte en fonction des contraintes et besoins tant par la dématérialisation que la déjudiciarisation.

(Coll. Droit privé et sciences criminelles, 138 p., 16,5 euros)

ISBN : 978-2-343-15460-2, EAN EBOOK : 9782140102769

LE RECOURS AUX MODES ALTERNATIFS DE RÈGLEMENT DES LITIGES EN MATIÈRE DE PROPRIÉTÉ INTELLECTUELLE

Jean Tankeu

Préface de Joseph Fometeu

La mondialisation et le développement des échanges économiques posent de nouveaux défis en matière d'application des droits de propriété intellectuelle. Plus le commerce et les affaires s'intensifient au niveau international, plus la question des effets des droits de propriété intellectuelle et de leur application au-delà des frontières nationales devient pertinente. D'où le développement du contentieux non juridictionnel international de la propriété intellectuelle auquel l'auteur consacre cet ouvrage.

(326 p., 33 euros)

ISBN : 978-2-343-15648-4, EAN EBOOK : 9782140102653

MÉTHODOLOGIES DE LA SÉCURITÉ URBAINE

François Dieu, Bruno Domingo

Quelles sont les méthodologies de la sécurité urbaine ? Comment réaliser un diagnostic local de sécurité ? Quelles sont les précautions à prendre avec les chiffres de la délinquance ? Comment mesurer le sentiment d'insécurité et la victimisation ? Quelles sont les modalités de diffusion de l'information au sein des dispositifs de prévention ? Comment mettre en place un observatoire local de la délinquance ? En bref, comment impulser une réflexion objective et un partenariat dynamique pour une politique de sécurité efficace ?

(Coll. République et sécurité, 276 p., 28,5 euros)

ISBN : 978-2-343-15718-4, EAN EBOOK : 9782140102295

DROIT DES ENTREPRISES INDIVIDUELLES

Commerçant / Entreprenant / Bail à usage professionnel / Fonds de commerce / Vente commerciale / Commerce électronique

Cheikh Abdou Wakhab Ndiaye

L'entreprise est une notion moderne et polysémique qui n'a fait son apparition que très récemment dans le droit sénégalais. L'entreprise individuelle concerne le commerçant, personne physique, et l'entreprenant. Son droit est un véritable droit du développement. Il matérialise une volonté de promouvoir l'initiative privée par, d'une part, la facilitation des conditions d'accès au monde des affaires et, d'autre part, la mise en place d'un climat favorables aux investissements. Il est ainsi un creuset où les droits OHADA, UEMOA et sénégalais sont conjugués pour la réalisation de cette ambition.

(Coll. Harmattan Sénégal, 404 p., 40 euros)

ISBN : 978-2-343-15882-2, EAN EBOOK : 9782140102196

LES FINANCES PUBLIQUES DU GABON

Droit budgétaire et droit de la comptabilité publique

Fidèle Mengue Me Engouang

Considéré comme un pays riche, grâce à ses ressources naturelles, le Gabon demeure pourtant un Etat pauvre. L'une des raisons de ce paradoxe est la mauvaise gestion des moyens financiers dont dispose l'Etat. L'assainissement de la gestion des finances publiques constitue donc un des défis majeurs que doivent relever le gouvernement et l'administration. Ce qui exige une parfaite maîtrise des normes juridiques applicables en la matière, en plus d'une grande probité morale. Cet ouvrage veut contribuer au renforcement des capacités des personnes. Il traite des règles et des procédures d'élaboration, d'adoption, d'exécution et de contrôle du budget de l'Etat.

(Coll. Finances publiques, 386 p., 38 euros)

ISBN : 978-2-343-15534-0, EAN EBOOK : 9782140101335

L'INCOHÉRENCE DES LOIS DE CIRCONSTANCES EN MATIÈRE PÉNALE

Paul Laurent

Pour adapter le droit pénal à la criminalité, le Législateur adopte des lois pour des motifs qui échappent à la stricte nécessité juridique, au profit de l'opportunité. Ces lois en réponse à des faits divers sont des lois de circonstances. Leur développement est indéniable. Ce mouvement s'opère aux dépens de la politique pénale de réflexion et des règles de forme classiques. Cette adaptation du droit aux évolutions de la criminalité mérite analyse et débat.

(Coll. Bibliothèques de droit, 272 p., 27 euros)

ISBN : 978-2-343-15317-9, EAN EBOOK : 9782140101625

LE TRAIN DE VIE EN DROIT PRIVÉ

Michaël Martinez

Préface de Philippe Delmas Saint-Hilaire

Locution issue du langage courant, « train de vie » a été importée dans la sphère juridique à la fin des années 1930 pour lutter contre la fraude fiscale et s'y est répandue à partir des années 1960 sans être définie. La première partie de cet ouvrage s'intéresse au contenu juridique de cette notion. Elle est définie comme la jouissance, à titre habituel d'une certaine quantité de biens et de services, caractérisant à la fois un niveau de vie et une habitude de vie. La seconde partie porte sur les effets attachés au train de vie.

(Coll. Logiques Juridiques, 526 p., 45 euros)

ISBN : 978-2-343-15845-7, EAN EBOOK : 9782140101731

L'ORGANISATION DES NATIONS UNIES ET L'EFFECTIVITÉ DES DROITS FONDAMENTAUX DES DÉPLACÉS INTERNES

Rolince Mbungo

Le déplacement interne des populations au sein de leur propre pays pose un réel défi de protection des droits de l'homme. Si l'ONU s'est intéressée tardivement à ce phénomène, elle a entrepris de construire un meilleur cadre juridique et institutionnel international pour la protection des déplacés internes. Plus de deux décennies après ses principales initiatives, il a fallu éprouver la capacité de celles-ci à concrétiser les droits déclarés en droits effectifs. Il importerait que l'ONU renforce le cadre juridique et en restructure l'architecture institutionnelle.

(Coll. Le Droit aujourd'hui, 574 p., 45 euros)

ISBN : 978-2-343-11008-0, EAN EBOOK : 9782140099908

Structures éditoriales du groupe L'Harmattan

L'Harmattan Italie
Via degli Artisti, 15
10124 Torino
harmattan.italia@gmail.com

L'Harmattan Hongrie
Kossuth l. u. 14-16.
1053 Budapest
harmattan@harmattan.hu

L'Harmattan Sénégal
10 VDN en face Mermoz
BP 45034 Dakar-Fann
senharmattan@gmail.com

L'Harmattan Cameroun
TSINGA/FECAFOOT
BP 11486 Yaoundé
inkoukam@gmail.com

L'Harmattan Burkina Faso
Achille Somé – tengnule@hotmail.fr

L'Harmattan Guinée
Almamya, rue KA 028 OKB Agency
BP 3470 Conakry
harmattanguinee@yahoo.fr

L'Harmattan RDC
185, avenue Nyangwe
Commune de Lingwala – Kinshasa
matangilamusadila@yahoo.fr

L'Harmattan Congo
67, boulevard Denis-Sassou-N'Guesso
BP 2874 Brazzaville
harmattan.congo@yahoo.fr

L'Harmattan Mali
Sirakoro-Meguetana V31
Bamako
syllaka@yahoo.fr

L'Harmattan Togo
Djidjole – Lomé
Maison Amela
face EPP BATOME
ddamela@aol.com

L'Harmattan Côte d'Ivoire
Résidence Karl – Cité des Arts
Abidjan-Cocody
03 BP 1588 Abidjan
espace_harmattan.ci@hotmail.fr

L'Harmattan Algérie
22, rue Moulay-Mohamed
31000 Oran
info2@harmattan-algerie.com

L'Harmattan Maroc
5, rue Ferrane-Kouicha, Talaâ-Elkbira
Chrableyine, Fès-Médine
30000 Fès
harmattan.maroc@gmail.com

Nos librairies en France

Librairie internationale
16, rue des Écoles – 75005 Paris
librairie.internationale@harmattan.fr
01 40 46 79 11
www.librairieharmattan.com

Librairie l'Espace Harmattan
21 bis, rue des Écoles – 75005 Paris
librairie.espace@harmattan.fr
01 43 29 49 42

Lib. sciences humaines & histoire
21, rue des Écoles – 75005 Paris
librairie.sh@harmattan.fr
01 46 34 13 71
www.librairieharmattansh.com

Lib. Méditerranée & Moyen-Orient
7, rue des Carmes – 75005 Paris
librairie.mediterranee@harmattan.fr
01 43 29 71 15

Librairie Le Lucernaire
53, rue Notre-Dame-des-Champs – 75006 Paris
librairie@lucernaire.fr
01 42 22 67 13

www.ingramcontent.com/pod-product-compliance
Lightning Source LLC
LaVergne TN
LVHW010920061026
849535LV00007B/2159
9782343152479